Ingrid Lipowsky

Zweites Buch der Geschichte Jakobus' des Jüngeren

Die Spirale der Liebe

Ingrid Lipowsky

Die Spirale der Liebe

Zweites Buch der Geschichte
Jakobus' des Jüngeren

Erzählt von Yasper,
einem Engel Gottes

Inneres Wort
durch Ingrid Lipowsky

Dieses Buch erscheint im Eigenverlag
und ist zu beziehen über

Ingrid Lipowsky
Aberthamer Straße 1 a
89331 Burgau
Deutschland

Tel./Fax 0049/(0)8222/2464
www.engelundsteine.de

ISBN 978-3-00-016519-1

1. Auflage, 2005

Copyright © Ingrid Lipowsky
Alle Rechte vorbehalten.

Lektorat: Katrin Lipowsky, M.A.
(unter Zugrundelegung der Deutschen Rechtschreib-
regeln, Stand Juni 2005)
Titelseite: Günther Sokola, Ingrid Lipowsky
unter Verwendung einer Zeichnung von Angelika Krebs,
eines rekonstruierten Amuletts, gestaltet von Ernst Schömer
und Fotos mit unseren Freunden,
fotografiert von Walter Lipowsky.
Herzlichen Dank euch allen!

Satz: Ingrid Lipowsky, Katrin Lipowsky
Gesetzt aus der Garamond
Gesamtherstellung: Firma Deni, Thannhausen

Das **erste** Buch aus der Reihe ist erschienen
beim NEUE ERDE Verlag GmbH, Saarbrücken
unter dem Titel „Die Geschichte Jakobus des Jüngeren".
ISBN 3-89060-134-0
Es ist zu beziehen über die Autorin (Adresse siehe oben), den Verlag
oder im Buchhandel.

Inhalt

Vorwort 8
Die Begegnung mit den Aussätzigen 9
Jesus heilt die Aussätzigen 17
Einer trägt des Anderen Last 24
Die Anklage des Pharisäers 26
Mache nicht andere für dein Glück
oder Unglück verantwortlich! 31
Wer einen anderen aus Liebe bei sich aufnimmt,
beherbergt GOTT 34
Wer bestimmt, wer mein Feind ist? 40
Das Wunder der Berührung 45
GOTT lässt das Werk gelingen 51
Hilfe in großer Not 55
Schwäche als Stärke erkennen 58
Meine Berufung 63
Der römische Schuhmacher 65
Der Kleidertausch 69
Die Sprache der Gewalt 73
Im Gefängnis aus Schuld und Angst 75
Jedes Kind des himmlischen Vaters hat einen Engel 78
Wie entsteht Misstrauen? 80
Der linke Schuh 82
Claudius' neue Aufgabe 85
Unerwartete Schwierigkeiten – und unerwartete Hilfe ... 88
Eine Sprache des Herzens 93
Die Heilung des Grobschlächtigen 94
Die Nacht im Zelt 99
Die ersten Warnungen 103
Die Machtübergabe 108

Mein Engel fordert den Lohn für die Stiefel	111
Das Amulett	115
Abschied vom Soldatenlager	118
Ein anderer Weg	122
Abschied vom HERRN und meinen Freunden	126
Claudius' Fürsorge für Veronika und mich	128
Melioch und der Römer Egregius	130
Meine Unreinheit	135
Die Hetzrede gegen Jesus und meine Flucht aus der Synagoge	138
Abschied von meinem Vater und die Heimkehr ins Elternhaus	141
Mein Onkel Ruben	143
Die Bewährungsfrist	146
Abschied von Egregius	149
Wer ist *für* mich?	150
Wenn GOTT für dich ist, wer will gegen dich sein?	154
Der Segen des alten Rabbi	156
Der Rahmen für meine wahre Berufung	158
Die Menschen messen mit zweierlei Maß	161
Du kannst GOTT nicht im Verstand, sondern nur im Herzen finden	164
Die Botschaft des Jesus weitergeben	166
Mein Vertrauen wird belohnt	169
„Ich habe mein Leben lang einem falschen GOTT gedient."	175
Ich *will* Ruben zu einem guten Menschen machen	180
Wenn die Angst auftaucht, hat die Liebe keinen Platz mehr	181
Ich erkenne, was Ruben fehlt	184
Jeder Mensch ist ein Tempel GOTTES	188
Angst um Jesus	192
Der Traum vom Liebeslehen GOTTES	192
Ruben und die Anklage der Schriftgelehrten	195
Die Hinterlist des Ruben	200
Der schwache und der starke Mensch	205
Der Vater hat andere Pläne	209
Die Chance für Ruben	212

Der Abschied von Zuhause	214
Wiedersehen mit Simeon	217
HERR, lehre mich zu lieben	220
Warum wird ein Mensch krank?	223
Die Geschichte von den drei Heilerinnen	226
Erinnerungen an die Zeit mit Jesus	231
Alte Schulden begleichen	232
Der Neid auf das schöne Leben der anderen	235
Sorge dich nicht um Dinge, die nicht in deiner Reichweite liegen	237
Du bist nur für dich selbst verantwortlich	238
Die Magd und Simon, der Fels	240
Der „besessene" Knecht	243
Die Liebe GOTTES vertreibt den Satan der Angst	246
Das Zauberwort gegen die Angst	252
Zeuge für das Vertrauen des Jesus in seinen Vater	256
Die Magd Miriam erzählt von Veronika	258
Die neue Lektion: Sowohl – Als auch	260
Es kann nicht jeder ein Herr sein, aber jeder Herr dem Schwächeren ein Bruder	263
Meine göttliche Familie	265
Wieder auf der Flucht	266
Vorsicht ist ein Geschenk GOTTES	269
Was ihr dem geringsten Menschen an Gutem tut	274
Die Verpflichtung der Reichen	280
Die Gefangennahme des Barabbas	284
Nachwort	292

Vorwort

„Keiner, den Jesus je berührt, wird danach noch derselbe sein. Hast du das nicht selbst erlebt, Jakobus?"

Wie von Yasper angekündigt, liegt ein Jahr zwischen dem Erscheinen des ersten Buches und der Fortsetzung, die du nun in deinen Händen hältst. Ein Jahr, in dem du Zeit hattest, dich von *dem* Jesus berühren zu lassen, der das Leben des Schustergesellen Jakobus des Jüngeren von Grund auf veränderte.

Wie ergeht es dem jungen Jakobus beim Versuch, die Botschaft des Predigers und Heilers zu leben? Genau wie dir! Er versucht, ebenso wie du, diese bedingungslose Liebe in seinem eigenen Leben umzusetzen – doch die Welt spielt nicht mit!

Wie er trotz aller Widerstände, trotz aller Selbstzweifel immer wieder eine Möglichkeit findet, *seinen* Weg in der Nachfolge des HERRN weiterzugehen, macht uns Mut, denn:

**Egal, ob 50 oder 5000 Schritte zwischen Jesus und ihm sind,
egal, ob 2 Wochen oder 2000 Jahre *uns* von Jesus trennen,
in Seiner Liebe ist ER uns nahe.**

Beim Lesen der Jakobus-Geschichte wirst du immer mehr erkennen, dass sich *sein* Weg gar nicht so sehr von *deinem* unterscheidet: Nur der Rahmen ist anders, der Inhalt gleicht sich.
Ich darf dir, bevor du mit dem Lesen beginnst, einen Segen Yaspers übermitteln:

**„Ich segne dich im Namen des Christus mit dem Erkennen,
das ich in die Geschichte gelegt habe.
Du wirst deinen Schlüsselsatz finden und mit ihm
die Türe öffnen – zu dem Raum, in dem der
Weg das Ziel ist."**

Ich freue mich darauf, dir in diesem Raum zu begegnen.
Deine Seelenschwester Ingrid

Die Begegnung mit den Aussätzigen

Es war eine ungewöhnliche Reise, auf der ich mich befand. Als 15-jähriger Schustergeselle auf Wanderschaft mit einem Trupp römischer Soldaten unterwegs zu sein, war mehr als ungewöhnlich. Der römische Hauptmann Claudius, den Jesus seinen Bruder nannte, saß neben mir auf der Ladefläche eines Fuhrwerks, auf dem Naturalien aus den Steuereinnahmen in ein Hauptlager der Römer gebracht wurden. Und ich? Ich suchte wieder Anschluss an den Prediger und Heiler zu bekommen, der zusammen mit seinen Jüngern einige Tage vor mir weitergezogen war.

Wir sprachen eben über diesen Jesus, über seine Angst vor dem Unverstandensein, als wir sehr unsanft unterbrochen wurden. Der anführende Soldat rief einen barschen Befehl, woraufhin das Fuhrwerk so abrupt stoppte, dass wir beide gegen die Ladung geworfen wurden. Auch die hinter uns reitenden drei Römer hielten unverzüglich ihre Pferde an. Eine Unruhe erfasste die Männer, die sich auch auf die Reittiere übertrug. Der Kutscher hatte große Schwierigkeiten, seine Zugpferde unter Kontrolle zu halten. Claudius sprang vom Wagen und ging zügigen Schrittes nach vorn. In der Eile hatte er sein Schwert vergessen, das immer noch hinter mir lag. Neugierig erhob ich mich und reckte, ebenso wie die Soldaten, den Hals, um den Grund für den ungeplanten Aufenthalt zu erfahren.

Noch einmal ertönte die laute Stimme des Soldaten, diesmal in meiner Sprache: „Macht den Weg frei!" Ich sah vor uns mitten auf der Straße ein kleines Grüppchen Menschen, armselig in Lumpen gehüllt, zu schwach, um aufrecht stehen zu können. Zwei von ihnen bemühten sich vergeblich, drei auf dem Boden Sitzende von der Straße weg zu bringen.

Inzwischen hatte Claudius die Wanderer erreicht, trat vor sie und beugte sich hinab, um ihnen zu helfen. Da machte der Kräftigste unter den Schwachen eine abwehrende Handbewegung und blickte dabei aus seiner tief ins Gesicht gezogenen Kapuze zum Hauptmann empor. Ich beobachtete, wie Claudius irritiert einen Schritt zurückwich und bleich wurde. Ein drittes Mal erklang der ungeduldige Ruf des befehlshabenden Soldaten. Erschrocken wandte sich der Wanderer um, sodass auch wir anderen sein Gesicht sahen. Es war entsetzlich. Ich hatte, seit ich mit Jesus unterwegs war, viele Kranke gesehen. Noch gut in Erinnerung war mir der Verkrüppelte, den der HERR in meinem Heimatort heilte. Doch dieser Anblick war für mich unerträglich: Das Gesicht des Mannes war vom Aussatz zerstört, zerfressen, war nur mehr eine Fratze ohne Nase, mit offen liegendem Unterkiefer. Aus seinem Mund tropfte zäher Schleim. Die Augen waren in Todesangst weit aufgerissen. Ich weiß nicht, wer bei diesem Anblick vor Entsetzen laut aufschrie, vielleicht war ich es, vielleicht einer der Soldaten. Wieder scheuten die Pferde, und einer der Römer, der in vorderster Reihe stand, gab seinem Reittier die Sporen und galoppierte davon.

Dies alles hatte nur wenige Augenblicke gedauert, da wandte sich der Aussätzige wieder um und warf sich vor dem Hauptmann zu Boden. Claudius betrachtete die Kranken ruhig und suchte nach Worten. Ich wollte ihm zurufen: ‚Wende dich ab, renn weg, ihre Nähe bringt dir den Tod!' Aber das Entsetzen schnürte mir die Kehle zu.

Ich hatte nie zuvor Aussätzige gesehen, doch wusste ich aus früheren Erzählungen der Älteren, dass sie die schlimmsten Menschen unter der Sonne waren. Sie hatten die größten Sünden begangen gegen unseren GOTT und gegen die Menschen, sodass der gerechte GOTT sie mit der furchtbarsten aller Strafen geschlagen hatte, die es gab: Aussatz, das langsame Verfaulen bei lebendigem Leib! Ihre Schuld war so groß, dass es keine Rettung, keine Buße gab, die sie je wieder mit GOTT versöhnen könnte. Allein der Blick eines Aussätzigen, allein sein Atem konnte einen gerechten Mann anstecken, konnte ihm das Böse übertragen! Und Claudius stand so nahe bei ihnen!

Eine ganz leise Stimme versuchte sich in mir Gehör zu verschaffen: ‚Selig die Barmherzigen...', doch meine Zähne schlugen so laut aufeinander, dass der Rest des Satzes unterging.

Die Soldaten riefen aufgeregt durcheinander. Ich beobachtete, wie sie ihren linken Arm vor das Gesicht legten, mit der rechten Hand aber griffen sie nach ihren Schwertern.

Da ertönte die ruhige Stimme des Hauptmanns: „Was tut ihr hier? Wisst ihr nicht, dass ihr getötet werdet, wenn ihr das euch zugewiesene Gebiet verlasst?" Claudius hatte Recht. Aussätzige wurden aus der Gemeinschaft ausgestoßen, wurden in ein streng abgegrenztes Gebiet weit außerhalb des Dorfes verwiesen. Ihre Angehörigen legten Nahrungsmittel zu bestimmten Zeiten an die Grenze des Gebietes. Zu diesen Zeiten durften die Kranken nicht in die Nähe kommen, sich nicht einmal blicken lassen. Wann immer ein Aussätziger diesen Bereich verließ, war er vogelfrei und konnte von jedem getötet werden. Was trieb diese Sünder dazu, am helllichten Tag eine öffentliche Straße zu benutzen?

Der Kräftigste, der auch der Jüngste unter den Kranken sein mochte, richtete sich ein wenig auf und antwortete mit fast unverständlicher Aussprache. Seine Zunge schien ihm nicht zu gehorchen in diesem Mund, der nur noch zur Hälfte vorhanden war. Bildete ich es mir ein oder wehte wirklich der Fäulnisgeruch, der Gestank des Todes, von diesen Menschen bis zu uns herüber?

Ich hörte seine gelallten Worte: „Herr, was haben wir zu verlieren? Unser Leben? Nennst du das ein Leben zuzusehen, wie dein Leib langsam verfault? Nennst du das ein Leben, von den Menschen getrennt zu sein, die du liebst? Nennst du das ein Leben, tagsüber die Sonne zu meiden, weil sie deine Leiden nur noch deutlicher zeigt? Nimm dein Schwert, Römer, und mach diesem Sterben ein Ende."

Claudius beugte sich zum Sprechenden hinab, streckte seine rechte Hand aus und sagte: „Siehst du nicht, dass ich keine Waffe trage? Steh auf, Bruder, ich will dir ins Gesicht sehen, wenn ich mit dir spreche."

War mein römischer Freund wahnsinnig geworden? Die Soldaten schienen ebenso zu denken. Ich konnte es deutlich an ihren entsetzten Mienen ablesen.

Langsam richtete sich der Aussätzige auf, wickelte einen Fetzen seines Gewandes um seine rechte Hand und reichte sie dem Römer. Claudius griff mit beiden Händen fest zu und half dem schwachen Mann aufzustehen. Mein Freund war immer noch blass, doch er hielt den Anblick des Aussätzigen aus.

Nun fragte er ihn: „Wo wollt ihr hin?" Der Kranke antwortete: „Wir hörten von einem Wunderheiler, der in der nächsten Stadt wirke. Er soll auch schon Aussätzige geheilt haben. So machten wir uns gestern auf den Weg, verbrachten die Nacht im Wald und versuchten, über die Felder weiterzukommen. Doch ein Fluss versperrte uns den Weg und so mussten wir auf die Straße ausweichen. Wir werden es schaffen, wenn GOTT will."

Ich hielt den Atem an, als der Sünder den Namen GOTTES in den Mund nahm, in diesen schrecklichen, zerfressenen, halben Mund, aus dem der Tod atmete.

‚Selig die Barmherzigen, denn der Vater nennt sie Seine Söhne', vernahm ich wieder die leise Stimme in mir.

Ich hörte, wie die Soldaten hinter dem Wagen miteinander flüsterten. Schnell wandte ich mich um und sah, dass der Grobschlächtige langsam abstieg, seinem Kameraden die Zügel übergab, sein Schwert aus der Scheide zog und entschlossen auf die Gruppe zuging. Ohne zu überlegen, ergriff ich hastig Claudius' Schwert, sprang vom Wagen, überholte den Soldaten und rannte auf den Hauptmann zu. Ich dachte nicht mehr an die Gefahr, mich anzustecken, ich wollte nur, dass Claudius sein Schwert zur Hand hätte. Er ließ den Aussätzigen los, ging mir einen Schritt entgegen und nahm die Waffe. Schützend stellte er sich vor die Zerlumpten und herrschte den Heranstürmenden in seiner Muttersprache an. Dieser antwortete erregt und schien dem Hauptmann zu widersprechen. Claudius' Stimme war so bestimmend und befehlend, wie ich es von ihm noch nie gehört hatte. Schließlich drehte sich der Soldat mit grimmiger Miene um und kehrte zu seinem Pferd zurück.

Währenddessen stand ich mit gesenktem Kopf wie erstarrt neben den Kranken, atmete diesen furchtbaren Fäulnisgestank ein und glaubte, sterben zu müssen vor Ekel. Da zwang mich etwas, den

Blick zu heben und direkt in die Augen des neben mir stehenden Aussätzigen zu blicken. Und nun geschah etwas, das ich mein Leben lang nie mehr vergessen konnte: Die Augen des Mannes zogen mich in ihren Bann. Ich sah nichts anderes mehr, nicht mehr das entstellte Gesicht, nicht mehr die zerlumpte Gestalt, nur noch diese Augen, die *Jesus' Augen* waren! Die Zeit, der Ort, alles verschwand, Jesus' Augen sprachen zu mir: ‚Sei barmherzig, wie ich es bin.'

Ich erschrak, als Claudius seine Hand auf meine Schulter legte. Nur schwer konnte ich mich vom Blick des Fremden lösen. Ich hatte jetzt wieder die Fratze seines Gesichtes vor mir, doch ich wusste, dass Jesus *in* ihm war. Alle Angst vor der Krankheit, alle Angst vor der Sünde dieser Menschen war von mir gewichen.

Mein römischer Freund erkannte die Veränderung in mir, und, als er jetzt wieder zu den Aussätzigen trat, war ich an seiner Seite. Er sprach zu ihnen: „Brüder, dann haben wir denselben Weg. Ihr werdet es nicht allein schaffen, doch ich mache euch Platz auf dem Fuhrwerk. Ruht euch aus, bis wir am Ziel sind." Ungläubig blickten ihn die fünf dem Tod Geweihten an.

Claudius erteilte seinen Untergebenen in knappen Sätzen einige Befehle. Doch sie starrten ihn nur an. Da fügte er wenige Worte hinzu – und diese Worte schienen ein Wunder zu wirken. Schnell sprangen die Soldaten von den Pferden, eilten zum Fuhrwerk und begannen, Waren abzuladen und ihren Pferden aufzubürden. So schafften sie Platz für die fünf Kranken. Auch der in Panik weg gerittene Soldat kehrte zurück. Ängstlich blickte er Claudius an, dieser aber nickte ihm verständnisvoll zu und befahl ihm, sich an der Aktion zu beteiligen. Zuletzt breiteten sie Decken über der restlichen Ladung und über den Boden des Wagens aus.

Noch immer stand ich neben den Aussätzigen. Ich brachte zwar kein Wort über die Lippen, doch allein meine Anwesenheit schien sie zu beruhigen.

Nach getaner Arbeit rief Claudius seine Männer zu sich, holte einen Geldbeutel unter seinem Gewand hervor und gab jedem von ihnen mehrere Geldstücke. Alle griffen gierig danach, bis auf den Soldaten, der mir gestanden hatte, er würde gerne Jesus wieder sehen. Er schüttelte schweigend seinen Kopf und kam zusammen mit Claudius auf uns zu.

Was mir noch vor kurzer Zeit undenkbar erschienen wäre, tat ich jetzt ganz selbstverständlich: Wir drei gesunden, kräftigen Männer halfen den fünf Schwerkranken, die kaum die Kraft besaßen zu gehen, auf die Ladefläche des Fuhrwerks. Die Aussätzigen hatten aus Rücksicht auf uns ihre Tücher tief ins Gesicht gezogen und achteten darauf, auch die Hände unter dem Gewand zu verbergen, sodass wir mit ihrer Haut nicht in Berührung kamen. Entsetzt machten uns die Soldaten den Weg frei. Ihre Mienen verrieten Angst und Ekel.

Claudius bat mich, vorne neben dem Kutscher Platz zu nehmen, ergriff die Zügel seines Pferdes, das wie die anderen voll mit Ladung bepackt war, und führte den seltsamen Trupp an.

Ich konnte von hoch oben die überraschten Gesichter der wenigen Menschen sehen, denen wir unterwegs begegneten: Eine Gruppe Soldaten, die neben ihren Pferden schritten, ein Fuhrwerk, auf dem neben einem Römer ein junger Jude saß, auf der Ladefläche mehrere tief vermummte, zerlumpte Gestalten – all dies musste ihnen reichlich seltsam erscheinen.

Die Sonne brannte vom Himmel, als der Hauptmann unter großen Bäumen anhielt und Rast einlegte. Er ging mit seinem Wasserbehälter zu den Aussätzigen und reichte ihn den Kranken. Gierig tranken sie daraus, doch als Claudius seine Hand ausstreckte, um die Flasche zurückzunehmen, schüttelte ihr Anführer stumm den Kopf. Ich verstand ihn – und war ihm dankbar dafür. Dass Claudius in seiner Nächstenliebe so weit gehen wollte, aus demselben Behältnis zu trinken wie sie, war selbst dem Aussätzigen zuviel.

Die Soldaten hielten gebührenden Abstand, steckten ihre Köpfe zusammen und ließen mehrere Weinbeutel kreisen. Nur uns Dreien, die wir mit den Kranken Berührung hatten, boten sie nichts an. Seit der Hilfestellung beim Einsteigen war zwischen uns eine Verbindung da, die durch Blicke und Gesten immer wieder Bestätigung fand. Der ältere Soldat teilte mit uns sein Wasser und seine Nahrung, denn Claudius hatte auch seinen Proviant den Aussätzigen überlassen.

Als der Hauptmann zum Weitergehen aufforderte, machten die Soldaten einen aufsässigen Eindruck. Der Alkoholkonsum, den Claudius stillschweigend geduldet hatte, zeigte seine Wirkung. Der Grobschlächtige ergriff wieder das Wort und redete in der mir unverständlichen Sprache. Dabei hielt er seine Hand fordernd auf. Mein römischer Freund zog seine Stirn ärgerlich in Falten, dann griff er wieder zum Geldbeutel und gab den Männern den Rest des Geldes, das er bei sich trug. Grinsend steckten sie es ein. Einer von ihnen machte das aufreizende anbietende Gebaren einer Frau nach, die anderen lachten anzüglich. Eine ungute Stimmung herrschte; ich bemerkte die besorgten Gesichter des Hauptmannes und unseres Verbündeten. Schließlich ergriffen die Soldaten die Zügel ihrer Pferde. Schnell nahm ich neben dem ängstlich auf Abstand bedachten Kutscher Platz und genoss das Privileg mitfahren zu dürfen.

Am Spätnachmittag sahen wir die große Stadt vor uns liegen. Noch gut eine halbe Stunde Marsch trennte uns von ihr. Die Straße wurde belebter. Wenige Kaufleute kamen uns entgegen, doch immer mehr einfache Menschen gingen auf die Stadt zu. Viele Kranke, die getragen oder auf Bahren und Karren transportiert wurden, waren darunter. Bald war unser Trupp inmitten einer Prozession von Menschen, die scheinbar alle dasselbe Ziel hatten. Eine besondere Erwartung schien sie vorwärts zu treiben. Die Soldaten, die durch das Laufen wieder nüchtern geworden waren, schritten betont stolz und hochmütig neben ihren Pferden, ohne sich um die erstaunten Blicke der Juden zu kümmern. Vor und hinter uns wurde ein gebührender Abstand gehalten, der jedoch nicht den Kranken auf dem Fuhrwerk galt, denn diese hatten sich unter einer Decke versteckt, sondern den Besatzern, die schwer bepackt und mit griffbereiten Schwertern unterwegs waren.

Vor der Stadt zweigte ein schmaler Weg ab, der zu einem Hügel führte. Claudius verließ die Straße und schlug diese Richtung ein. Ich wusste, dass er zu einem Hauptlager der Römer unterwegs war, um Steuergelder und Naturalien abzuliefern. Doch wie wollte er seinem Vorgesetzten die Anwesenheit der Aussätzigen erklären? Er brachte nicht nur sie in größte Gefahr, sondern auch sich selbst. Denn dass seine Untergebenen, bis auf einen, mittlerweile nicht mehr auf seiner Seite standen, musste ihm klar sein.

Beunruhigt blickte ich auf die Soldaten vor mir. Sie wirkten verunsichert und wechselten besorgte Blicke. Doch Claudius schritt unbeirrt weiter auf den Hügel zu.

Plötzlich ertönte hinter mir ein scharfer Ruf. Schnell wandte ich mich um und sah den Grobschlächtigen auf dem Weg, den wir eben gekommen waren, so schnell er konnte zurückrennen. Unser Verbündeter rief ihm einige scharfe Worte hinterher und ergriff hastig die Zügel des Pferdes, das der andere einfach losgelassen hatte und das im Begriff war, seinem Herrn zu folgen. Dann übergab er die Zügel der zwei aufgeregten Pferde dem überrumpelten dritten Soldaten. Dieser hatte große Mühe, die scheuenden Tiere mit ihrem schweren Gepäck unter Kontrolle zu halten. Einen Moment schien es, als wolle der ältere Römer den wesentlich jüngeren verfolgen, dann erkannte er wohl die Aussichtslosigkeit seines Unterfangens. Stattdessen hastete er nach vorn zu seinem Hauptmann. Atemlos erstattete er ihm Bericht.

Einige Soldaten wirkten erleichtert, so, als erhofften sie sich von ihrem flüchtenden Kameraden Hilfe oder Rettung aus einer Lage, die sie heillos überforderte. Einzig Claudius blieb ruhig. Wieder bewunderte ich ihn dafür. Er strahlte eine innere Sicherheit, ein Zielgerichtet-Sein aus, das mich immer mehr daran glauben ließ, auch er könne in die Zukunft blicken.

Mit wenigen Worten beruhigte er den Untergebenen und warf auch mir aufmunternde Blicke zu. Sein energischer Befehl an die Männer weiterzugehen, wurde nur widerwillig ausgeführt.

Es schien mir, als verzögerten sie den Marsch absichtlich. Auch der Kutscher neben mir hielt seine Pferde eher zurück, als dass er sie antrieb. Ich wandte mich kurz zu den Aussätzigen um. Ihr Anführer starrte mich mit ängstlichem Blick an. Zuversichtlich nickte ich ihm zu und bemühte mich, dabei eine vertrauensvolle Miene zu machen. Da entspannte er sich ein wenig und verkroch sich wieder unter den Decken.

Ich hatte den Vorteil, hoch oben zu sitzen, und konnte so genau sehen, was sich vor und hinter mir ereignete. Nach kurzer Weiterfahrt erblickte ich in einiger Entfernung einen Mann, der eine große Menschengruppe anführte. Sein helles Gewand leuchtete in der Sonne. Bei seinem Anblick machte mein Herz einen Freudensprung. Auch Claudius, der immer noch als Erster ging, hatte ihn entdeckt. Er hob seinen rechten Arm zum Gruß. Der Entgegenkommende antwortete auf die gleiche Weise. J e s u s ! Ich drehte mich schnell zu unserem Verbündeten um und wies aufgeregt nach vorn. Mit meinen Lippen formte ich lautlos den Namen des HERRN. Er verstand und nickte mir voller Freude und Erleichterung zu. Auch den Kranken wollte ich es sagen. Ich wusste nicht, wie ich den Jüngsten unter ihnen rufen sollte, da nannte mir mein Engel einen Namen. Darauf vertrauend sprach ich ihn an: „Brishua, der Heiler kommt uns entgegen."

Augenblicklich kam Bewegung in die Aussätzigen. Sie warfen die Decken zurück und redeten aufgeregt durcheinander. Ihr Anführer beruhigte sie, obwohl es auch ihm sichtlich schwer fiel sitzen zu bleiben. Ein dankbarer Blick aus seinen Augen traf mich. Ich konnte nicht mehr verstehen, wieso ich mich anfangs vor seinem Anblick so ekeln konnte. Es schien mir jetzt, als sähe ich hinter dieser Fratze ein heiles, schönes Gesicht. Ich lächelte ihm zu. Er antwortete mit einem Lächeln seiner Augen, denn sein halber Mund war dazu nicht in der Lage.

Jesus heilt die Aussätzigen

Claudius hatte seinen Schritt beschleunigt. Mir fiel auf, dass sich die Soldaten nicht mehr weigerten, ihrem Hauptmann im gleichen Tempo zu folgen. So kamen wir Jesus rasch näher. Da hielt Claudius den Trupp an, übergab die Zügel seines Pferdes dem Nebenmann und kam zum Fuhrwerk. Er bat mich zu sich und gemeinsam gingen wir zu den Kranken, um ihnen beim Absteigen zu helfen. Auch der freundliche Römer griff stillschweigend mit zu. Wieder verbargen die Aussätzigen ihre verfaulten Körper unter den Lumpen. Wir stützten sie so gut wir es vermochten und führten sie an den Soldaten vorbei, die erschrocken zurückwichen und schützend die Hände vor ihre Gesichter hielten.

Jesus war nun schon so nahe gekommen, dass ich sein Gesicht erkennen konnte. Er wandte sich um und bedeutete seinen Anhängern mit einer Geste stehen zu bleiben. Allein schritt er auf uns zu. Auch er musste nun sehen, dass wir Aussätzige stützten, doch er ging ohne Zögern weiter, schenkte dabei uns Gesunden einen liebevollen und den Kranken einen mitfühlenden Blick. Ganz selbstverständlich half er mit, sie ein wenig abseits des Weges in den Schatten eines Baumes zu bringen. Erschöpft sanken die Männer zu Boden. Jetzt erst umarmte der HERR Claudius und mich brüderlich und sprach: „Ich danke euch, dass ihr diese Menschen zu mir bringt."

Dann wandte er sich ihnen zu: „Zeigt mir euer Gesicht, damit ich euch erkennen kann." Sie zögerten, die Bitte des Jesus war für sie ungeheuerlich. Ein Aussätziger war des Todes, wenn er einem Gesunden seine Gottesstrafe zeigte!

Jesus fragte: **„Habt ihr kein Vertrauen zu mir?"**

Da schlug Brishua langsam das Tuch zurück. Der HERR blickte ihn ohne jedes Erschrecken, ohne jedes Entsetzen, ohne jede Abscheu an, ging noch einen Schritt auf ihn zu, reichte ihm seine rechte Hand und half ihm aufzustehen. Die anderen Aussätzigen lugten nur vorsichtig unter ihren Umhängen hervor, ließen die beiden jedoch nicht aus den Augen.

Diese standen sich genau gegenüber: Jesus in seiner ganzen männlichen Kraft und Schönheit, in leuchtend hellem Gewand. Der Kranke mit zerfressenem Gesicht, gekleidet in verdreckte, stinkende Lumpen, gebeugt durch die Gottesstrafe, die schon seinen ganzen Körper erfasst hatte.

Jesus blickte ihm unverwandt in die Augen, während er sprach: „Danke, dass du mir dein Vertrauen schenkst. Hast du auch Vertrauen in unseren himmlischen Vater?"

Der Aussätzige nickte langsam. Jesus fragte weiter: „Warum bist du krank?"

Der Blick des Angesprochenen wurde stumpf. Mit seiner lallenden Aussprache antwortete er: „Die Priester sagen, weil ich gesündigt habe gegen GOTT und die Menschen. Sie suchten – und sie fanden die schlimmsten Anschuldigungen gegen mich."

„Und was waren deine Sünden?" fragte der HERR.

Der Kranke überlegte, bevor er stockend berichtete: „Ich konnte die Falschheit der Schriftgelehrten und Pharisäer nicht mehr ertragen. Ich ging nicht mehr in die Synagoge, brachte nicht mehr die Opfer, die sie verlangten. Ich wagte es, sie der Heuchlerei zu beschuldigen. Als in meinem Gesicht eine kleine Stelle auftauchte, an der sich die Haut veränderte, wurde ich aus der Gemeinschaft des Ortes und aus meiner Familie ausgeschlossen. Nun hätte mich der gerechte GOTT bestraft für meine frevlerischen Worte, sagten sie. Sie verweigerten mir jede Hilfe und der Aussatz wurde immer schlimmer. Anfangs war ich voller Hass auf die Priester und es gab eine Zeit, HERR, da hasste ich auch diesen GOTT, der mich so bestrafte. Doch dann erkannte ich, dass es der Hass war, der mich immer weiter auffraß. Zu dieser Zeit hörte ich in meinem Herzen eine Stimme, die mich bat, Verständnis für die Verurteilenden zu haben, meinen Leidensgenossen zu helfen und geduldig zu sein. In mir war eine Sicherheit, Gerechtigkeit zu erfahren – und Heilung. Als ich vor einigen Tagen Nahrungsmittel an der Grenze unseres Sperrgebietes abholte, hatte sich meine jüngste Schwester in der Nähe versteckt. Wir erschraken beide fast zu Tode, als wir uns nach langer Zeit gegenüber standen: Ich aus Sorge um ihre Gesundheit, sie wohl aus Entsetzen bei meinem Anblick. Doch sie erzählte mir, dass in der nächsten großen Stadt ein Wunderheiler sei, der alle Krankheiten heilen könne. So machte ich mich mit vier anderen, die ebenso wie ich die Hoffnung noch nicht aufgegeben haben, auf den Weg. Wir hätten es nie geschafft, wenn uns nicht der römische Hauptmann mitgenommen hätte. – HERR, wenn ich gegen GOTT gesündigt habe, so zeige mir einen Weg, wie ich Buße tun kann, damit Er sich mir wieder zuwendet."

Jesus hatte schweigend zugehört, doch in seinem Gesicht erkannte ich, wie sehr die Worte des Aussätzigen ihn bewegten. Er schloss seine Augen, hörte nach innen und antwortete: „Bruder, ich sehe keine Schuld in dir. Unser himmlischer Vater hat sich nie von dir abgewandt. Deine Krankheit und die deiner Freunde ist keine Strafe GOTTES. Sie ist ein Hilferuf deiner Seele, um sich die Menschen vom Leibe zu halten, die sich gegen die Freiheit, gegen die Liebe – und gegen GOTT stellen. Und sie ist eine Folge deines Hasses. Glaub mir: Wenn du diese Verblendeten trotzdem annehmen kannst, wenn du bereit bist, ihnen mit Verständnis und Liebe gegenüberzutreten, obwohl sie dich verleumden, bist du heil."

Verständnislosigkeit lag im Blick des Kranken, lange dachte er über die Worte des HERRN nach. Dann wurde seine Miene nachdenklich: „Du hast Recht, HERR. Der Aussatz kam, als ich mir ein Leben neben diesen falschen Menschen nicht mehr vorstellen konnte. Und er wurde schlimmer, je größer mein Hass wurde. Doch jetzt glaube ich: Ich könnte ihnen gegenübertreten, um ihnen zu sagen, dass mich GOTT nie verlassen hat, obwohl ich diese Krankheit habe."

Da legte Jesus seine Hände auf Stirn und Herz des Aussätzigen und sprach: **„Bruder, dein Vertrauen in GOTT und dein Verständnis denen gegenüber, die dir Unrecht getan haben, machen dich heil."**

Was nun geschah, war so unfassbar, dass es nur glaubhaft ist für jene, die dabei waren: Jesus nahm langsam, ja, zärtlich das entstellte Gesicht des Mannes zwischen seine Hände. Ein Beben ging durch dessen Körper. Minutenlang standen sie so da. Als Jesus seine Arme sinken ließ, schlug der Aussätzige seine Hände vor das Gesicht und begann laut zu weinen. Doch es war kein verzweifeltes Weinen, sondern ein erlösendes, das ebenso abrupt endete, wie es begonnen hatte. Ungläubig fing der Kranke an, mit seinen Fingern das Gesicht zu betasten, dabei lachte und weinte er abwechselnd. Wir starrten ihn an, als er langsam die Hände sinken ließ und Jesus anstrahlte. Es war unglaublich: In den wenigen Minuten war das Gesicht des Aussätzigen heil, ganz und gesund geworden! Jesus, der immer noch vor dem Geheilten stand, strahlte zurück.

Brishua betastete seinen ganzen Körper und schüttelte immer wieder ungläubig den Kopf. Schließlich umarmte er Jesus, stammelte

Worte des Dankes und ging dann mit geöffneten, heilen Händen auf seine Leidensgenossen zu, die ihm aus weit aufgerissenen Augen entgegenstarrten. Er zeigte sich ihnen.

Da kam Bewegung in die armseligen Menschen. Wie hässliche Insekten krochen sie auf Jesus zu, blickten ihn voller Hoffnung an und streckten ihre verstümmelten Hände nach ihm aus.

Jesus fragte auch sie: „Habt ihr Vertrauen in den himmlischen Vater?" Einer antwortete für alle: „Wir kennen ihn nicht, wir kennen nur den GOTT unserer Väter. Doch wenn dein himmlischer Vater solche Wunder tut, vertrauen wir dir und ihm."

Da legte Jesus einem nach dem anderen seine Hände auf und auch sie wurden geheilt. Zugleich kam Kraft in ihre geschwächten Körper, sodass zuletzt die fünf in Lumpen gehüllten Männer aufrecht vor uns standen. Sie dankten Jesus und priesen seinen Vater, der dieses Wunder gewirkt hatte.

Doch unvermittelt wurden sie still. Alle schienen den gleichen bedrückenden Gedanken zu haben. Brishua sprach ihn aus: „Was sollen wir nun tun, HERR? Wir können nicht einfach in unser Dorf zurückkehren. Die Priester und Schriftgelehrten sind so stark, sie werden uns anklagen, mit dem Satan im Bund zu sein."

Jesus antwortete: „Bleibt eine Weile bei mir, lernt meinen Vater als euren kennen und erfahrt, welche Kraft Er denen schenkt, die sich als Seine Söhne erkannt haben."

Dann wandte er sich seinen Anhängern zu, die immer noch in einigem Abstand warteten, und winkte sie zu sich. Er bat fünf von ihnen, aus ihren Bündeln saubere Tücher zu nehmen und sie den Zerlumpten zu geben. In der Nähe befand sich ein Bach, an den er die Geheilten schickte. Petrus, mein Namensvetter Jakobus und Johannes begleiteten sie und halfen ihnen, sich zu reinigen und anzukleiden.

Stille herrschte unter den Anwesenden. Für mich war es das größte Wunder, das der HERR bisher gewirkt hatte, für Claudius und den römischen Soldaten neben ihm das erste, dessen Zeugen sie geworden waren.

Claudius trat zu Jesus und sprach ihn an: „Bruder, lass auch mich dein Jünger sein. Ich kann nicht mehr länger dem Kaiser dienen."

Doch Jesus antwortete ruhig: „*Clarius*, ich brauche dich bei den Soldaten des Kaisers. Nur so kannst du an meiner Seite sein, wenn alle anderen mich verlassen haben. Nur so kannst du deine Aufgabe erfüllen."

Claudius wurde bleich und ich wusste, dass er an die Weissagung der Zigeunerin dachte. Wortlos wandte er sich um und ging langsam, mit schleppenden Schritten wie ein alter Mann, auf seinen Trupp zu. Der ältere Römer schloss sich ihm an.

Plötzlich hörten und sahen wir auf dem Weg, den wir gekommen waren, römische Soldaten heranpreschen. Sie überholten ihre wartenden Kameraden und galoppierten auf Claudius zu. Neben dem Anführer ritt mit triumphierendem Blick der Grobschlächtige.

Mein römischer Freund blieb mitten auf dem Weg stehen und blickte ihnen ruhig entgegen. Hoch vom Ross rief ihm der Anführer in aggressivem Ton einige Sätze zu. Claudius antwortete gelassen, wandte sich um und zeigte auf mich und die Geheilten, die nun in sauberen Gewändern und mit strahlenden Gesichtern neben mir standen. Jesus trat eilig zu Judas und führte dann die Geheilten auf die Römer zu. Ich wollte mich ihnen anschließen, doch Petrus hielt mich wortlos zurück.

Der römische Anführer und auch der Grobschlächtige waren mittlerweile abgestiegen. Im Blick des Verräters lag völlige Verständnislosigkeit; er suchte nach den Aussätzigen und wollte nicht glauben, dass sie geheilt auf ihn zukamen.

Jesus blieb vor dem Anführer stehen, verneigte sich grüßend und hielt ihm einen Beutel mit Geld, den er zuvor von Judas gefordert hatte, entgegen. Freundlich sprach er: „Ich danke euch, dass meine Brüder ein Stück des Weges mitreisen durften. Ich werde euch dafür entlohnen. Nennt den Preis."

Ich sah ein gieriges Aufblitzen in den Augen des Römers, dann nannte er eine unverschämt hohe Summe. Jesus öffnete ohne Widerrede den Beutel und zählte ihm die Silberlinge in die Hand. Dann wandte er sich dem Verräter zu, gab auch ihm Geld und sagte: „Teile es mit deinen Kameraden und sage ihnen Dank für ihre Hilfsbereitschaft."

Seine Worte waren ehrlich und freundlich gesprochen und eben diese Freundlichkeit trieb dem Römer das Blut ins Antlitz. Er wandte sich um und ging zu seinen wartenden Kameraden. Sie waren bleich im Gesicht. Obwohl sie die Heilung nicht aus der Nähe miterlebt hatten, erkannten sie doch das Wunder, das geschehen war.

Als der Verräter ihnen das Geld geben wollte, waren einige unter ihnen, die ablehnten und sich verlegen von ihm abwandten.

Jesus, der dies beobachtet hatte, trat auf sie zu und sagte so laut, dass auch wir es hören konnten: „Verurteilt ihn nicht, er hat aus Angst gehandelt, ebenso wie ihr. Ihr habt meinen Brüdern geholfen, und dafür gebührt euch Dank. **Ich frage nicht, aus welchem Grund ihr geholfen habt, das ist eure Sache."**

Der ältere Römer übersetzte die Worte des Jesus in seine Sprache. Da nahmen die Soldaten das Geld, doch ich erkannte, dass sie sich schämten.

Claudius trat hinzu und stellte sich neben Jesus. Mit ruhiger Stimme erteilte er den Befehl, die Waren von den Pferden wieder auf den Wagen umzuladen. Da auch einige der neu hinzugekommenen Römer mithalfen, konnte der Trupp nach kurzer Zeit wieder aufsitzen, um den Weg zur Hauptstraße und zum Soldatenlager anzutreten.

Zuvor verabschiedete sich Claudius von mir mit den Worten: „Wir werden uns wieder sehen, kleiner Bruder." Sein Blick war traurig – und wissend ...

Er trat zu Jesus, der ihn einige Schritte wegführte. Sie sprachen leise miteinander und umarmten sich wie Geschwister. Wieder dachte ich: ‚Es sind Brüder, von denen einer dem anderen bedingungslos vertraut.' Da sprach mein Engel: ‚Und beide nennen *dich* ihren Bruder.' Ein großes Glücksgefühl durchströmte mich, wurde jedoch schnell vertrieben durch eine tiefe Traurigkeit. Eilig wandte ich mich zu Jesus' Jüngern um und erkannte erstaunt, dass es mittlerweile weit über hundert sein mussten, die ihm folgten. Sie umringten die Geheilten und ließen sich deren Geschichte erzählen. Simeon und David kamen mir entgegen, umarmten mich und freuten sich, dass wir wieder zusammen waren. So halfen sie mir mit ihrer Herzlichkeit, den Abschied von meinem römischen Freund zu verschmerzen.

Kurz darauf setzte sich der Trupp der Römer in Bewegung. Es schien mir, als entferne sich in Claudius wirklich ein Bruder von mir. Als sich der Staub auf dem Weg wieder gelegt hatte, führte Jesus die Gruppe seiner Anhänger weiter. Hinter ihm folgten seine engsten Vertrauten, zu denen nun auch ich mich wieder zählen durfte. Neben mir schritten Simeon und David, hinter uns die eben Geheilten und die vielen Männer und Frauen, die sich von Jesus angezogen fühlten. Wir gingen schweigend, jeder von uns war damit beschäftigt, das eben Geschehene zu verarbeiten.

Einer trägt des Anderen Last

Als wir die Hauptstraße erreichten, sah ich, dass immer noch viele Menschen auf die Stadt zugingen. Einige von ihnen erkannten den HERRN und so war er bald von Menschen umringt, die ihn um Hilfe baten. Er verwies sie freundlich auf den Versammlungsort, dort würde er zu allen sprechen und sich ihrer Nöte annehmen. Nur widerwillig ließen sie von ihm ab.

Jesus ging auf eine alte Frau zu, die müde am Rande der Straße saß. Er half ihr aufzustehen und führte sie behutsam weiter. Die Jünger und anderen Anhänger nahmen sich sein Verhalten zum Vorbild, stützten ebenfalls schwache Menschen oder leisteten Hilfe beim Transportieren von Kranken. David stand seinem Vater bei, der einen Blinden führte. Ich sah Jeremiah an, wie groß sein Mitgefühl mit dem Kranken war. Im Weitergehen sprach er ruhig auf ihn ein. Ich war mir sicher, dass er ihm seine eigene Heilungsgeschichte erzählte – und das Wissen des Jesus an den Unwissenden weitergab.

Simeon machte mich auf zwei Frauen aufmerksam, die eine Bahre zwischen sich trugen. Sie schienen völlig erschöpft von der Last zu sein. Wir eilten auf sie zu und boten uns an, sie abzulösen. Die ältere Frau bedankte sich mit müder Stimme und in ihren Augen lag eine Traurigkeit, die mich bewegte. Die Jüngere mochte in Simeons Alter sein. Er übernahm ihren Platz, während sie schweigend zur Seite trat und ihm heimliche Blicke zuwarf. Ich selbst löste die andere Frau ab.

Besorgt trat diese neben die Bahre und schlug das Tuch zurück, das sie zum Schutz gegen die Sonne und den Staub der Straße über den Kopf des Kranken gebreitet hatte. Das Gesicht eines Buben mit fieberheißer Stirn wurde sichtbar. Er starrte seine Mutter aus weit aufgerissenen Augen ängstlich an und begann zu weinen. Schnell befeuchtete sie aus einem mitgetragenen Schlauch ein Tuch, benetzte seine ausgetrockneten Lippen und legte es ihm auf die glühende Stirn. Im Weitergehen nahm sie die Hand des Kindes und versuchte, es mit leisen Worten zu beruhigen. Doch erst als sich seine Schwester auf die andere Seite begab und ebenfalls eine Hand hielt, wurde es ruhiger.

Wir erreichten nach einer halben Stunde den Rand der großen Stadt. Ich kannte sie nur von Erzählungen meines Vaters, der ein paar Mal hier gewesen war, um Steuergelder abzugeben. Doch die Wirklichkeit überwältigte mich. Vater hatte nur von ihrem Reichtum berichtet, von der großen Synagoge, den Herrenhäusern und Palästen. Das, was ich jetzt sah, war das Gegenteil davon: Linker Hand der Straße standen armselige Hütten, von denen ich nicht glauben konnte, dass sie überhaupt bewohnbar seien. Die Nächte konnten empfindlich kalt sein, die Regenzeit unbarmherzig, und diese Behausungen schienen nicht geeignet, ihre Bewohner davor zu schützen.

Zwischen den Hütten tauchten Menschen auf, armselig in Lumpen gehüllt, um sich unserem Zug anzuschließen. Ich sah eine Welt der Armut, wie ich sie bisher nicht gekannt hatte. Simeon schien es ebenso zu ergehen. Ich beobachtete ihn, wie er an seinem feinen Gewand herabsah und es beschämt mit den Lumpen der Armen verglich.

Zur rechten Seite der Straße entdeckte ich in einiger Entfernung ein großes Soldatenlager. Fest erbaute Gebäude standen dort, große Stallungen für die Pferde, doch auch Zelte, die einen stabileren Eindruck machten als die Behausungen auf der anderen Seite. Ich strengte meine Augen an in der Hoffnung, Claudius' Trupp zu entdecken, sah aber nur einige Soldaten, die zu Fuß zwischen den Gebäuden unterwegs waren. Ein Einzelner hielt sich am Rande des Lagers auf und beobachtete die seltsame Prozession.

Nun hob ich den Blick und betrachtete den Teil der Stadt, von dem mein Vater erzählt hatte: Der Weg führte bergan, wo auf dem höchsten Platz die imposante Synagoge stand, eingerahmt von vornehmen Häusern. Doch Jesus folgte nicht dem Hauptweg, sondern bog hinter der Armensiedlung und vor dem Beginn der schöneren Häuser in einen Seitenweg ein. Dieser führte auf einen niedrigen Hügel zu. Mein neugieriger Blick schweifte noch einmal die Hauptstraße entlang. Weit oben sah ich einige vornehm gekleidete Männer stehen.

Simeon wandte sich um und raunte mir zu: „Schriftgelehrte und Pharisäer. Sie beobachten uns, seit wir hier sind. Heute am Sabbat erwarteten sie bestimmt, dass wir zu ihnen in die Synagoge kommen. Nach der Heilung der Aussätzigen verstehe ich, warum Jesus bis zum Nachmittag außerhalb der Stadt wartete."

Erst seine Worte erinnerten mich daran, dass heute Sabbat war, der dritte, seit ich mein Elternhaus verlassen hatte. Dabei schien es mir, als sei ich schon eine Ewigkeit mit Jesus unterwegs. Der Sabbat wurde in meinem Vaterhaus heilig gehalten, anders als bei Anäus, der mich und seine Gesellen dazu angehalten hatte zu arbeiten, während er selbst scheinheilig in die Synagoge ging.

Die Anklage des Pharisäers

Nach einem weiteren kurzen Fußmarsch erreichten wir den Hügel. Ich war erstaunt über die große Menschenmenge, die sich bereits erwartungsvoll hier eingefunden hatte. Unruhe entstand, als die Wartenden den Prediger erkannten. Ehrfurchtsvoll machten sie einen Weg für ihn frei. Jesus führte uns auf die Anhöhe, ließ die alte Frau unter einem Schatten spendenden Baum zurück und wartete, bis auch wir die Kranken abgesetzt hatten. Dann folgten wir ihm auf den höchsten Punkt des Hügels. Ich erinnerte mich an die Erzählung des jüdischen Kaufmannes. Hier war also das Wunder des Teilens geschehen? Bestimmt waren viele der damals Anwesenden auch heute wieder hier.

Wir Jünger bildeten ganz selbstverständlich einen Kreis um Jesus und ließen uns nieder. Allein der HERR blieb aufrecht stehen. Er wandte sich den Menschen zu, die seinetwegen hier waren und breitete lächelnd die Arme aus. Ich verstand den alten Kaufmann, der uns den HERRN so geschildert hatte, denn auch jetzt konnte jeder der Anwesenden das Gefühl haben, Jesus blicke nur *ihn* an, spreche nur zu *ihm*. Es war seine besondere Gabe, die Aufmerksamkeit jedem Einzelnen zu schenken – und gleichzeitig allen.

Ich gewahrte, wie zwei Anhänger des HERRN, die ich nicht von früher kannte, sich heimlich von uns entfernten. Simeon hatte es ebenfalls bemerkt und warf ihnen einen besorgten Blick nach. Ich sah ihn fragend an, doch er gab mir keine Erklärung.

Dann begann der HERR zu sprechen. Was er genau erzählte, weiß ich nicht, denn ich gestehe, dass meine Blicke unablässig Claudius suchten. Mein Verstand sagte mir zwar, dass er gar nicht hier sein könne. Er musste im Lager bestimmt Rechenschaft ablegen über die Fracht und über die Juden, die er mitgenommen hatte. Und trotzdem wusste mein Herz, dass er kommen würde!

Einige von den Worten des HERRN kamen bei mir an. Er erzählte den Menschen von seinem himmlischen Vater, der immer schon vorher wüsste, was jedes Seiner Kinder bräuchte, noch ehe dieses eine Bitte aussprechen müsse. Er sagte, dass nicht einmal ein leiblicher Vater seinem hungrigen Kind einen Stein gebe, wenn es um ein Brot bat, und niemals eine Schlange, wenn es einen Fisch wolle. Wie viel mehr sorge dann der himmlische Vater für Seine Kinder!

Ich dachte an meinen Vater zuhause und gab Jesus Recht. Mein Vater hatte mir immer alles gegeben, was ich brauchte. Nicht alles, was ich *wollte*, erinnerte ich mich. Manchmal dachte ich dann, er liebe mich nicht. Meistens erkannte ich später, dass er recht gehandelt hatte. Denn die meisten meiner Wünsche verflüchtigten sich ebenso schnell, wie sie mich gepackt hatten. Seit ich mit Jesus unterwegs war, durfte ich erleben, dass er in seinen himmlischen Vater grenzenloses Vertrauen setzte und nie enttäuscht wurde. Er hatte alles bekommen, was er brauchte – und wir mit ihm!

Immer noch schweiften meine Augen suchend umher. Da entdeckte ich unter den Zuhörern die beiden jungen Männer, die sich heimlich davongeschlichen hatten. Sie standen neben einigen vornehm gekleideten Pharisäern.

In diesem Augenblick entstand in deren Nähe eine leichte Unruhe. Die Menschen machten einen Weg frei, um einige Nachzügler durchzulassen. Dies überraschte mich, denn freiwillig würde keiner der in vorderster Reihe Stehenden seinen Platz räumen. Als ich erkannte, vor wem sie zurückwichen, hätte ich vor Freude laut aufschreien mögen: Claudius und sein treuer Verbündeter schritten aufrecht durch die Menge und blieben nur wenige Schritte von den Pharisäern entfernt stehen. Jesus hatte sich durch die Unruhe nicht beirren lassen und weitergesprochen. Er erzählte von seinem Vater, dessen große, bedingungslose Liebe die Menschen heilen könne, wären sie nur bereit, diese Liebe anzunehmen.

Da begann ein kleines Mädchen laut zu weinen. Viele Köpfe wandten sich dem Kind zu. Es stand unmittelbar vor den Gesetzeslehrern. Diese warfen dem Mädchen und seiner Mutter ärgerliche Blicke zu. Das Kind schrie immer lauter, sodass die Umstehenden nicht mehr verstehen konnten, was der HERR sprach. Die hohen Herren begannen mit der Frau zu schimpfen, doch all deren Versuche, die Tochter zu beruhigen, schlugen fehl. Da besann sich einer der Pharisäer, beugte sich zu dem Mädchen hinab, streichelte ihm beruhigend über das Köpfchen und sprach leise auf es ein. Das Weinen ließ nach und, als der Mann das Kind kurz in den Arm nahm, beruhigte es sich ganz und lächelte den Fremden an. Erleichtert richtete sich dieser auf, um seine Aufmerksamkeit wieder dem Prediger zuzuwenden. Sein Blick, der kurz zuvor noch milde war, wurde wieder abweisend und lauernd.

Eben predigte Jesus über GOTT, der die Menschen nicht strafe, sondern ihnen Wege aus ihren dunklen und einsamen Tälern der Schuld und der Angst zeigen wolle. Immer noch beobachtete ich die vornehmen Männer und gewahrte, wie der Älteste von ihnen bei Jesus' Worten bleich wurde. Er schnappte nach Luft und schrie so laut, dass er den Prediger übertönte: „Du redest von Vergebung und bist selbst der größte Sünder, der mir je begegnet ist!"

Alle Köpfe wandten sich ihm zu. Irritiert blickten die Jünger ihren HERRN an. Auch mir blieb für einen Moment das Herz stehen. Was meinte dieser Mann damit? Unruhe entstand, Unsicherheit unter den Zuhörern und den Männern um Jesus. Einzig der HERR blieb ruhig. Freundlich wandte er sich dem Ankläger zu und fragte: „Was wirfst du mir vor, Freund?"

Bei dieser Anrede zuckte der Angesprochene zusammen. Er bemühte sich vergeblich, seine Stimme ruhig klingen zu lassen, als er antwortete: „Kennst du nicht das Gesetz unseres GOTTES, am Sabbat die Arbeit ruhen zu lassen, um Ihn zu ehren?"

Jesus entgegnete, ohne zu überlegen: „Ich kenne es und achte es. GOTT schenkt *uns* diesen Tag, um *uns* zu ehren."

Der Gesetzeslehrer schnappte hörbar nach Luft. „Warum befolgst du es dann nicht?" fragte er Jesus.

„Ich wüsste nicht, wie ich dagegen verstoßen hätte", war die Antwort des HERRN.

„Du hast heute die Synagoge nicht aufgesucht, um GOTT zu ehren", lautete die Anschuldigung, die der Ankläger voller Hass hervorstieß.

„Ist mein himmlischer Vater in ein Haus eingesperrt, dass ich Ihn dort besuchen müsste? Ist GOTT nicht viel größer, als es der größte Tempel sein kann? Ich begegne Ihm überall, wo ich bin. Oder glaubst du, dass der GOTT unserer Väter so klein ist?"

Der Angesprochene wurde vor Zorn rot im Gesicht. Zustimmendes Gemurmel der meisten Zuhörer gab Jesus Recht.

Da brachte der hohe Herr eine weitere Anklage vor: „Ich habe Zeugen dafür, dass du die vorgeschriebene Ruhe des Sabbats gebrochen hast. Meine Schüler haben dich beobachtet, wie du heute Menschen geheilt hast."

Simeon neben mir stieß einen verächtlichen Laut aus und flüsterte mir zu: „Schüler des Schriftgelehrten! Ich habe es geahnt."

Wieder entstand Unruhe unter den Anwesenden. Der offensichtliche Verstoß gegen die Sabbatruhe konnte streng bestraft werden.

Und so viele Kranke warteten hier und hofften auf Heilung. Schnell blickte ich auf Jesus, in dessen Miene kein Funke Angst oder Unsicherheit zu erkennen war.

In diesem Moment ertönte die mir vertraute ruhige Stimme des Claudius: „Wie sah diese Heilung aus? Hat der Prediger schwer daran gearbeitet? War es eine körperliche Anstrengung, die er vollbrachte? Erzählt!"

Die Schüler des Gelehrten wurden zunehmend nervöser. Ihr Lehrer schien überrascht und verunsichert, weil sich ein Römer einmischte. Er begann zu stottern: „Meine Schüler erzählten, dass Jesus Aussätzige heilte! Aussätzige, die GOTT für ihre großen Sünden zu Recht bestraft hatte!"

„Wie geschah die Heilung?" fragte Claudius noch einmal.

Der Gelehrte antwortete mit Verachtung in der Stimme: „Er legte ihnen die Hände auf, umarmte sie und sie waren rein."

Claudius schien zu überlegen. Ich bewunderte ihn, wie er den Unwissenden spielte, obwohl er selbst Augenzeuge der Heilung gewesen war. Nachdenklich sprach er: „Wenn ich mich recht erinnere, Jude, hast du vor einigen Minuten dasselbe getan: Du hast ein krankes, weinendes Kind umarmt, ihm deine Hände aufgelegt und es geheilt. Hast du damit nicht gegen dasselbe Gebot verstoßen wie der Prediger dort oben?"

Der Angesprochene wurde aschfahl, schlug ärgerlich den Blick zu Boden, machte auf dem Absatz kehrt und ging eilig, gefolgt von seinen Schülern und den anderen Pharisäern, davon. Lachend und lästernd machten ihnen die Menschen Platz.

Claudius schmunzelte, als er sich jetzt Jesus zuwandte, seinem Bruder!

Mache nicht andere für dein Glück oder Unglück verantwortlich!

Nachdem sich die Unruhe über den Zwischenfall gelegt hatte und sich die Menschen wieder Jesus zuwandten, breitete dieser seine Arme weit aus, als wolle er sie alle umarmen. Dann sprach er: „Kommt nun alle zu mir, die ihr von Krankheiten, Schuld und Angst geplagt seid. Wenn euer Vertrauen in die Liebe des himmlischen Vaters groß genug ist, werdet ihr Heilung erfahren."

Die Menschen wurden ganz still, sie reckten ihre Hälse, um ja nichts zu versäumen. Unzählige Kranke, die noch gehen konnten, kamen auf uns zu, manche krochen auf allen Vieren, viele wurden auf Bahren näher gebracht. Jesus verließ den Kreis der Jünger und trat ihnen entgegen. Jeremiah und sein Sohn David sprangen auf und begleiteten den Blinden, den sie auf dem Weg schon geführt hatten. Simeon fasste mich an der Schulter und führte mich zu den beiden Frauen mit dem kranken Kind. Im Näherkommen ruhte der bewundernde Blick der jungen Frau ausschließlich auf meinem Freund. Der traurige und stumpfe Blick der Mutter ließ einen Funken Dankbarkeit für unsere Hilfe erahnen.

Wir hoben die Trage an und machten uns auf den Weg zu Jesus. Erstaunt nahm ich wahr, dass neben ihm noch sechs andere seiner engsten Jünger standen. Auch Petrus war darunter. In seinen Augen leuchtete eine große Liebe und Begeisterung darüber, an der Seite des HERRN wirken zu können. Was hatte sich in den wenigen Tagen, die ich von den Männern getrennt war, getan? Als wir uns mit unserem Kranken in die lange Schlange der Wartenden einreihten, stellte ich diese Frage Simeon, der die Bahre an der vorderen Seite trug: „Seit wann heilen auch die anderen?"

Er wandte sich nach mir um und antwortete: „Seit dem Wunder des Teilens. Ich glaube, sie haben erkannt, dass jeder sich beteiligen muss, um Wunder geschehen zu lassen. Ich beneide sie darum, sie wagen es einfach und sie haben Erfolg!"

Schweigend beobachtete ich, wie sich die Kranken auf die sieben Heilenden aufteilten, sich die Frage stellen ließen, überlegten, antworteten, sich die Hände auflegen ließen und Heilung erfuhren.

Wunder über Wunder geschahen! Als Jeremiah und David mit ihrem Schützling bei Petrus standen, dieser dem Blinden die Hände auflegte und ihn heilte, weinten auch sie vor Freude über die Dankbarkeit des Geheilten, endlich die Welt sehen zu können.

Verkrüppelte richteten sich auf und tanzten! Stumme priesen GOTT und sangen Psalmen! Gelähmte trugen ihre eigene Bahre davon! Ich wusste nicht, wohin ich blicken sollte. Überall herrschte Staunen, Begeisterung, Freude, Dankbarkeit.

Endlich kamen wir an die Reihe. Wir wurden an meinen Namensvetter Jakobus verwiesen. Lächelnd blickte er uns entgegen. Eine große Kraft ging von dem sonst so stillen und ruhigen Mann aus. Wir ließen die Trage vor ihm zu Boden. Der Jünger kniete sich neben den fiebernden Jungen, der in einen unruhigen Schlaf gefallen war. So konnte Jakobus nicht mit ihm sprechen. Ratlos blickte er hinüber zu Jesus. Ich folgte seinem Blick und wurde Zeuge, wie der HERR mit einer Kopfbewegung auf die Mutter des Kranken wies. Jakobus nickte verstehend und wandte sich der Frau zu. Er trat dicht zu ihr und sprach sie an: „Frau, was fehlt dir?"

Erstaunt blickte sie hoch. Ein wenig Leben kam in ihre stumpfen Augen, während sie leise antwortete: „Das siehst du doch. Mein Sohn ist sterbenskrank. Heile ihn und auch ich werde wieder glücklich sein können."

Jakobus schloss einen Moment die Augen, lauschte nach innen und sprach dann: „Nein, Frau, das ist es nicht, was dir fehlt. **Ein Leben lang hast du andere für dein Glück oder Unglück verantwortlich gemacht. Es liegt nur an dir selbst, ob du inneren Frieden findest oder im Unfrieden lebst.** Schau deine Tochter an: Sie erlebt dasselbe wie du. Sie sieht tagtäglich ihren Bruder leiden und doch hat sie Freude am Leben. Nein, Frau. **Ich kann deinen Sohn nicht heilen, solange du deinen Frieden von dieser Heilung abhängig machst.** Schenke ihm deine Liebe, doch schenke sie auch dir selbst. Erinnere dich, wie viel Grund zur Dankbarkeit du in deinem Leben hast. Dann zeige deinem Sohn eine Welt, für die es sich lohnt, zu leben. Und sei ihm Vorbild, dass das Himmelreich im eigenen Inneren zu finden ist – oder die Hölle."

Erstaunt über seine eigenen Worte schwieg Jakobus. Ich hatte ihn noch nie so viel reden hören, doch ich wusste, dass auch aus ihm ein Engel sprach. Betroffen schwieg die Angesprochene. Ihr Blick war nach innen gekehrt, sie schien über die Worte des Heilers nachzudenken. Jakobus blickte schnell zu Jesus und sah erleichtert, dass dieser ihm zunickte.

Mutlos fragte die Frau: „So kann also niemand meinem Sohn helfen?"

Jakobus antwortete: „Doch, der himmlische Vater schenkt ihm Heilung, wenn das, was alle aus seiner Krankheit lernen sollen, erfüllt ist."

Traurig und ratlos wandte sich die Mutter um und ging mit schweren Schritten davon. Im gleichen Moment öffnete der kleine Junge seine Augen. Erstaunt blickte er den fremden Mann an, der sich über ihn beugte, ihm die Hand auf die glühende Stirn legte und ihn fragte: „Was fehlt dir?"

Das Kind begann zu lächeln, sacht formten seine Lippen die Antwort: „Nichts, Herr." Seine Augen fielen wieder zu und gleich darauf war der Junge mit entspanntem Gesicht in einen ruhigen Schlaf gesunken.

Seine Schwester hatte sprachlos den kurzen Dialog verfolgt. Nun stieß sie aufgeregt hervor: „Herr, er hat seit Wochen nicht mehr gesprochen. Doch eben war sein Blick klar. Nun weiß ich, dass er wieder gesund wird. – Eure Worte haben mir gut getan. Denn unsere Mutter macht mir seit seiner Krankheit Vorwürfe, weil ich trotz allem fröhlich bin. Sie sagt: ‚Wie kannst du nur lachen, wenn dein Bruder so leidet!' Dabei tue ich alles, was ich für ihn tun kann, und dieses Handeln schenkt mir inneren Frieden, sodass ich meine Lebensfreude nicht verliere. *Ich* habe eure Worte verstanden, doch ich weiß nicht, ob sie auch meine Mutter versteht."

In diesem Augenblick kam die Frau zurück, trat auf Jakobus zu und sprach leise: „Ich werde über deine Worte nachdenken. Wenn es an mir liegt, ob mein Sohn wieder gesund wird, will ich das Meine dazu tun."

Wer einen anderen aus Liebe bei sich aufnimmt, beherbergt GOTT

Erst jetzt bemerkte ich, dass mittlerweile die Dämmerung eingesetzt hatte. Es war bereits früher Abend gewesen, als Jesus mit den Heilungen begonnen hatte, nun würde es nicht mehr lange dauern, bis es vollständig dunkel war. Wo wollten die vielen Menschen die Nacht verbringen? Was sollte mit den unzähligen Kranken geschehen, die noch auf Heilung warteten?

Als hätte Jesus meine Gedanken erraten, kehrte er in den Kreis der Jünger zurück und begann laut zu den Anwesenden zu sprechen: „Brüder, Schwestern, der Tag neigt sich dem Ende zu. Es sind noch so viele da, die auf Heilung vertrauen und denen wir uns morgen zuwenden werden. Nicht wenige von euch haben für diese Nacht kein Dach über dem Kopf. Doch sind auch viele dabei, die vor Tagen gemeinsam das Wunder des Teilens wirkten. Dieses Wunder ist auch jetzt wieder möglich! Wenn jeder, der in der Stadt ein Haus sein eigen nennt, einen anderen einlädt, der nicht nach Hause kann, weil der Weg zu weit ist, wird keiner obdachlos sein. Und jeder von beiden wird ein Geschenk erhalten: **Denn wer einen anderen aus Liebe bei sich aufnimmt, beherbergt GOTT. Und wer einem anderen die Möglichkeit gibt, GOTT zu beherbergen, wird erkennen, dass er in einem Hause zu Gast ist, in dem GOTT ihn schon erwartet.**"

Ich konnte die Worte des HERRN nicht verstehen. GOTT wohnte in den Himmeln, wie sollte Er da in einem einfachen Haus wohnen? Im Tempel – ja, das hatten uns die Schriftgelehrten nahe gebracht. Deshalb mussten die Menschen auch den Tempel aufsuchen, hatten dem dort wohnenden GOTT Opfer zu bringen. Doch wie konnte GOTT bei gewöhnlichen Menschen wohnen? Da fiel mir die Erklärung ein, die Jesus dem Pharisäer gegeben hatte: ‚Glaubst du, GOTT ist so klein, dass Er in einem Tempel Platz hat?' Meinte der HERR damit vielleicht, dass GOTT sich in viele kleine Teile aufteilte, um an ganz vielen Orten gleichzeitig ganz vielen Menschen nahe zu sein?

An den Blicken, die sich die Anwesenden zuwarfen, konnte ich erkennen, dass sie ebenso verwirrt waren wie ich. ‚Der Prediger vollbringt zwar große Wundertaten, doch seine Worte sind oft ziemlich verrückt', schienen sie zu denken.

Da vernahm ich die feste, mir wohl bekannte Stimme des Claudius: „Ja, Jesus, ich bin bereit, das Dach über meinem Kopf mit einem Juden zu teilen. Ich bin bereit, dem himmlischen Vater, von dem du erzählst, Platz zu gewähren."

Mit diesen Worten kam er lächelnd auf mich zu und fragte laut: „Hast du Vertrauen, die Nacht im Lager der Soldaten zu verbringen?" Dabei nickte er mir augenzwinkernd zu.

Ich hatte bedingungsloses Vertrauen zu ihm, obwohl ich mir nicht vorstellen konnte, was er damit bezweckte. So antwortete ich ebenso laut: „Wenn Jesus das Wunder des Teilens wirken will, bin ich bereit, mich daran zu beteiligen."

Die Umstehenden hatten den Dialog neugierig verfolgt. Es war ungeheuerlich: Ein römischer Hauptmann lud auf Jesus' Bitte hin einen Juden ein, sein Gast zu sein! Und dieser nahm an!

Da wollten sie nicht nachstehen. Nach kurzem Zögern gingen immer mehr Menschen aufeinander zu, Fremde sprachen miteinander, Einladungen wurden ausgesprochen, Kranke weggetragen oder weggeführt. Eine Verbundenheit entstand zwischen den Anwesenden, die vor wenigen Herzschlägen noch undenkbar gewesen war.

Auch auf die Jünger des HERRN kamen Stadtbewohner zu, um sie einzuladen. Ich sah einen älteren Mann auf die beiden Frauen mit dem kranken Sohn zugehen und auf sie einreden. Weinend nickte die Mutter. Simeon stand unschlüssig daneben, da sprach der Mann auch ihn an. So kam es, dass Simeon und der Fremde die Tragbahre zwischen sich nahmen und den Frauen folgten.

Immer mehr Menschen verließen gemeinsam den Hügel, immer mehr Fremde gingen aufeinander zu und wurden Freunde!

Claudius stand immer noch neben mir und beobachtete lächelnd dieses Sich-Finden. Endlich wandte er sich mir zu und flüsterte: „Ich hätte dich sowieso mit ins Lager genommen. Ich habe nämlich den Auftrag, dich zum Obersten Befehlshaber zu bringen. – Keine Angst...", fügte er leise hinzu, als er mein erschrockenes Gesicht sah. „Als ich ihm Meldung über meine ungewöhnliche Fracht machte, erblickte er meine neuen Stiefel. Hätte er dieselbe Größe wie ich, stünde ich jetzt baren Fußes vor dir, so sehr gefielen sie ihm. Er will unbedingt ebensolche. Da ich ihm erzählte, dass der meisterliche Schuster in der Stadt sei, befahl er mir, dich zu ihm zu bringen, damit du so schnell wie möglich dieselbe Arbeit für ihn leistest. Nur aus diesem Grund konnte ich so schnell wieder bei euch sein!"

Aufgeregt kaute ich auf meinen Lippen. Ich war mir nicht sicher, ob ich ohne die Anleitung des Schustermeisters Maniech im Stande wäre, die ungewohnte Arbeit zu leisten. Da fühlte ich den Blick des Jesus auf mir, wandte mich ihm zu und sah sein aufmunterndes Nikken. Gleichzeitig sprach der Engel in mir: ‚Du wirst zur rechten Zeit am rechten Ort sein. Hab Vertrauen!'

Claudius hatte mich nicht aus den Augen gelassen. Nun fügte er hinzu: „Ich überlasse dir die Entscheidung. Du kannst auch ablehnen. Dann werde ich dem Befehlshaber berichten, ich hätte dich nicht gefunden."

Entschlossen gab ich ihm zur Antwort: „Ich habe Vertrauen. Wenn GOTT mich an diesen Ort führt, wird Er auch meine Hand führen, um die Arbeit gelingen zu lassen." Zustimmend nickte mir der Hauptmann zu.

Wir wollten noch zu Jesus gehen, um uns zu verabschieden, da sahen wir, dass er in ein Gespräch vertieft war. Er stand neben der alten Frau, die er stützend auf den Berg geführt hatte, und sprach mit einem Mann seines Alters. Dieser war in Lumpen gehüllt, doch er stand aufrecht vor Jesus. Seinem Aussehen nach zu urteilen, war er ein Bewohner jener armseligen Siedlung vor der Stadt. Wollte er Jesus etwa einladen, die Nacht in seiner Hütte zu verbringen? Ich konnte es mir nicht denken. Doch Jesus nickte ihm dankbar zu und half der alten Frau aufzustehen.

In diesem Moment wurde der Zerlumpte von einem in feines Tuch gekleideten Kaufmann unsanft zur Seite gestoßen. Der Reiche baute sich vor Jesus auf und sagte mit lauter Stimme und hocherhobenem Haupt: „Erlaubt, HERR, dass ich Euch mein Haus anbiete. Das Beste und Edelste ist gerade gut genug für Euch. Es wäre mir eine Ehre, Euch bei mir zu haben."

Der Arme stand betreten daneben. Wurde ihm durch die Worte des Kaufmanns die Ungeheuerlichkeit seines Anbietens bewusst? Ich sah in seinem Gesicht, dass er sich nun schämte, überhaupt mit Jesus gesprochen zu haben.

Dieser entgegnete ruhig: „Ich danke Euch für Eure Einladung. Lasst mich einen Augenblick mit meinem Bruder hier sprechen."

Er führte den Zerlumpten ein paar Schritte zur Seite, redete leise auf ihn ein und umarmte ihn. Als sie wieder zurückkamen, strahlte der Bettler. Da war ich mir sicher, dass Jesus den ungeduldig wartenden Kaufmann stehen lassen und mit dem Armen gehen würde. So gut glaubte ich den HERRN mittlerweile zu kennen. Doch stattdessen stützte der Armselige die alte Frau und führte sie fürsorglich und liebevoll bergab.

Jesus wandte sich dem Kaufmann zu und sprach: „Ich werde Gast sein bei Euch. So wohnt GOTT auch unter Eurem Dach." Er nickte ihm freundlich zu und ging hinter dem hochmütig und stolz sich nach allen Seiten umdrehenden Mann den Hügel hinunter.

Ich fühlte mich wie vor den Kopf geschlagen. Das hätte ich von Jesus nicht erwartet! Er scheute sich nicht, in einer Scheune zu übernachten, und nun zog er diesen hochmütigen Kaufmann dem freundlichen Armen vor?

Wieder merkte ich, dass Claudius mich beobachtete. Als ich ihm in die Augen sah, erwartete ich Zustimmung von seiner Seite. Doch stattdessen sprach er: „**Wer, glaubst du, hat die Gegenwart des HERRN nötiger? Der Arme, der Jesus aus Demut und Liebe einlädt und unter dessen armseligem Dach GOTT bereits wohnt, oder der Reiche, der aus Ehrsucht handelt?**"

Ja, mein römischer Freund hatte Recht. Beschämt nahm ich mir vor, künftig vorsichtiger zu sein mit vorschnellen Bewertungen. Innerlich bat ich Jesus um Verzeihung.

Jeremiah und David gingen an uns vorbei. Sie folgten einem in Lumpen Gekleideten. An ihrer Seite schritt der von der Blindheit Geheilte. Fröhlich und vertraut wie alte Freunde wirkten die vier.

Claudius berührte mich sanft am Ellbogen und führte mich zu seinem Untergebenen, der uns geduldig wartend entgegenblickte und mich freundschaftlich und Schulter klopfend begrüßte. Zu dritt setzten wir uns in Bewegung.

Wir kamen zügig voran, überholten viele Menschen, die respektvoll den Römern und mir Platz machten. Auch die kleine Gruppe um Simeon ließen wir hinter uns. Mein jüdischer Freund und ich wechselten noch einen kurzen Blick und wünschten uns so ohne Worte Kraft für das, was auf uns zukam. Das junge Mädchen lächelte mir vertraut zu. Ich hatte sie lieb gewonnen seit heute Nachmittag. Ihr Blick war offen und freundlich – und wurde jedes Mal bewundernd, wenn sie sich Simeon zuwandte.

Im Weitergehen begegneten wir nur noch Fremden. Da erst wurde mir ein wenig Angst. Worauf hatte ich mich da eingelassen?! Bestimmt konnte Claudius nicht immer in meiner Nähe sein. Die einfachen Soldaten, und erst recht ein junger jüdischer Handwerker, hielten sich bestimmt nicht unter einem Dach mit den Vorgesetzten auf.

Claudius schien meine Gedanken zu erraten, denn er beruhigte mich: „Mach dir keine Sorgen. Ich habe dir Unterkunft beschafft in einer kleinen Bedienstetenkammer. Und unser Freund Egregius wird nicht von deiner Seite weichen. Das habe ich zur Bedingung gemacht und mit den Sprachschwierigkeiten begründet." Er zeigte dabei auf seinen Untergebenen, der augenzwinkernd meinen dankbaren Blick erwiderte.

Mittlerweile hatten wir die Wegkreuzung erreicht, an der die breite Straße bergan in die Stadt und in die andere Richtung zur Armensiedlung und zum Lager der Römer führte. Hier teilte sich der Strom der Menschen. Ich nahm wahr, dass die vornehm gekleideten Bürger fast ausnahmslos ebenso wohlhabende Menschen eingeladen hatten.

Nur wenige Kranke wurden in diese Richtung geführt oder getragen und noch weniger Arme als Gäste in die Häuser der Reichen mitgenommen.

Die große Menge der Männer, Frauen und Kinder schlug jedoch denselben Weg ein wie wir drei: Hinaus aus der Stadt. Mein Blick ging immer wieder zurück, um die unzähligen Lichter zu sehen, die hinter uns brannten. Die Synagoge war hell erleuchtet. Es schien mir, als wollten die Pharisäer die Menschen damit anlocken.

Unter denen, die sich vor und hinter uns befanden, waren sehr viele Kranke. Nur wenige vornehm Gekleidete machte ich aus. Eine heitere Stimmung herrschte, ich hörte Menschen singen und lachen. Einen der Geheilten erkannte ich wieder. Es war ein junger Mann, der Stunden zuvor noch bewegungsunfähig auf einer Bahre gelegen hatte. Nun führte er singend und tanzend eine Gruppe Kinder an, die lachend seine Späße beklatschten.

Die Spaltung der Menschen beschäftigte meine Gedanken. Dort oben die Reichen, die hauptsächlich ihresgleichen eingeladen hatten, hier unten die Armen, die sich um die meisten Kranken bemühten. Sie hatten wahrscheinlich selbst nicht viel zu essen, doch waren sie bereit, das Wenige zu teilen.

Das Wunder des Teilens: Jesus hatte es erneut bewirkt! Der Engel in mir widersprach: ‚Nein, Jesus hat es in Gang gebracht, bewirkt wird es von den vielen Menschen, die dazu bereit sind.'

Eine große Liebe zu all denen, die das Wunder vollbrachten, durchströmte mich. Meine Gedanken gingen zu Jesus, der jetzt auf dem Weg in den Palast des reichen Kaufmannes war. Ich erinnerte mich an die Worte des Claudius und plötzlich schienen die Menschen dort oben in meinen Augen gar nicht mehr so reich zu sein. Außer Jesus waren auch viele seiner Jünger von Wohlhabenden eingeladen worden. Ich war mir gewiss, dass auch sie die Botschaft unseres HERRN in die Häuser tragen würden. Wie hatte der Engel in mir gesagt? ‚Du wirst zur rechten Zeit am rechten Ort sein.' Galt das nicht ebenso für alle anderen? Noch einmal musste ich mir eingestehen, voreilig geurteilt zu haben.

Wer bestimmt, wer mein Feind ist?

Unterdessen waren wir fast in Höhe der Armensiedlung angekommen. Mir fiel auf, dass sowohl Claudius als auch Egregius ihre Hände an den Griff der Schwerter gelegt hatten und misstrauisch die Menschen um uns beobachteten.

Unsicher blickte ich den Hauptmann an. Er beantwortete meine stumme Frage unverzüglich: „Es ist nicht ganz ungefährlich für einzelne römische Soldaten, durch dieses Gebiet zu gehen. Der Hass auf uns ist sehr groß und so kommt es immer wieder zu Übergriffen."

Seine Antwort erstaunte mich. Alle, die mit uns auf der Straße unterwegs waren, hatten vor einer halben Stunde noch den Worten des HERRN gelauscht, hatten seine Wunder gesehen, beteiligten sich selbst am großen Wunder des Miteinander-Teilens. Ich sah keine Gefahr von ihnen ausgehen.

Genau das erklärte ich den beiden Römern. Da senkte Claudius beschämt sein Haupt, ließ das Schwert los, blickte mich traurig an und sprach: „Du hast Recht, Jakobus. Ich handle nicht anders als die Frau mit dem Jungen, die seine Krankheit für ihr Unglück verantwortlich macht: Ich mache die Armen für mein Misstrauen verantwortlich. Ein Grundsatz ist uns jahrelang eingetrichtert worden: Dem Feind gegenüber argwöhnisch zu sein. Nur – **ich selbst bestimme, wer mein Feind ist**. Und die Menschen neben mir sind es nicht, denn mein Bruder Jesus nannte sie ebenso Brüder und Schwestern. Danke, dass du mich daran erinnert hast."

Egregius hatte den Worten seines Vorgesetzten gelauscht und ließ nun ebenfalls die Hand sinken. Mit entspannten Gesichtern schritten die beiden Römer neben mir und erwiderten die offenen Blicke der Juden mit einem freundlichen Lächeln.

Bald waren wir an der Stelle angekommen, an welcher der schmale Weg zu den Hütten der Armen abzweigte. Nur wenige Lichter brannten dort, der Wind wehte den Gestank von Abwasser und Kloake bis zu uns. Die Menschen wurden stiller, gingen langsamer. Mir schien, als würde ihnen die Trostlosigkeit ihres Daseins nach der Euphorie auf dem Berg noch schmerzhafter vor Augen geführt.

Wir drei waren die Einzigen, die geradeaus weitergingen. Jeder hing seinen Gedanken nach. Meine waren damit beschäftigt, sich die kommenden Stunden und Tage auszumalen. Hinterlistig wollte sich die Angst vor dem Ungewissen in mir einschleichen. Da hörte ich die Worte des Jesus in mir: ‚Lass es auf dich zukommen. Hast du vergessen, dass unser himmlischer Vater für jedes Seiner Kinder sorgt? Hab Vertrauen!'

Ein Seitenblick auf Claudius ließ mich vermuten, dass auch er mit seinem Misstrauen haderte. Er bestätigte meinen Verdacht mit den Worten: „Erinnerst du dich, wie wir beide mit erhobenen Händen durch das Tal des Barabbas gingen? Wie groß war damals unser Vertrauen! Warum lassen wir es uns nur so schnell wieder nehmen?"

Nach kurzer Überlegung gab ich uns die Antwort: „Vielleicht macht es die Nähe zu Jesus? Damals befanden wir uns auf dem Weg *zu* ihm. Jetzt entfernen wir uns *von* ihm." Lange dachte er über meine Worte nach.

Nun verließen auch wir die Hauptstraße und schlugen den befestigten Weg zum Lager der römischen Soldaten ein. Jetzt im Dunkeln schien es mir bedrohlich und es stellte sich ein Unbehagen in meinem Bauch ein, das erst durch den Gedanken an das liebevolle Gesicht des HERRN verschwand. Auch er ließ sich auf ein unbekanntes Abenteuer ein. Der reiche Kaufmann hatte bestimmt Erwartungen an Jesus. Ob er uns wohl davon erzählen würde? Ich erinnerte mich, dass Jesus selten über Abwesende redete. Er widmete sich voll und ganz demjenigen, der ihm gegenüber stand und stellte diesen in den Mittelpunkt. Wie oft hatten dagegen wir über andere gelästert. Ich gedachte der vielen unschönen Reden über Judas. Jesus würde auch die Erlebnisse mit dem Kaufmann für sich behalten.

Meine Aufmerksamkeit wurde wieder auf das Lager gelenkt: Es war mit vielen Fackeln und Ölfeuern beleuchtet, Bogenschützen standen in engen Abständen am äußeren Rand. Hatten die Römer Angst angegriffen zu werden? Mein fragender Blick veranlasste Claudius zu einer Erklärung: „Die Lage der Armen dort drüben spitzt sich zu. Sie haben nichts zu essen und erhalten keinerlei Unterstützung aus der Stadt. Im Gegenteil: Dort wird ihre Unzufriedenheit noch geschürt, indem die Schriftgelehrten ihnen weismachen, wir Römer seien an ihrem Elend schuld. – Vor einigen Tagen wurde unser Vorratslager von einer Gruppe junger Männer aus der Armenstadt überfallen. Sie wollten Lebensmittel stehlen. Es gab Verletzte und einige Juden sitzen hier in Haft. Der Befehlshaber befürchtet, dass versucht werden könnte, sie zu befreien."

Nun verstand ich seine Vorsicht auf dem Herweg besser. Im Näherkommen rief Claudius den Wachen einen römischen Satz zu. Sie antworteten, bedachten mich aber mit misstrauischen und abschätzigen Blicken. Das Angstgefühl in meinem Bauch kehrte zurück. Wie sagte Claudius vorhin? ‚Ich selbst bestimme, wer mein Feind ist.'

Ich hatte keinen Grund, in diesen Männern Feinde zu sehen. Sofort wurde ich ruhiger und konnte zulassen, dass mich einer von ihnen nach Waffen durchsuchte.

Wir kamen an den Stallungen für die Pferde vorbei. Der Geruch und das Schnauben der Tiere erinnerten mich an die Nacht neben den Römern im Stall der Herberge. Lag das wirklich erst einen Tag zurück? So viel hatte sich heute ereignet, dass mir der Tag wie ein ganzes Jahr erschien.

Claudius führte uns zu einem niedrigen Nebengebäude, aus dessen offenen Fenstern der Geruch gebratenen Fleisches und frisch gebackenen Brotes zog und meinen Magen zum Knurren brachte. Seit heute Mittag, als Egregius seinen Proviant mit uns teilte, hatte ich nichts mehr gegessen.

Wir betraten das Gebäude, in dem sich wohl die Wirtschaftsräume befanden, durch einen kleinen Nebeneingang. Durch den spärlich erleuchteten Flur führte uns der Hauptmann auf eine Türe zu, hinter der eine kleine Kammer lag. Er entzündete eine Öllampe. Ein einfaches Strohlager, ausreichend für zwei Männer, war vorbereitet, am Fenster stand ein Tisch mit zwei Schemeln. Doch das Schönste war: Es roch wunderbar nach Leder! Mein suchender Blick entdeckte in einer Ecke der Kammer einen Stapel verschiedensten Leders. Wieder wurde ich gewahr, dass allein der vertraute Geruch mir das Gefühl vermittelte, daheim zu sein. Ich legte meine Bündel ab und atmete mit geschlossenen Augen tief ein.

Lächelnd hatte mich mein römischer Freund beobachtet. Nun führte er mich an den Tisch, deckte einen Teller mit Speisen auf und ermutigte Egregius und mich zuzugreifen. Bevor er sich verabschiedete, umarmte er mich brüderlich und versprach, mich am nächsten Morgen abzuholen, damit ich bei meinem „Kunden" Maß nehmen könne.

Dann waren Egregius und ich allein. Eine Vertrautheit herrschte zwischen uns, wie zwischen Vater und Sohn. Er mochte im Alter meines Vaters sein und ich genoss seine Fürsorge, mit der er mir das schönste Stück Fleisch zuschob und mir die einzelnen Speisen in einfachen Worten erklärte. Einiges hatte ich noch nie gesehen, doch schmeckte es vorzüglich. Auch ein Getränk stand bereit. Mein Helfer bediente sich selbst mit großem Genuss und schenkte mir ebenfalls ein. Es schmeckte nach Honig und war sehr süffig. Bereits nach wenigen tiefen Zügen fuhr eine ungewohnte Müdigkeit in meine Glieder. Egregius hatte Verständnis und half mir aufs Lager, wo ich unverzüglich in einen tiefen und traumlosen Schlaf fiel.

Am Morgen wurde ich durch lautes Geschrei geweckt. Erschrocken fuhr ich hoch, doch Egregius, der neben mir lag, beruhigte mich. Es sei der allmorgendliche Appell für die Soldaten, der Wachwechsel stünde an und zudem seien Kampfübungen angesagt. Hände reibend wies er darauf hin, wie sehr er sich freue, als mein Dolmetscher nicht daran teilnehmen zu müssen.

Er verließ den Raum, um bald darauf mit einer Schüssel Wasser zurückzukehren. Schnell wusch ich mich, zog das saubere Gewand aus dem Bündel über und aß mit Appetit das Frühstück, das ein anderer Soldat auf den Tisch stellte. Sein misstrauischer Blick verunsicherte mich für einen Moment, erinnerte er mich doch an die jüdischen Kaufleute in der Herberge. Egregius warf ihm einen Satz zu, aus dessen Klang ich seine Parteinahme für mich heraushörte. Dankbar blickte ich ihn an. Wieder bediente er sich aus dem Krug von gestern Abend, doch diesmal ließ ich das tückische Getränk stehen. Der Krug mit Wasser schien besser dazu geeignet, meinen Durst zu stillen.

Dann begann das zermürbende Warten auf Claudius. Wie lange doch eine Stunde sein kann, wenn man sich wie ein eingesperrter Vogel fühlt! Mein väterlicher Freund versuchte vergeblich, mir die Zeit zu vertreiben.

Endlich, es war später Vormittag geworden, öffnete sich die Türe und der Hauptmann erschien. Bewundernd betrachtete ich ihn. Er war anders gekleidet als sonst. Ein vornehmer Umhang hing über den Schultern, sein Haar war so ordentlich in Form gebracht, wie ich es noch nie an ihm gesehen hatte. Doch sein Gesicht verriet eine innere Anspannung. Das versetzte mich unverzüglich in Unruhe. Wohlgefällig betrachtete er mein sauberes Gewand und bat mich, ihm zu folgen.

Wir verließen das Wirtschaftsgebäude und gingen an vielen Soldaten vorbei, die lautstark den Schwerterkampf übten und mir Furcht einflößten. Am stattlichsten Gebäude wurde mein Blick zu einer großen Fensteröffnung im oberen Stockwerk gelenkt. Dort stand ein älterer Römer, der das Spektakel interessiert beobachtete. Er trug einen ähnlichen Umhang wie Claudius, nur um ein Vielfaches edler, reich bestickt mit Goldfäden. Der Hauptmann neben mir hob ebenfalls den Blick, blieb unverzüglich stehen und verbeugte sich mit auf sein Herz gelegter rechter Hand. Erstaunt hielt ich neben ihm an. Leise flüsterte er mir zu: „Verbeug dich. Er ist sehr mächtig und wir brauchen sein Wohlwollen."

Widerstand tauchte in mir auf. Trotzig schaute ich erneut empor und sah, dass der Römer mich mit ärgerlich hochgezogenen Augenbrauen musterte. Der Blick erinnerte mich an meinen Vater – und an seine Lehre, Älteren und Vorgesetzten mit Respekt zu begegnen. Etwas anderes verlangte Claudius auch nicht von mir. So verbeugte ich mich kurz und hörte dabei ein erleichtertes Aufatmen neben mir.

Mein Freund führte mich weiter bis zum Eingang des Gebäudes, der streng bewacht war. Obwohl er einem der Wächter ein Schriftstück reichte, wurde ich nach Waffen durchsucht. Die abtastenden Hände waren mir unangenehm, starr und ablehnend stand ich da. Claudius raunte mir zu: „Du musst sie verstehen. Sie haben Angst, dass ein Anschlag auf den Befehlshaber verübt wird. Und du bist Jude."

Das Wunder der Berührung

Nebeneinander schritten wir eine Treppe aus Stein hinauf, wie ich sie noch nie gesehen hatte. Ich wollte Claudius fragen, woher dieser Stein stamme, doch sein angespanntes Gesicht hielt mich davon ab.

Er verlangsamte den Schritt und raunte mir leise zu: „Wenn du Maß nimmst beim Befehlshaber, lass dir bitte so viel Zeit wie nur möglich. Ich muss mit ihm über eine wichtige Sache sprechen und werde die Gelegenheit nutzen."

Sein Gesicht wirkte kantig. Ein Widerwille gegen den Römer, der dort oben auf uns wartete, stieg in mir auf. Dass Claudius ihm gegenüber so viel Unterwürfigkeit zeigte, berührte mich unangenehm, zumal mein römischer Freund noch anfügte: „Und sei bitte respektvoll zu ihm. Es hängt so viel von dieser Begegnung ab, nicht nur für dich oder mich, sondern für viele Menschen." Diese Aussage war nicht geeignet, mich zu beruhigen. Claudius sprach in Rätseln.

Wir durchschritten einen langen Gang im oberen Stockwerk. Vor einer Türe standen zwei streng blickende, schwer bewaffnete Soldaten. Sie überragten Claudius um eine ganze Haupteslänge, obwohl auch dieser nicht klein war. Er zeigte ihnen das Schriftstück und es verwunderte mich schon nicht mehr, dass sich die Prozedur des Durchsuchens meiner Kleidung wiederholte.

Einer von ihnen betrat schließlich den Raum hinter der Türe, rief mit lauter Stimme einen Satz und gab uns dann den Weg frei. Der oberste Römer des Soldatenlagers stand immer noch vor dem Fenster, hatte sich aber nun uns zugewandt. Als wir mit ihm allein waren, machte Claudius ein Begrüßungszeremoniell, wie ich es noch nie gesehen hatte, und verharrte mit gesenktem Kopf und auf sein Herz gelegter Hand vor dem Vorgesetzten. Ich erinnerte mich an die Bitte, Respekt zu zeigen. Langsam verbeugte ich mich, so wie ich es bei jedem älteren Juden ebenfalls getan hätte.

Der Oberste kam lächelnd auf den Hauptmann zu und umarmte ihn freundschaftlich. Claudius atmete hörbar auf und sprach einige Sätze, dabei auf mich und seine Stiefel zeigend. Der Ältere setzte, als er mir seine Aufmerksamkeit zuwandte, eine betont gleichgültige Miene auf und ging zu dem großen Steintisch in der Mitte des Raumes. Dabei bemerkte ich ein leichtes Hinken.

Auf der glänzenden Oberfläche des Tisches stand die aus Stein gehauene Büste eines Römers. Ich vermutete, dass es sich um den Kaiser handelte. Der Römer bückte sich und kam mit einem Paar halbhoher Schuhe zu uns zurück. Er reichte sie mir und erklärte Claudius einiges in seiner Sprache. Mein Freund übersetzte es für mich: „Der Oberste gibt dir ein Paar seiner Schuhe, damit du die neuen Stiefel nach ihnen arbeiten kannst."

Während Claudius sprach, hatte ich bemerkt, dass der ältere Römer aufmerksam zuhörte. Die Vermutung tauchte in mir auf, dass er sehr wohl meiner Sprache mächtig sei.

Fachmännisch betrachtete ich die Schuhe. Sie waren handwerklich einwandfrei gearbeitet, aus bestem Leder, doch schienen sie unterschiedlich abgenutzt zu sein. Der linke Schuh machte auf mich den Eindruck, als sei er nicht maßgeschustert. Ohne zu überlegen, sprach ich den Obersten direkt an: „Herr, ich sehe, dass diese Schuhe keine Maßarbeit sind. Meisterliche Schuhe zeichnen sich durch eine gleichmäßige Abnutzung aus. Wenn ich beste Arbeit leisten soll, muss ich an Euren Füßen Maß nehmen."

Ich sah ein Erschrecken im Blick des Angesprochenen, sein gleichgültiger Gesichtsausdruck wandelte sich in Abwehr und Ablehnung. Claudius übersetzte, leicht irritiert, meine Worte, obwohl ich nun fest überzeugt war, dass sie der Römer bereits aus meinem Munde gesprochen verstanden hatte.

Lange überlegte er, dann antwortete er Claudius kurz und im Befehlston. Ich blickte meinen Freund an und erkannte Unsicherheit in seinen Zügen. Ratlos flüsterte er mir zu: „Ich muss dich mit ihm allein lassen. Hab keine Angst." Angst? Wovor? Ich hatte unzählige Male Maß genommen.

Kaum hatte Claudius den Raum verlassen, ging der Römer zu einer aus Stein gehauenen Bank, nahm Platz und zog seinen rechten Schuh aus. Ich trat zu ihm und bat ihn aufzustehen. Auf seinen fragenden Blick erklärte ich, dass der stehende Fuß eine andere Form besäße als der ruhende. Langsam erhob er sich. Ich kniete mich vor ihm nieder und umschloss den Fuß mit meinen beiden Händen.

Da ich keine Schablone zur Verfügung hatte, kam ein Talent zum Einsatz, das mir mein Vater vererbt hatte: Ich konnte, ebenso wie er und vor ihm sein Vater, genauestens Maß nehmen mit meinen Händen. Während ich die Linien seines Fußes nachfuhr, prägte ich mir jede Einzelheit genau ein. Mit geschlossenen Augen, höchster Konzentration und voller Vertrauen in das Erbe meiner Vorfahren entstand in meinem Kopf das Bild des fertigen Stiefels. Das ungeduldige Räuspern des Römers holte mich aus meiner Versunkenheit zurück.

Nun zeigte ich auf seinen linken Fuß, doch er schüttelte abweisend den Kopf. In meiner Sprache erklärte er: „Nimm den rechten als Muster. Und mach das Gegenstück. Wenn du ein meisterlicher Schuhmacher bist, wird es gelingen."

Normalerweise hätte ich es nie gewagt, seinem Befehl zu widersprechen. Doch der Engel in mir sagte aus meinem Mund: „Nein, Herr. Gerade der linke Schuh ist wichtig für Euch. Wenn die Arbeit gelingen soll, müsst Ihr mich Maß nehmen lassen."

Ich hatte ihm bei den Worten ruhig in das Gesicht geblickt. So vieles war darin zu lesen: Widerwillen, Ablehnung, sogar Wut. Ich konnte es nicht verstehen. Was sollte so schlimm daran sein, mir seinen Fuß zu zeigen? Mein offener, fragender Blick ruhte auf ihm.

Nun hielt ich ihm meine geöffneten Hände entgegen, mein Mund tat sich auf und ich fragte: „Was fehlt Euch, Herr?" Als hätten diese Worte eine Türe aufgesperrt, wurde seine Miene unbeschreiblich traurig. Fast unhörbar war seine Antwort: „Ich werde es dir zeigen."

Dabei zog er den linken Schuh aus und hielt mir den Fuß entgegen. Mein Erschrecken war groß: Der Fuß war nur zur Hälfte ausgebildet, die Zehen fehlten vollständig. Es schien sich um keine Kampfverletzung zu handeln, denn es waren keinerlei Narben zu sehen.

Ein großes Mitgefühl durchströmte mein Herz, jetzt verstand ich, warum er sich scheute, diesen Makel zu zeigen. Ich fragte mich, wie es ihm gelungen sein mochte, es trotz seiner Behinderung bis zum Obersten Befehlshaber zu bringen – wusste ich doch, welch einer strengen körperlichen Musterung die Soldaten unterworfen waren.

Er schien meine Gedanken erraten zu haben, denn die Worte, die er nun zu mir sprach, klangen bedrohlich: „Wenn du einem einzigen Menschen davon erzählst, bist du des Todes."

Ich löste den Blick von der verkrüppelten Gliedmaße und sah ihn erschrocken an. Seine Miene war starr, doch in seinen Augen las ich Hilflosigkeit und Trauer. Die Angst in mir zog sich wieder zurück, das Mitgefühl war stärker.

Mit geschlossenen Augen umfassten meine Hände zärtlich den halben Fuß, betasteten ihn, streichelten ihn, prägten sich jede Einzelheit ein. Ganz kurz tauchte die Frage auf, wie der neue Stiefel wohl aussehen würde, dann sah ich ihn vor mir: als genaues Gegenstück zum anderen, doch zusätzlich würde sein Vorderteil durch starkes Leder verstärkt sein, sodass der Römer so normal wie möglich darin gehen konnte.

Während ich noch überlegte, fühlte ich es warm in meinen gebeugten Nacken tropfen. Erstaunt blickte ich auf und sah, dass der mächtigste Mann im Soldatenlager weinte. Seine Augen waren geschlossen, doch sein Gesicht wirkte nun entspannt.

Immer noch hielt ich seinen Fuß umfasst. Die Worte, die ich zu ihm sprach, kamen von selbst: „Ich danke Euch für Euer Vertrauen. Ich werde Euch Stiefel fertigen, in denen Ihr gut und bequem laufen könnt. Ich werde sie maßfertigen, denn ich weiß, dass Ihr, wenn sie fertig sind, gesund sein werdet. – Ich bin unterwegs mit einem großen Prediger, der schon viele Menschen geheilt hat und auch heute auf dem Berg vor der Stadt wieder heilen wird. Geht zu diesem Jesus. Er wird Euch helfen."

Ich war mir nicht sicher, ob er mich verstanden hatte, denn, ohne mir zu antworten, zog er seine Schuhe an, wischte sich mit dem Stoff seines Gewandes über das Gesicht und rief mit fester Stimme nach Claudius. Dieser musste schon ungeduldig darauf gewartet haben, denn im gleichen Moment öffnete sich die Türe und er trat hastig ein.

Fragend richtete er den Blick auf mich. Das erinnerte mich an seine Bitte, mir möglichst lange Zeit mit dem Maßnehmen zu lassen. So sprach ich zu ihm, bewusst ignorierend, dass mich sein Vorgesetzter auch ohne Übersetzung verstand: „Sage bitte dem Obersten, ich bräuchte einige Minuten, um mir die Maße einzuprägen."

Der dankbare Blick des Obersten Befehlshabers zeigte mir, dass er verstand, was ich ihm damit sagen wollte: Ich würde über alles, was ich in den letzten Minuten gesehen und gehört hatte, Stillschweigen bewahren – so wie es Jesus getan hätte.

Während ich mit geschlossenen Augen dastand und so tat, als würde ich mich voll und ganz konzentrieren, versuchte ich, aus dem Klang der Worte, die Claudius zu seinem Vorgesetzten sprach, herauszuhören, worum es sich handelte. Die römischen Laute waren mir inzwischen nicht mehr so fremd, doch außer einigen Redewendungen, die sich bei den Soldaten öfters wiederholten und die mir Egregius erklärt hatte, verstand ich ihre Sprache nicht.

So öffnete ich vorsichtig ein wenig die Lider, um vielleicht aus den Gesichtern der beiden Aufschluss zu gewinnen. Claudius sprach ruhig und sachlich, sein Blick war eindringlich auf den Obersten gerichtet. Dieser hörte aufmerksam zu, aber auf seiner Stirn stand eine Unmutsfalte. Der jüngere Römer ließ sich davon nicht beirren. Seine Argumente schienen überzeugend zu sein, denn er wurde nicht unterbrochen. Einmal glaubte ich den Namen des HERRN herauszuhören. Mein Freund zeigte dabei in die Richtung, in welcher der Berg lag, auf dem Jesus predigte und heilte. Anschließend wies er in die Richtung der Armensiedlung.

Was hatte er vor? Als der Name Jesus fiel, zuckte der Befehlshaber kurz zusammen und warf mir einen Blick zu. Schnell schloss ich meine Augen. Kurz darauf hörte ich ihn zu seinem Tisch gehen. Wieder spitzelte ich zwischen den Wimpern hindurch. Er schrieb ein Schriftstück, besiegelte es mit dem Abdruck seines Ringes und gab es Claudius. Dieser verneigte sich, doch schien er immer noch nicht ganz zufrieden mit dem eben Erreichten. Noch einmal begann er zu sprechen. Nun erschien eine Zornesfalte auf der Stirn seines Gegenübers. Claudius übersah es und redete ruhig weiter. Was er vorbrachte, schien abermals zu überzeugen. Erneut kehrte der Römer an den Tisch zurück, schrieb ein zweites Mal, besiegelte auch diesen Befehl und übergab ihn dem Hauptmann.

Jetzt öffnete ich die Augen ganz und trat neben meinen Freund. Er nickte mir zu, in seinem Blick las ich eine kaum zu verbergende Freude. Ein letztes Mal verneigte er sich vor dem älteren Römer. Ich tat es ihm gleich. Als ich mich aufrichtete, ruhte dessen nachdenklicher Blick auf uns.

Claudius wandte sich um und wollte den Raum verlassen, da sprach ihn der Oberste noch einmal an. Der Name des HERRN fiel. Überraschung lag in der Miene des Hauptmannes. Seine Antwort klang ein wenig unsicher. Ein letztes Wort sagte der Oberste zu ihm, während er dabei mich anblickte. Claudius übersetzte erstaunt: „Er bittet mich, dir zu sagen, dass er dir vertraut."

Wir verließen den Raum, schritten an den Wachen vorbei und erreichten die Treppe. Als wir außerhalb der Sichtweite der Soldaten waren, blieb Claudius stehen, lehnte sich an die Wand und atmete tief, wie von einer riesengroßen Last befreit, auf. Leise sagte er: „Es ging leichter, als ich dachte. Es kommt mir fast wie ein Wunder vor. Denn als er mich hinausschickte, sah ich die Gelegenheit auf das Gespräch schwinden. Jakobus, ich weiß nicht, was du mit ihm gemacht hast, doch scheinst du etwas in ihm berührt zu haben, das seine Meinung über die Juden veränderte."

Er hielt mir eines der Schriftstücke vor die Augen und fuhr fort: „Weißt du, was das hier bedeutet? Es ist die Freigabe einer großen Lieferung Getreides für die Armen in der Siedlung. Wir brauchen es nicht, es ist unsachgemäß gelagert und würde über kurz oder lang verderben. Ich konnte ihm klar machen, dass wir mit dieser Aktion nur gewinnen können. Und weißt du, was hier steht?" Er zeigte mir das zweite Schreiben. Hätte ich bei den vorangegangenen Worten schon vor Freude singen und tanzen mögen, so schlug mein Herz bei der nun folgenden Erklärung einen Purzelbaum: „Er lässt die inhaftierten jungen Juden, die am Überfall beteiligt waren, frei und setzt sie als Verteiler für die Lieferung ein. Ich konnte ihn überzeugen, dass wir nur so das Wohlwollen der Juden gewinnen. Das Wunder des Teilens – warum sollte es nicht auch von Römern bewirkt werden können?"

Wir hörten von unten Schritte nahen. Der Hauptmann bemühte sich, seine Freude zu verbergen und ein dienstliches Gesicht aufzusetzen. Die entgegenkommenden Soldaten grüßten ihn respektvoll. An die neugierigen Blicke, die mir galten, hatte ich mich mittlerweile gewöhnt.

GOTT lässt das Werk gelingen

Claudius brachte mich in die kleine Kammer zurück, in der uns Egregius schon ungeduldig erwartete. Das Mittagsmahl stand auf dem Tisch. Der Hauptmann sprach mit begeisterter Stimme auf Egregius ein, der ihn wenig später nach draußen begleitete. Zuvor wünschten sie mir viel Erfolg beim Herstellen der Lederstiefel.

Während ich meinen Hunger stillte, waren meine Gedanken noch einmal beim Befehlshaber. Wie viel Kraft kostete es ihn, das Geheimnis für sich zu behalten? Ob er jetzt Angst hatte, ich könnte seinen Makel verraten? Er musste einer einflussreichen Familie angehören, wenn er trotz seiner Behinderung eine solche Karriere machen konnte.

Gestern hatte ich ‚arme' Reiche und ‚reiche' Arme gesehen, heute einen ‚schwachen' Mächtigen. Langsam begann ich, *hinter* das Sichtbare und Augenscheinliche zu blicken.

Bevor ich mit dem Zuschneiden des zuvor sorgfältig ausgewählten Leders begann, wollte mich ein Gedanke des Zweifelns an meinem Können verunsichern. Da erinnerte ich mich an das Gespräch, das Jesus im Garten des Joshua mit mir und Veronika führte. Wie sagte der HERR damals zu ihr? ‚Willst du den Menschen Recht tun oder GOTT dienen?' Ich wollte meinem himmlischen Vater dienen. Er würde meine Arbeit gelingen lassen.

Mit großer Ruhe und Sicherheit nahm ich das Schustermesser zur Hand und schnitt das Leder für den rechten Schuh zu. In meinem Inneren waren das genaue Maß und die genaue Anleitung für jeden einzelnen Handgriff.

Ich saß direkt am Fenster und wurde so Zeuge der Geschäftigkeit, die draußen in Gang kam. Meine Hände taten die Arbeit wie von selbst, während meine Blicke immer wieder auf den großen, freien Platz hinausgingen. Mehrere Fuhrwerke wurden vor ein niedriges Gebäude gebracht. Bestimmt dreißig Soldaten waren abkommandiert, um unzählige schwere Säcke aus der Baracke zu schleppen und auf fünf Wagen aufzuladen. Der sechste Wagen blieb leer. Claudius und Egregius standen dabei, streng darauf achtend, dass keine einzige Handbreit der Ladefläche ungenutzt blieb. Ich sah meinem Freund an, wie schwer es ihm fiel, als Vorgesetzter nur danebenstehen und nicht selbst mit anpacken zu können.

Endlich war die Verladearbeit getan. Claudius trat vor die versammelten Soldaten, die wieder ihre Waffen angelegt hatten, und sprach zu ihnen. Unschlüssig blickten sie sich an. Schließlich traten sechs von ihnen vor, legten ihre Schwerter ab und stiegen auf die Fuhrwerke. Die anderen traten weg.

Claudius und Egregius schritten nebeneinander über den freien Platz. Ich verlor sie aus meinem Blickfeld. Eine Zeit lang arbeitete ich konzentriert, bis meine Aufmerksamkeit wieder nach draußen gelenkt wurde. Meine beiden römischen Freunde kehrten zurück, gefolgt von einer Gruppe von sechs jungen Juden. Sie waren in zerlumpte Kleidung gehüllt, ihre Blicke gingen misstrauisch und ängstlich in die Runde. Zwischen sich trugen sie drei Bahren mit Verletzten. Diese schienen keine schweren Verwundungen zu besitzen, denn sie richteten sich halb auf, um soviel wie möglich zu sehen. Bei den Fuhrwerken angekommen, befahl Claudius, die Verletzten auf den leeren Wagen zu legen, und wies Egregius an, neben ihnen Platz zu nehmen.

Mit ungläubigen Mienen erlebten die unverletzten Juden, wie der Hauptmann jedem von ihnen ein voll beladenes Fuhrwerk übergab. Sie setzten sich neben die Kutscher, den Hauptmann nicht aus den

Augen lassend. Er ging zu seinem römischen Verbündeten, ließ sich dessen Schwert aushändigen, schnallte seine eigene Waffe ab und übergab beide, zusammen mit dem Umhang, den er bis jetzt getragen hatte, einem in der Nähe stehenden Soldaten. Der Mann trug das ihm Anvertraute zu einem Nebengebäude, in dem wohl die ranghöheren Römer untergebracht waren.

Schließlich nahm Claudius neben Egregius und den Verletzten Platz und rief laut einen Befehl zum ersten Kutscher. Der Tross setzte sich langsam in Bewegung, verstohlen beobachtet von vielen Soldaten, die abseits standen. Kurze Zeit später kündete nur noch eine Staubwolke vom Wunder des Teilens.

Die folgenden Stunden arbeitete ich freudig und zufrieden mit meinem Können an meinem Werk. Die Gedanken gingen immer wieder in Richtung Armensiedlung. Wie würde es meinen römischen Freunden und jüdischen Landsleuten ergehen? Bestand eine Gefahr für die unbewaffneten Römer?

Mein Engel gab Antwort: ‚GOTT wird das Wunder gelingen lassen.' Meine Gedanken wanderten noch weiter, auf den Berg, auf dem Jesus auch heute wieder predigen und heilen würde. Da sah ich vor meinem inneren Auge in einem Raum mit Möbeln aus glänzendem Stein einen armen Menschen, der unter seinem Makel litt und sich so sehr nach Berührung sehnte. Ich betrachtete das Leder, das unter meinen Händen langsam Form annahm, und schickte einen mitfühlenden Gedanken hinüber.

Es vergingen einige Stunden, bis das Lärmen der zurückkehrenden Fuhrwerke an mein Ohr drang. Neugierig blickte ich aus dem Fenster und sah Claudius, schmutzig und verschwitzt, auf dem ersten der nun leer geräumten Fuhrwerke. Kaum hielt es an, sprang er ab und hastete dem Gebäude zu, in das der Soldat seinen Umhang und die Schwerter getragen hatte.

Wie sehr hatte ich mir gewünscht, er würde zu mir kommen und mir alles erzählen. Nun war ich enttäuscht. Was konnte so wichtig sein, dass er es dem Gespräch mit mir vorzog? Egregius stieg ebenfalls ab und kam direkt auf das Wirtschaftsgebäude zu. Wenig später betrat er unsere kleine Kammer. Auch er war über und über mit

Staub bedeckt, der Schweiß hatte Bahnen in seinem schmutzigen Gesicht hinterlassen. Doch sein Blick war zufrieden und glücklich.

„Jakobus", begann er zu erzählen, „wie gerne hätte ich dich dabei gehabt. Diese Freude! Als wir die Armensiedlung erreichten, verließen die Menschen, die uns kommen sahen, fluchtartig die Straße. Wahrscheinlich dachten sie an einen Vergeltungsschlag für den Überfall. Der Jude auf dem ersten Wagen sprang ab und rannte laut rufend vor uns her: ‚Keine Angst, wir sind es! Wir sind frei und bringen Getreide!' Da trauten sich die Menschen aus den Hütten. Viele waren wohl wieder auf dem Berg bei Jesus. Nur die Ärmsten und Schwächsten kamen uns entgegen. Ich habe noch nie so ein Elend gesehen. Keiner von uns wagte sich bis jetzt dorthin. Jakobus, es ist eine Schande, Menschen so leben zu lassen. – Der junge Jude leitete uns zu einem freien Platz inmitten ihrer Siedlung. Dort haben sie eine kleine, armselige Synagoge aufgebaut. Wahrscheinlich dürfen sie nicht in die prachtvolle hoch oben in der Stadt gehen. Hier luden wir das Getreide ab, selbst Claudius arbeitete wie ein Sklave. Bald kamen die ersten Hungrigen. Mit bloßen Händen nahmen sie die Körner entgegen, welche die Männer an sie ausgaben. Als der Hauptmann sich schließlich verabschiedete, trat der Anführer der Juden auf ihn zu. Sie blickten sich lange an, dann reichten sie sich die Hände. Der Jude nahm ein Amulett ab, das er an einer Schnur um den Hals trug, und gab es Claudius. Dieser nahm es, verbeugte sich und hängte es sich um. Als die Wagen losfuhren, jubelten uns die Menschen zu. Auf dem Heimweg hatte es der Hauptmann sehr eilig. Er bat mich, unsere beiden Pferde zu satteln, ohne zu sagen, wohin wir jetzt noch reiten würden. Eigentlich sind wir beide zu müde, um noch etwas zu unternehmen. Doch – Befehl ist Befehl." Mit diesen Worten ging er hinaus.

Einige Zeit später sah ich ihn mit zwei gesattelten Pferden auf das Gebäude der Vorgesetzten zugehen. Da trat Claudius heraus, gereinigt und sauber gekleidet. Gleichzeitig schritt ein einfacher Soldat über den Platz, direkt auf die beiden zu. Ich gewahrte ein leichtes Hinken und wusste im selben Atemzug ohne jeden Zweifel, wer es war. Wie sehr doch Kleidung einen Menschen verändert! Niemand würde auf den ersten Blick in dem einfachen Soldaten den Obersten Befehlshaber erkennen.

Er hielt vor Claudius an, der gewohnheitsmäßig anhob, den Vorgesetzten wie vorgeschrieben zu begrüßen, doch dieser kam ihm zuvor. *Er* verbeugte sich vor dem Hauptmann, wie es jeder Rangniedere tun musste. Claudius verstand. Egregius wusste anscheinend nicht, wem er sein Pferd leihen sollte, doch führte er den Befehl seines Hauptmannes, ohne zu fragen, aus und übergab die Zügel dem ihm unbekannten Soldaten.

Kurz darauf verließen die beiden Reiter das Lager. Egregius ging nachdenklich in ein Gebäude, in das über ein raffiniertes Rohrsystem Wasser geleitet wurde. Wahrscheinlich konnten sich hier die Soldaten reinigen.

Hilfe in großer Not

Das Öffnen der Kammertüre riss mich aus meinen Überlegungen. Derselbe Soldat, der am Morgen das Frühstück gebracht hatte, trug das Abendmahl herein. Er stellte es auf den Tisch, den ich eilig von Leder und Werkzeug freigemacht hatte. Neugierig warf er einen Blick auf meine Arbeit und nickte anerkennend. Die Worte, die er danach sprach, verstand ich nicht. Doch zeigte er dabei auf den Krug, den er mitgebracht hatte, und schenkte, ohne auf Antwort zu warten, einen Becher des süßen Honiggetränkes ein. Als er ihn vor mich hinstellte, schüttelte ich den Kopf. Er bedachte mich mit einem breiten Grinsen, nahm den Becher und leerte ihn in einem Zug. Mit geschlossenen Augen leckte er sich die Lippen, um ja keinen Tropfen davon herzuschenken. Dann zwinkerte er mir vertraulich mit einem Auge zu und lachte, als ich ebenso antwortete. So sehr unterschieden sich Juden und Römer gar nicht, dachte ich bei mir.

Anscheinend war das Getränk sehr beliebt bei den römischen Soldaten und schien nicht auf dem täglichen Speiseplan zu stehen. Freundlich schenkte ich ihm einen zweiten Becher ein, den er langsam und genussvoll trank. Er strahlte mich an, klopfte mir auf die

Schulter, wobei ich bei seinem festen Schlag fast in die Knie ging, und verließ betont aufrecht gehend den Raum.

Eine Weile blickte ich aus dem Fenster. Ich hatte beschlossen, mit dem Essen auf Egregius zu warten. Draußen begann es dämmrig zu werden. Meine Gedanken gingen zu Claudius und seinem Begleiter. Ich war überzeugt, dass die beiden zu Jesus unterwegs waren. Nun glaubte ich auch, den Sinn des Satzes zu verstehen, den der Oberste bei der Verabschiedung zum Hauptmann gesagt hatte.

Ob der HERR ihm wohl helfen könnte? Immer wieder hatte ich erlebt, dass Menschen auch ungeheilt von Jesus weggingen. Nach der großzügigen Getreidespende für die Armen wünschte ich es dem Römer so sehr, gesund und heil zu sein.

Egregius ließ lange auf sich warten. Hinzu kam, dass ich ein dringendes menschliches Bedürfnis verspürte. Ich kannte zwar den Ort, den die Römer zu diesem Zweck aufsuchten, doch hatte ich bisher unsere Kammer nie allein verlassen. Nun konnte ich nicht länger warten.

Der Blick aus dem Fenster zeigte, dass es draußen ruhig war. Augenscheinlich saßen die Soldaten beim Abendmahl. So wagte ich meinen ersten Alleingang im Römerlager. Immer wieder sicherte ich mich vorsichtig nach allen Seiten ab, doch es begegnete mir niemand. Um das Lager herum flackerten wieder die Lichter der Wachen. Dem Anschein nach waren es weniger als bei meiner Ankunft gestern.

Unbemerkt näherte ich mich dem Ort, den ich so dringend aufsuchen musste. Ich wartete kurze Zeit, eng an die Mauer des letzten Gebäudes gedrückt, bis ich sicher sein konnte, dass sich kein Römer dort aufhielt. Dann erst schlich ich hinein.

Gerade wollte ich mich wieder auf den Rückweg machen, als sich drei einfache Soldaten näherten. Überrascht erkannten sie in mir einen fremden, jungen Juden. Sie flüsterten aufgeregt miteinander und kamen langsam, mit gezückten Schwertern, auf mich zu. Mein Herz begann vor Angst zu hämmern, während ich mich bemühte, ein freundliches Gesicht zu machen und mich zu einem Lächeln zu zwingen.

Der Versuch, mich an ihnen vorbeizudrücken, scheiterte. Sie verstellten mir den Weg und begannen, mich unsanft zwischen sich hin und her zu stoßen. Wie sehr wünschte ich mir, ihrer Sprache mächtig zu sein, um ihnen den Grund meines Aufenthaltes im Römerlager zu erklären.

So blieb mir nichts anderes übrig, als mich aufs Bitten zu verlegen, was sie ebenso wenig verstanden. Im Gegenteil – meine zunehmende Angst schien sie zu belustigen. Schließlich begann einer, an meiner Kleidung herumzuzerren. In größter Angst rief ich nach meinem Engel. Im selben Moment kam Egregius auf uns zugerannt. Er schrie die Männer mit lauter, zorniger Stimme an. Erschrocken ließen sie von mir ab, blickten mit gesenkten Köpfen zu Boden und hörten schweigend der langen Standpauke zu, die mein Retter ihnen hielt. Währenddessen dankte ich dem himmlischen Vater und meinem Engel für die Hilfe aus meiner Not.

Endlich wandte sich Egregius, mit immer noch vor Zorn gerötetem Gesicht, mir zu, fasste energisch meinen Arm und führte mich zurück in die Sicherheit unserer kleinen Kammer. Dabei beschwor er mich, nie mehr auf eigene Faust im Lager herumzugehen. Er versprach mir, ab jetzt nicht mehr von meiner Seite zu weichen und den Vorfall Claudius zu melden.

Der Schreck saß mir immer noch tief in den Knochen. Egregius füllte meinen Teller und griff nach dem Krug. Erstaunt stellte er fest, dass bereits einiges an Flüssigem fehlte. Mein benutzter Becher schien seinen Verdacht zu bestätigen. Ein wenig besorgt schüttelte er den Kopf, war durch meine augenscheinliche Nüchternheit jedoch schnell wieder versöhnt. Laut lachend klopfte er mir auf die Schulter und sprach: „Du bist ja schon trinkfest wie ein echter Römer."

Ich lachte mit, klärte das Missverständnis aus Rücksicht auf den anderen Soldaten aber nicht auf. Als ich mich zum Abendmahl nur aus dem Wasserkrug bediente, schien mein fürsorglicher Betreuer vollends beruhigt.

Wir gestanden uns beide nicht ein, wie gespannt unsere Ohren nach draußen lauschten, um die Rückkehr des Claudius nicht zu versäumen. Unsere Geduld wurde auf eine harte Probe gestellt. Zwischenzeitlich räumte der trinkfreudige Soldat das Geschirr ab. Er warf mir bei seinem Eintreten einen unsicheren Blick zu, doch konnte ich durch ein verstohlenes Zwinkern seine Miene entspannen.

Egregius war müde von der harten, körperlichen Arbeit am Nachmittag und zog sich bald auf das Schlaflager zurück. Wenig später kündeten seine tiefen Atemzüge vom wohlverdienten Schlaf.

In mir dagegen herrschte eine große Unruhe; immer wieder gingen meine Gedanken zu Claudius, dem Obersten und zu Jesus.

Schwäche als Stärke erkennen

Endlich, es war stockdunkel draußen, schwere Wolken verdeckten die Gestirne am Himmel, hörte ich die Ankunft zweier Reiter. Schemenhaft nur sah ich sie absteigen, der eine umarmte den anderen und schritt dann, leicht hinkend, über den freien Platz.

Claudius führte beide Pferde in die Stallungen. Kurze Zeit danach kam er nahe an das kleine Fenster unserer Kammer und nickte mir zu. Aus seinen Augen sprach eine tiefe Zufriedenheit, während seine Lippen ein tonloses ‚Danke' formten.

Zu gerne hätte ich ihn gefragt, was er damit meinte, doch er hatte sich schon umgedreht und ging mit federndem Schritt, dem keine Müdigkeit anzumerken war, auf seine Unterkunft zu.

Bevor sich wieder eine Enttäuschung in mir Platz verschaffen konnte, sprach mein Engel: ‚Du bist eingebunden in den bis ins Kleinste durchdachten Plan des himmlischen Vaters und du machst deine Sache gut. Das *Danke*, das Claudius dir eben schenkte, kommt von Jesus.'

Eine große Freude durchströmte mich. Wenn ich auch nicht wusste, welchen Anteil ich an dem Plan hatte, geschweige denn den Plan verstand, so war ich doch glücklich dazuzugehören.

Leise legte ich mich neben Egregius, sprach innerlich das Dankgebet, wie es uns Jesus gelehrt hatte, und schlief, erfüllt von der Liebe GOTTES, den Schlaf der Gerechten.

Am nächsten Morgen weckte mich das laute Geschrei der Soldaten auf dem großen Platz. Heute wusste ich um seinen Sinn, stand ruhig auf und sah aus dem Fenster.

Kurze Zeit später, Egregius und ich saßen am Tisch, brachte der uns zugeteilte Soldat das Morgenmahl. Während er es abstellte, zwinkerte er mir vertraulich zu. Diesmal bemerkte es Egregius, sprach den anderen erregt an und sprang wütend auf. Ein heftiger Wortwechsel zwischen ihnen entbrannte, viel fehlte nicht mehr und sie würden aufeinander losgehen. Ich verstand nicht, was den Älteren so erzürnt hatte, doch schien es um meine Person zu gehen. Was konnte ich nur tun, um die gefährliche Lage zu entschärfen?

Wieder handelte es aus mir heraus, ohne langes Überlegen: Ich erhob mich, trat schnell zwischen die beiden Streithähne und begann ein Lied zu singen, das meine Mutter vortrug, wenn sie Hilfe vom GOTT unserer Väter erbat. Es war ein Lied König Davids und begann mit den Worten:

> „Schütze mich, Gott! Ich vertraue dir.
> Ich sage zu dir: ‚Du bist mein Herr.
> Mein Glück finde ich allein bei dir!'"

Überrascht schwiegen die beiden Römer und hörten mir mit offenen Mündern zu. Langsam entspannten sich ihre Mienen, angestrengt versuchte Egregius, den Sinn des Liedes zu verstehen.

Als ich endete, war keine Spur von Feindseligkeit mehr im Raum. Der andere Soldat stellte Egregius eine Frage in seiner Sprache, die dieser für mich übersetzte: „Kannst du uns erklären, wovon dieses schöne Lied handelt?"

Satz für Satz sprach ich ihm vor, Satz für Satz übersetzte er seinem Landsmann den uralten Psalm in ihre Sprache.[1]

„Schütze mich, Gott! Ich vertraue dir.
Ich sage zu dir: ‚Du bist mein Herr.
Mein Glück finde ich allein bei dir!'
Im Land werden viele Götter verehrt,
an denen auch ich meine Freude hatte. Jetzt aber sage ich:
Wer anderen Göttern nachläuft, muss seine volle Strafe tragen.
Ich gieße diesen Göttern kein Opferblut mehr hin;
nicht einmal ihre Namen sprech ich aus.

Herr, was ich brauche, du teilst es mir zu;
du hältst mein Los in der Hand.
Mir ist ein schöner Anteil zugefallen;
was du mir zugemessen hast, gefällt mir gut.

Ich preise den Herrn, der mir sagt, was ich tun soll;
auch nachts erinnert mich mein Herz an seinen Rat.
Er ist mir nahe, das ist mir immer bewusst.
Er steht mir zur Seite, darum fühle ich mich sicher.
Ich weiß mich beschützt und geborgen,
darum bin ich voll Freude und Dank.

Herr, ich halte zu dir,
darum wirst du mich nicht in die Totenwelt schicken.
Du kannst mich doch nicht der Vernichtung preisgeben!
Du zeigst mir den Weg zum Leben.
Deine Nähe erfüllt mich mit Freude;
aus deiner Hand kommt ewiges Glück."

---

[1] Anmerkung des Mediums: An dieser Stelle der Übermittlung bittet mich Yasper, den Psalm in meiner Bibel (Die Bibel in heutigem Deutsch, herausgegeben von der Deutschen Bibelgesellschaft, Stuttgart 1985) zu suchen und im vollen Wortlaut abzuschreiben. Ich finde ihn als Psalm 16, Ein Lied Davids.

Eine Weile noch schwiegen beide, dann meinte Egregius nachdenklich: „Ja, auch wir huldigen vielen Göttern, die zum Teil sehr menschliche Schwächen haben und vor denen man sich in Acht nehmen muss. Hast auch du Angst vor deinem GOTT?"

Bevor ich antworten konnte, wurde die Türe geöffnet und Claudius trat ein. Die beiden Rangniederen grüßten den Hauptmann und wurden von ihm aus der Kammer geschickt.

Er ließ sich am Tisch nieder, bat mich, ihm gegenüber Platz zu nehmen, und begann zu erzählen: „Gestern verstand ich das Wunder nicht, als der Oberste so schnell die große Getreidelieferung freigab. Noch überraschter war ich, als er mich anschließend bat, ihn zu Jesus zu bringen. Als er dann abends als einfacher Soldat vor mich trat und sich vor mir verneigte, verstand ich gar nichts mehr. Jetzt weiß ich, dass alles genauso kommen musste. Jakobus, er hat mir seinen Makel gezeigt – und ich erkannte, dass dies der erste Schritt ist, um Heilung zu finden. Sein Leben lang hat er ihn vor anderen verborgen, aus Angst, als minderwertig zu gelten. Er legte sich einen Panzer zu, stieß die Menschen durch seine strenge, unnahbare Art ab. Früher erschien er auch mir abweisend, doch seit ich Jesus begegnet bin, wage ich es, allen Menschen offen in die Augen zu blicken – und in ihr Herz zu sehen. – Als wir vorgestern mit der Lieferung und den Steuereinnahmen ankamen, musste ich ihm sofort Meldung erstatten. Früher hätte ich gezittert vor der Begegnung mit ihm. Doch nun war ich voller innerer Ruhe. Ich blickte ihm furchtlos in die Augen, ohne Angst und ohne jedes Schuldgefühl, denn ich wusste, ich hatte recht gehandelt. Mein Bericht entsprach der Wahrheit: Ich hatte meine Aufgabe erfüllt, Steuern eingetrieben, die Lieferung ohne jeden Verlust eingebracht. Auf seine Anklage, ich hätte unerlaubt Juden mitgenommen, erklärte ich, dass es sich um achtbare Menschen gehandelt habe, für deren Beförderung sehr gut bezahlt worden sei. Ich wies ihn auch darauf hin, dass wir meiner Meinung nach die Juden ein wenig entgegenkommender behandeln sollten, wollten wir bei ihnen nicht als Feinde gelten. Da erst erfuhr ich, dass einige Tage zuvor ein Überfall auf unser Vorratslager verübt worden war. Mein Standpunkt erhielt somit aktuelle Bestätigung. Er wurde nachdenklich, wollte aber nicht direkt darauf eingehen. So lenkte er vom Thema ab, indem er meine Stiefel bewunderte. Als er hörte, dass der junge jüdische Schuhmacher, der sie hergestellt hatte, ebenfalls unter den Beförderten gewesen war, verlangte er nach dir. Den Rest kennst du. – Ich weiß nun auch, dass du ihn berührt hast. Du hast ihm damit den Weg zu Jesus gezeigt – und er ging ihn. Wir trafen den HERRN auf dem Berg. Auch gestern predigte er, auch gestern heilten er und die sechs anderen viele Menschen. Wir warteten abseits, bis er mit den Jüngern allein war, dann erst führte ich den Obersten zu ihm. Er hatte uns erwartet! Die beiden gingen ein Stück abseits, sprachen lange miteinander. Ich unterhielt mich währenddessen mit Petrus. Er ist besorgt um dein Wohlergehen, ich konnte ihn beruhigen. – Aus den Augenwinkeln beobachtete ich, wie der Oberste den linken Schuh auszog und Jesus seinen Fuß zeigte. Mir war zwar immer schon sein Hinken aufgefallen, doch führte ich es auf eine alte, ehrenhafte Kriegsverletzung zurück. Jesus kniete sich vor ihm nieder und umfasste den Fuß mit beiden Händen. Der Befehlshaber schien zu weinen. Der HERR fragte ihn etwas, woraufhin der andere erschrocken in meine Richtung blickte. Nach langem Überlegen nickte er. Jesus kam auf mich zu und schickte mich zu meinem Vorgesetzten. Als ich vor ihm stand, sah er mir in die Augen und sprach: ‚Claudius, mein Freund, ich werde dir nun zeigen, was ich bis heute als Schwäche sah und niemals einem Menschen zeigen wollte. Jesus machte daraus eine Stärke, die mir hilft, ein guter Führer zu sein und Mitgefühl mit den Schwachen und Kranken zu haben.' Mit diesen Worten zeigte er auf seinen Fuß. Ich folgte seinem Blick und erschrak. Du weißt, Jakobus, was ich sah. Er wäre nie Befehlshaber geworden, wenn der Kaiser davon wüsste. Und doch schien er mir noch nie so groß wie in diesem Moment, in dem er zu seiner Schwachheit stand. Ich kniete vor ihm nieder und versicherte ihm meine Ehrerbietung und Treue. Leise sprach er: ‚Claudius, ich weiß nicht, wie meine Zukunft aussehen wird. Jesus sagte, er könne mich körperlich heilen, doch könne ich dadurch meine innere Stärke verlieren – und mein Mitgefühl mit den Schwachen. Ich spüre dieses Mitgefühl seit langem, doch ließ ich es heute zum ersten Mal zu. Es tat mir und vielen anderen Menschen so gut. Jesus erzählte mir von seinem himmlischen Vater. Ich will mehr darüber wissen. Er ist noch einige Tage hier. Würdest du mich auch die nächsten Tage hierher begleiten?' Er fügte noch hinzu, dass er mir nicht das Versprechen abnehmen würde, mit niemandem darüber zu reden. Er würde mir auch nicht drohen, wie er es bei dem jüdischen Schuhmacher getan habe. Er fühle eine Stärke in sich, die ihm die Kraft gebe, zu sich zu stehen, so wie er sei."

Der Hauptmann begann zu lächeln, sein Blick war weich, als er anfügte: „Jesus ist in Gedanken bei dir, egal ob zwischen euch 50 oder 5000 Schritte sind, soll ich dir von ihm ausrichten. Er meint, du würdest es verstehen." Natürlich, ich erinnerte mich. Genau diese Worte sprach der HERR im Garten des Joshua zu Veronika.

„Wenn du heute Jesus wieder siehst, sag' ihm, ich fühle mich beschützt von meinem Engel. Meine Hände werden geführt und ich werde dem Obersten die passenden Schuhe herstellen."

Claudius umarmte mich. Bevor er ging, wandte er sich noch einmal um: „Der Oberste hat eine zweite Lieferung für die Armen freigegeben. Wir werden heute Vormittag ein weiteres Mal die Siedlung aufsuchen. Wie gerne hätte ich dich dabei, doch brauchst du die Zeit, um die Stiefel zu fertigen. Jesus wird in drei Tagen weiterziehen, dann musst du fertig sein."

Meine Gefühle waren zwiespältig. Zu gerne würde ich Claudius begleiten, doch er hatte Recht. Die Worte meines Engels, dass ich in einen großen Plan eingebunden sei, kamen mir in den Sinn. Auch der Hauptmann spielte darin eine bedeutende Rolle. Sagen konnte ich es ihm nicht mehr, denn er hatte bereits die Kammer verlassen.

Meine Berufung

Wenig später trat Egregius ein. Claudius verzichtete auf seine Begleitung, nachdem er von der gestrigen Begebenheit bei der Latrine erfahren hatte. Wir beide speisten, dann machte mein väterlicher Beschützer den Tisch frei für meine Handwerksarbeit. Interessiert schaute er mir zu, wagte aber nicht, mich zu stören. Es dauerte eine Weile, bis meine Hände das Werk von allein taten. Nun konnte ich mich Egregius zuwenden.

„Egregius, würdest du mich bitte deine Sprache lehren? Ich habe gesehen, wie wichtig es ist, dass sich Menschen verständigen können." Er lächelte, als er nach kurzer Überlegung antwortete: „Gerne, aber unter einer Bedingung: Während wir lernen, erzählst du mir von deinem GOTT."

Und so begann ich, ohne mir dessen bewusst zu sein, den Auftrag, den mir GOTT erteilt hatte, zum ersten Mal in die Tat umzusetzen: Ich erzählte einem Menschen, der den himmlischen Vater noch nicht kannte, sondern in Angst vor anderen Göttern gefangen war, von Jesus. Er fasste das Wichtigste eines jeden Satzes zusammen und sagte es mir in seiner Sprache. Fasziniert lauschte er dem Gleichnis des Königs, der seine drei Söhne mit einer Flamme des väterlichen Herdfeuers losschickte. Während meine Hand präzise und sicher arbeitete, erzählte mein Mund von der Liebe GOTTES.

Da betrat der andere Soldat den Raum, um das benutzte Geschirr abzuholen. Wenig später saß er auf dem Schlaflager und hörte ebenfalls zu. Er verstand zwar nur die kurzen, einfachen Erklärungen, die Egregius übersetzte und die ich nachsprach, doch schien es ihn so zu fesseln, dass er darüber die Zeit vergaß. Es verging bestimmt eine ganze Stunde, bis auf dem Gang eine scharfe Stimme ertönte, die ihn zusammenzucken ließ und aus seiner Verzauberung riss.

Angstvoll verließ er den Raum. Wir hörten vor der Türe einen erregten Wortwechsel. Egregius erhob sich ebenfalls, um dem Kameraden zu Hilfe zu eilen. Seine ruhige Stimme mischte sich ein. Wie erstaunt war ich, bereits einige einzelne Worte zu verstehen. Es schien sich alles in Wohlgefallen aufzulösen, denn kurz darauf betraten die beiden Römer wieder gemeinsam die Kammer. Egregius erklärte grinsend, dass er auf eigene Verantwortung den anderen rekrutiert habe, um wichtige Botengänge für uns zu erledigen: „Claudius wird einverstanden sein", fügte er überzeugt hinzu.

Bis zum Mittag saßen wir zusammen; meine Hand klopfte, nähte, hämmerte, mein Mund sprach Worte, die mich selbst verwunderten.

Wir waren so vertieft, dass wir nur nebenbei das Beladen von vier Fuhrwerken bemerkten. Diesmal saß Claudius, wie gestern unbewaffnet, auf dem ersten Wagen. Als sie sich in Bewegung setzten, winkte er kurz in unsere Richtung. Ich erwiderte seinen Gruß und schenkte ihm leise einen Segenswunsch. Da holte er unter seinem Gewand ein Amulett hervor, das nun sichtbar an seiner Brust hing. Ich erinnerte mich an Egregius' Schilderung und wusste: Claudius trug das Geschenk des freigelassenen Juden. Es war ein Freundschaftsbeweis und würde ihn bei seiner Aktion beschützen.

Der römische Schuhmacher

Ich unterbrach meine Arbeit für eine kurze Mittagspause. Tantus, so nannte Egregius den anderen, erhob sich, um für uns das Essen zu besorgen. Egregius hielt sein Wort und wich mir auf demselben Weg, den ich gestern Abend allein zurückgelegt hatte, nicht von der Seite.

Während ich mich das letzte Mal wie ein Dieb verhalten hatte, der jede Deckung nutzte, schritt ich nun aufrecht neben meinem Begleiter her. Ich erntete zwar immer noch viele erstaunte Blicke, doch schien es sich im Lager langsam herumzusprechen, dass ein junger Jude für eine besondere Aktion hier weilte. Ohne dass ich darum bitten musste, ermöglichte mir mein Freund, mich allein an dem Ort aufzuhalten. Er hielt andere „Besucher" energisch zurück.

Auf dem Rückweg wurde er von einem älteren Römer angesprochen, der anders als die Soldaten gekleidet war und mich interessiert musterte. Er schien auf uns gewartet zu haben. Egregius überlegte kurz, bevor er die Worte des Mannes in meine Sprache übersetzte: „Er ist Schuhmacher und zuständig für die Lederarbeiten im Lager. Er hat erfahren, dass du für den Obersten Stiefel fertigst und will sich deine Arbeit einmal anschauen. Bist du damit einverstanden?"

Einen Herzschlag lang kamen mir Zweifel an der Qualität meiner Arbeit. Doch mein Engel sprach: ‚Auch er ist in den großen Plan eingebunden. Weise ihn nicht zurück.'

So nickte ich dem Bittsteller freundlich lächelnd zu und antwortete: „Er ist bestimmt ein Meister seines Faches. Sicher kann *ich* von *ihm* lernen. Doch darf er sich gerne meine Arbeitsweise ansehen." Ehrfurchtsvoll verbeugte ich mich vor ihm, wie ich es bei jedem jüdischen Meister auch getan hätte. Sein offener und ehrlicher Blick gefiel mir. Die Römer schienen eine Zeit zu verabreden, dann gingen wir unseres Weges.

In der Kammer hatte Tantus mittlerweile den Tisch gedeckt: für drei! Zwei große Krüge standen neben nahrhaften Speisen. Ich sah meinen beiden Betreuern an, wie sehr sie das Privileg genossen, das ihnen mein Aufenthalt bot. Randvoll füllten sie sich ihre Becher mit dem begehrten Getränk. Als Egregius auch mich damit beglücken wollte, lehnte ich dankend ab, wies auf die zur Seite gelegte Handwerksarbeit und beschränkte mich auf den Krug mit klarem, kühlem Wasser.

Langsam begann ich die Gerichte der Römer zu kennen. Sie unterschieden sich geschmacklich und in der Zusammenstellung sehr von den unsrigen. Mir kam der Gedanke, dass der häufige Fleischgenuss der Römer vielleicht etwas mit ihrer Kampfeslust und Kampfeskraft zu tun haben könnte. Würde mir Egregius Antwort darauf geben können?

Meine Frage stimmte ihn nachdenklich, auch Tantus überlegte. Er stellte den Vergleich mit Raubtieren her, die sich ja ausschließlich von Fleisch ernährten. Ob es vielleicht umgekehrt sei? Zuerst verstand ich nicht, was er meinte, dann wurde mir klar: Er mutmaßte, dass erst durch den Fleischgenuss das Tier zum Raubtier werde! Nach dem Gespräch wollte keiner der beiden den Rest des Fleisches nehmen.

Jesus kam mir in den Sinn. Aß er Fleisch? Ich konnte es nicht mit Gewissheit sagen. In meiner Erinnerung sah ich ihn nur mit Brot, Gemüse, Obst und Käse in der Hand. Er hatte zwar Fisch und Fleisch gesegnet und ausgeteilt, doch er selbst …? Ich nahm mir vor, bei nächster Gelegenheit mit ihm oder Petrus darüber zu sprechen.

Nach der kurzen Unterbrechung durch das Mahl setzte ich meine Arbeit wieder fort. Meine Betreuer saßen stumm in der Kammer und wagten nicht, sich miteinander zu unterhalten. Als mir dies bewusst wurde, musste ich laut lachen. Ich machte ihnen klar, dass mich ihre Gespräche nicht stören würden.

Erst Egregius' bittender Blick sagte ohne Worte, dass sie nur darauf warteten, meinen Erzählungen weiter zu lauschen. Doch die Arbeit, die ich jetzt zu tun hatte, erforderte meine ganze Konzentration. Ein wenig enttäuscht über meine Absage begannen sie, sich leise in ihrer Sprache zu unterhalten. Ab und zu drang ein Wort in meiner Muttersprache an mein Ohr. Überrascht erkannte ich, dass Egregius dabei war, Tantus meine Sprache zu lehren!

Die Arbeit ging zügig voran, der rechte Stiefel nahm immer mehr Form an. Morgen Vormittag würde ich damit fertig sein. Wieder und wieder prüfte ich mit dem Maß meiner Hand nach, schloss die Augen, sah den Fuß des Obersten klar vor mir, korrigierte solange, bis ich an meinem Werk nichts mehr auszusetzen hatte.

Mitten am Nachmittag öffnete sich die Türe. Der römische Schuhmacher trat verlegen ein und blickte mich fragend an. Schnell legte ich die Arbeit aus der Hand, erhob mich, verbeugte mich vor ihm und bat ihn mit einer einladenden Geste näher. Es war weder Hochmut noch Ablehnung in seinem Blick, nur eine handwerkliche Neugier – und eine Frage.

Ich reichte ihm den Stiefel. Langsam und mit fachmännischem Blick betrachtete er ihn von allen Seiten, nickte anerkennend, fuhr mit den Fingern die Nähte entlang.

Dann stellte er, an Egregius gewandt, eine Frage. Dieser übersetzte sie mir erstaunt: „Parcus fragt, wie der andere Schuh aussehen wird. Verstehst du, was er damit meint?"

Der Schuhmacher hatte mich nicht aus den Augen gelassen. Als ich mich ihm nun zuwandte, erkannte ich in seinem Blick erneut eine Frage. Ich ließ mich darauf ein und erlebte dasselbe wie mit Jesus: Unsere Herzen wurden eins, ermöglichten ein inneres Gespräch. Ich wunderte mich nicht einmal, dass ich seine Gedanken verstand und er die meinen, obwohl keiner von uns der Sprache des anderen mächtig war:

‚Hast du am Obersten direkt Maß genommen?' fragte er.

‚Ja', lautete meine Antwort.

‚Dann kennst du seinen Makel. Hat er dir mit dem Tod gedroht, mein Sohn?'

‚Ja, doch seine Augen sprachen eine andere Sprache, Meister.'

‚Ich lebe in ständiger Angst, dass ich eines Tages seinen Ansprüchen nicht mehr genüge und er sich einen besseren Schuhmacher sucht. Als ich von dir hörte, glaubte ich, diese Stunde sei gekommen. Ich hatte so große Angst davor, dass er die Drohung, die er vor Jahren auch mir gegenüber ausgesprochen hatte, nun, da er mich nicht mehr bräuchte, wahr machen könnte. Doch als ich dich heute sah, erschrak ich – und die Angst um mein eigenes Leben war verschwunden. Du bist noch ein halbes Kind, wie kann er dich in sein Elend mit hineinziehen?'

‚Ich habe keine Angst. Ich stehe unter dem Schutz meines GOTTES. Der Oberste hat Ihn kennen gelernt und wird mir nichts tun.'

Der innere Dialog dauerte nur wenige Augenblicke. Wir nickten beide gleichzeitig. Der Ältere gab mir den Stiefel zurück und ließ Egregius fragen, ob er mir eine Weile zusehen dürfe, um zu lernen. Ich würde ja nicht so lange hier sein, um das Werk auch für andere tun zu können.

Ich errötete, die ehrliche Anerkennung des Schustermeisters machte mich verlegen. Da umarmte er mich und klopfte mir auf den Rücken, wie es mein Vater – und auch Maniech – getan hatte. Eine große Verbundenheit war zwischen uns spürbar. Wie hatte mein Engel bei unserer ersten Begegnung gesagt? ‚Auch er ist in den großen Plan mit eingebunden.' Egregius stellte schnell seinen Schemel zur Verfügung. Fast gleichzeitig hörten wir draußen die Fuhrwerke zurückkommen. Egregius und Tantus verließen unverzüglich den Raum, nachdem sie mich der Fürsorge des Schuhmachers anvertraut hatten. Sie wollten mit Claudius über die Rekrutierung des Tantus sprechen.

Durch das Fenster sah ich wenig später die drei einträchtig zusammenstehen. Während meine beiden Betreuer mithalfen, die Fuhrwerke zu versorgen, verschwand der Hauptmann in seiner Unterkunft.

Der römische Schuhmacher sah mir aufmerksam zu. Meine Hände arbeiteten sicher, mein Herz freute sich über das sichtbare Wachsen meines Werkes. Ich versuchte noch einmal, ein inneres Gespräch mit Parcus zu führen, doch wollte es nicht mehr gelingen. Auch er blickte mich bedauernd an und schien dasselbe zu wollen. Im gleichen Moment wussten wir beide, dass dieses innere Verstehen ein Geschenk GOTTES war, das wir nicht willentlich herbeiführen konnten. Trotzdem waren wir uns nahe.

Der Kleidertausch

Es begann zu dämmern. Claudius fiel mir ein. Der Oberste hatte ihn gebeten, ihn auch heute zu Jesus zu begleiten. Ob sie schon das Lager verlassen hatten?

Kurze Zeit später kamen Egregius und Tantus zurück. Sie machten einen zufriedenen Eindruck und brachten das Abendessen mit, diesmal für vier Männer! Es wurde langsam eng am Tisch und in der kleinen Kammer, aber unsere Herzen waren weit genug für alle.

Neugierig beobachteten sie, wie ich leise für die Speisen dankte und sie segnete. Egregius bat mich, das Gebet laut zu sprechen und übersetzte es, so gut er es vermochte.

Wir saßen noch speisend da, als Claudius hinzukam. Er bat mich in den Gang hinaus. Dort sprach er: „Ich habe jetzt nicht die Zeit, dir von der Armenstadt zu berichten. Nur so viel: Der himmlische Vater hat auch das heutige Wunder des Teilens gelingen lassen."

Ich strahlte bei seinen Worten. Ohne Pause fügte er an: „Ich habe eine große Bitte an dich: Ich brauche deine jüdische Kleidung. Es ist zu auffällig, wenn auch heute wieder zwei römische Soldaten zu Jesus gehen. Wir könnten aufgehalten werden, sowohl von Römern als auch von Juden. Beides ist nicht ganz ungefährlich für den Obersten. Er hat sich in der Vergangenheit mit seiner strengen und unnachgiebigen Art viele Feinde gemacht. Jesus ist dabei, ihn zu heilen, deshalb will ich jede Unwägbarkeit ausschließen. Wir würden als Soldaten das Lager verlassen, uns vor der Stadt umkleiden und die Pferde in treue

Hände geben. Ich habe nun einen Freund in der Armenstadt, er ist unser Verbündeter."

Nach diesen Worten umschloss er in Gedanken versunken mit der linken Hand das Amulett, das immer noch an seiner Brust hing. Eifersucht wollte in mir aufsteigen. Der liebevolle, verständnisvolle Blick, den er mir zuwarf und der mich so sehr an Jesus erinnerte, verhinderte es.

Jetzt erst verstand ich ihn: Er brauchte meine *beiden* Gewänder, das, welches ich am Leibe trug und das andere, welches Egregius mittlerweile hatte reinigen lassen und vorhin erst zurückgebracht hatte. „Was soll *ich* dann tragen?" war meine dumme Frage. Ein spitzbübisches Lachen verzog sein Gesicht: „Ich mache einen echten römischen Soldaten aus dir."

Bei dieser Vorstellung blieb mir die Luft weg. Wenn das mein Vater wüsste, oder mein Onkel Melioch! Nach nur drei Wochen würde aus dem braven jüdischen Wandergesellen ein römischer Soldat werden.

Claudius' Gesicht war wieder ernst geworden, sein Blick fragend und bittend auf mich gerichtet. Mein Engel sprach: ‚Du bist eingebunden in den göttlichen Plan, verweigere dich nicht.'

So antwortete ich: „Claudius, mein Engel sagt mir, dass wir alle Teil eines großen Planes des himmlischen Vaters sind: Jesus, Petrus, du, ich, der Oberste, Egregius, der jüdische Landsmann in der Armensiedlung, alle Menschen. Verstehst du? Und wenn es zum Plan gehört, dass aus einem römischen Obersten und seinem Hauptmann einfache Juden werden und aus einem einfachen Juden ein römischer Soldat, so wird es wohl seine Richtigkeit haben."

Überrascht über meine eigenen klugen Worte schwieg ich. Claudius hatte aufmerksam zugehört. Nun sagte er leise: „Dieselben Gedanken habe ich seit einigen Tagen, doch konnte ich sie nicht in so schöne Worte kleiden wie du eben. Du bist mein kleiner Bruder, Jakobus, und ebenso, wie ich alles für dich tun würde, tust du das deine für mich."

So geschah es, dass ich nur wenige Herzschläge später meine Kleidung – und meine Identität getauscht hatte. Egregius hatte keine

Fragen gestellt, als ihn der Hauptmann bat, für mich Soldatenkleidung zu besorgen.

Während Claudius mit zwei jüdischen Gewändern im Gepäck unterwegs war, saßen in unserer kleinen Kammer drei echte und ein falscher Römer zusammen. Claudius schien auch Tantus und dem römischen Schuhmacher sein vollstes Vertrauen zu schenken, denn er hatte sie nicht weggeschickt. Seine einzige Sorge galt dem Befehlshaber. Dass das andere Gewand für diesen bestimmt war, wusste außer mir keiner. Ob er den jungen Juden eingeweiht hatte? Während ich mich erinnerte, mit welcher Verbundenheit er dessen Amulett umfasst hatte, glaubte ich, die Frage mit *Ja* beantworten zu können.

Mein Engel meldete sich: ‚Kann es nicht sein, dass der himmlische Vater Claudius und deinem Landsmann eine ebenso tiefe innere Verbundenheit schenkte wie dir und dem Schuhmacher Parcus?'

Ja, so würde es gewesen sein.

Es war dunkel geworden draußen, das Licht der Öllampe reichte nicht mehr aus, mir genügend Helligkeit für eine genaue Arbeit zu spenden. So verabschiedete sich der römische Handwerker. Ob er denn morgen wiederkommen könne, vielleicht sogar mit einem Stück Leder und seinem Werkzeug, um das bei mir Gesehene selbst zu probieren?

Freudig und geehrt stimmte ich zu. Tantus blieb traurig in der Türe stehen. Für vier Männer war unsere Kammer eindeutig zu klein. Egregius zuckte bedauernd die Schultern. Er sprach kurz mit dem Soldaten, wobei sich das Gesicht des Tantus aufhellte. Lachend verließ er uns. Egregius erklärte mir, dem anderen versprochen zu haben, alles, was er von mir über GOTT erfahren werde, später mit ihm zu teilen. Außerdem würde er uns nach wie vor die Mahlzeiten bringen.

Ich blickte sehnsüchtig aus dem kleinen Fenster. Wie schön wäre ein Spaziergang in der klaren, kühlen Abendluft. Seit ich hier war, hatte ich das Gebäude nur für die kurzen Gänge zum Obersten und zur Latrine verlassen.

Egregius schien meine Gedanken lesen zu können. Er erhob sich und machte mir den Vorschlag, das Soldatenlager zu besichtigen.

„Jetzt, wo du wie ein echter Römer aussiehst, und mit mir an deiner Seite ist es völlig ungefährlich. Du musst nur den Mund halten und einen Schritt hinter mir gehen, dann kommt keiner auf die Idee, du könntest ein Fremder sein."

Ich sah zweifelnd an mir hinunter. Er hatte Recht, wie ein Jude sah ich nicht mehr aus. Der Anblick meiner nackten Beine, die sonst vom langen Tuch verhüllt waren, brachte mich zum Lachen. Jugendlicher Übermut kam zu jugendlicher Neugierde hinzu.

Unser erster Weg führte in die Stallungen. Mein Führer konnte mir jedoch nichts erklären, da den hier Dienst tuenden Soldaten zwei sich jüdisch unterhaltende Römer bestimmt verdächtig erschienen wären. Er suchte vergeblich nach seinem Pferd und fragte einen der Knechte danach. Der Name *Claudius* fiel. Egregius ging sehr nachdenklich weiter.

Schweigsam führte er mich durch die anderen Gebäude. Am meisten fesselte mich das langgestreckte mit dem komplizierten Rohrsystem. Es war einstöckig, die Rohre führten in seinem Inneren zu einem steinernen Trog, der sich in der Mitte des Raumes über die gesamte Länge hinzog. An beiden Seiten des Troges standen Soldaten, nur mit einem Tuch um die Hüften bekleidet, und reinigten sich.

Ich beobachtete, wie das Wasser an einem Ende des leicht abschüssigen Troges hineinfloss, um am anderen Ende durch ein Rohr wieder aus dem Raum geleitet zu werden. In der Zwischenzeit wurde es von den Männern benutzt – und verschmutzt. Diejenigen, die in der Nähe des Einlaufes Platz gefunden hatten, waren zu beneiden. Fragend blickte ich Egregius an.

Als wir wieder draußen waren und sich kein Mensch in der Nähe aufhielt, sprach ich ihn auf die Ungerechtigkeit an. Er verstand meine Frage nicht. Es sei selbstverständlich, dass die oberen Dienstgrade einen Platz am Einlauf des Wassers hätten, während die einfachen Soldaten weiter unten stünden. Das sei ganz richtig so.

„Und Claudius?" fragte ich.

Jetzt verstand er, was ich meinte. „Auch der Hauptmann hält sich daran. Er würde sich und den Untergebenen mehr schaden als nützen, setzte er sich über die ungeschriebenen Gesetze hinweg. Wer würde ihn sonst noch ernst nehmen und seine Befehle ausführen?" war seine Antwort.

Ich grübelte über seine Erklärung nach. Langsam verstand ich. Der Respekt, den die Soldaten Claudius zollten, beruhte nicht nur auf seiner gerechten und verständnisvollen Art, sondern gleichermaßen auf seiner gehobenen Stellung. Auch Egregius war gerecht und verständnisvoll, doch musste er sich bei eigenständigen Aktionen gegenüber anderen auf seinen Vorgesetzten berufen, um ernst genommen zu werden.

Die Sprache der Gewalt

Wir waren weitergegangen, wie gebeten befand ich mich einen Schritt hinter Egregius. In der Nähe saßen Soldaten neben einem Feuer, um das mein Begleiter einen großen Bogen machte.

Noch immer in Gedanken versunken prallte ich plötzlich gegen Egregius, der abrupt stehen geblieben war. Erschrocken blickte ich auf. Der Grobschlächtige stand direkt vor uns und versperrte den Weg. Zornig sprach er auf meinen römischen Freund ein, bis er mich sah – und erkannte, trotz meiner Verkleidung.

In seinem Gesicht spiegelte sich Unverständnis, das sehr schnell in Wut und schließlich Hass umschlug. Machte er uns beide verantwortlich für die Schmach, die er nach der Heilung der Aussätzigen erlitten hatte?

Erregt schrie er mit lauter Stimme auf Egregius ein, dabei auf mich zeigend. Schützend stellte sich dieser vor mich, doch er war blass geworden. Ich sah ihm seine Hilflosigkeit und Ratlosigkeit an. Körperlich war ihm der andere haushoch überlegen, vom Dienstgrad her schienen die beiden gleich zu sein. Wenn der Grobschlächtige noch länger herumschrie, würden auch andere auf uns aufmerksam werden. Das konnte nicht nur für uns beide, sondern auch für Claudius und den Obersten gefährliche Folgen haben. Denn wie sollten wir meine Verkleidung erklären?

Da fuhr Egregius den Schreienden laut an. Er sagte nur einen einzigen Satz, doch dieser genügte, um den anderen zum Schweigen zu bringen. Egregius' Stimme wurde leise, als er fortfuhr, sie klang fest, bestimmt – und drohend. Der Hochgewachsene wurde bleich, griff sich entsetzt mit einer Hand an die Kehle, hielt die andere schützend vor das Gesicht und rannte, wie von tausend Dämonen gejagt, davon. Noch ein letztes Wort schickte ihm Egregius hinterher.

Aufatmend wandte er sich mir zu und flüsterte: „Wir sollten lieber in der Kammer bleiben. Ich wusste nicht, dass wir so verhasst sind."

Wir atmeten beide auf, als uns wieder die schützenden Wände des kleinen Raumes umgaben.

„Wie hast du ihn zum Schweigen gebracht?" fragte ich neugierig. Er antwortete: „Ich sagte ihm, dass der jüdische Wunderheiler nicht nur Kranke gesund, sondern auch Gesunde krank machen könne. Und so wie er Aussätzige von ihrem Leiden befreie, könne er jeden mit dem Aussatz beladen."

Ich war bestürzt. Wie konnte Egregius etwas so Schlimmes von Jesus behaupten? Niemals würde der HERR dies zulassen, geschweige denn selbst tun.

Egregius sah mir das Entsetzen an. Sein Blick flehte um Verständnis. „Ich wusste mir nicht anders zu helfen, Jakobus. Er hätte Claudius schaden können. Das darf ich nicht zulassen. **Mancher Mensch kennt nur die Sprache der Angst und Gewalt.** Ich habe nichts anderes getan, als in seiner Sprache mit ihm zu reden. Manchmal geht es nicht anders. – Ich bin froh, wenn du wieder bei Jesus bist und mit ihm die Stadt verlässt. Bis jetzt ist es nur einer, der von deiner Verkleidung weiß. Er wird aus Angst den Mund halten. Doch kann ich dich nicht ewig hier im Raum festhalten."

Seine Besorgnis versöhnte mich. Die Worte des HERRN fielen mir ein, die er zu uns gesprochen hatte, als wir das Verhalten des Judas angeklagt hatten: „Urteilt nicht über andere. Ihr kennt nicht den Grund ihres Handelns."

Ich kannte den Grund, der Egregius so handeln ließ – und hatte ihn dennoch dafür verurteilt. Sein Blick ruhte immer noch um Verständnis bittend auf mir. So sprach ich: „Egregius, ich danke dir für das, was du eben getan hast. Doch sei ohne Sorge: Der himmlische Vater wird uns beschützen."

Und ich erzählte ihm von dem Plan, den es gebe, und dass auch er darin eine wichtige Rolle spiele. Ich merkte ihm an, dass er über die für ihn neue Sichtweise des Lebens nachdachte.

Im Gefängnis aus Schuld und Angst

Nach langen Minuten blickte er mich fragend an und sprach: „Jakobus, Claudius hat auch heute Abend mein Pferd wieder gebraucht. Wer ist der andere Soldat, mit dem er das Lager verlässt? Und wohin reiten sie?"

Ich erschrak. Egregius war mein Freund, er war auch dem Hauptmann treu ergeben, doch konnte ich ihn in das Geheimnis um den Obersten einweihen? Ich fühlte eine Beklemmung in meiner Brust, so stark war der Zwiespalt in mir.

Sein Blick wurde traurig: „Du weißt es, aber darfst es mir nicht sagen. Ihr habt kein Vertrauen zu mir." Ich wollte ihm widersprechen und als Beweis alles erzählen, was ich wusste. Da verschloss der Engel in mir meinen Mund. Wortlos wandte sich der Römer ab und verließ die Kammer. Das Herz tat mir weh, wenn ich an den Schmerz und die Enttäuschung in seinem Blick dachte.

Ich hatte vollstes Vertrauen zu ihm. Warum sollte er die Wahrheit nicht erfahren? Mein Engel gab keine Antwort auf die Frage. Wenn doch Claudius hier wäre und alles erklären könnte!

Lange blieb ich wach. Weder Egregius noch der Hauptmann kamen, um mich von meiner inneren Pein zu erlösen. Um mich abzulenken, nahm ich den fast fertigen Stiefel zur Hand und versuchte, mir die Arbeit, die morgen noch zu tun wäre, vorzustellen. Auch dies gelang nicht.

So löschte ich die Lampe und ging traurig auf mein Schlaflager. Der Dank für den heutigen Tag wollte mir nicht über die Lippen kommen. Ich sah nur immer wieder die unschönen Bilder vor mir: wie

Egregius mit dem Grobschlächtigen gestritten hatte, wie er Jesus verunglimpft hatte, wie er mich des Misstrauens beschuldigt hatte.

Traurig erkannte ich, dass mich die heutigen Erlebnisse davon abhielten, GOTT nahe zu kommen. Wo waren die Menschen, die mir helfen konnten? Jesus saß irgendwo bei reichen Kaufleuten und ließ es sich gut gehen. Claudius war mit Menschen zusammen, die ihm wichtiger waren als ein jüdischer Wandergeselle. Der verliebte Simeon wohnte wahrscheinlich immer noch unter einem Dach mit dem Mädchen, das ihn anhimmelte. Egregius vertrieb sich die Zeit mit seinen römischen Freunden. Und ich? Mutterseelenallein saß ich unter Feinden, konnte das Zimmer nicht verlassen und war auf Gedeih und Verderb einem kranken Machthaber ausgeliefert, der mir mit dem Tod gedroht hatte. Ich wollte heim, zu meiner Familie. Wie gesichert und schön war das Leben zuhause!

Voller Selbstmitleid weinte ich mich in einen unruhigen Schlaf. Da sah ich im Traum zum zweiten Mal in meinem Leben den Engel, den der himmlische Vater mir zur Seite gestellt hatte:

Ich saß auf dem kalten Lehmboden einer winzigen, dunklen Kammer. Kein einziges Möbelstück befand sich darin, kein Fenster, durch welches das Tageslicht herein konnte. Das Schlimmste jedoch war: Es gab keine Türe, die aus dem Verlies herausführte. Ich sprang auf, schrie, weinte, hämmerte voller Verzweiflung gegen die Wände. Niemand hörte mich, niemand half mir.

In größter Not rief ich nach meinem Engel. Da wurde eine Wand durchsichtig, gab den Blick frei nach draußen – und ich konnte ihn sehen. Er stand ruhig da, lächelte mich liebevoll an, ja – es mutete mir an, als würde er meine Notlage gar nicht wahrnehmen!

‚Warum kommst du mir nicht näher und gehst weiter auf deinem Weg?' fragte er.

Meine Antwort entsprang völligem Unverständnis: ‚Ja siehst du denn nicht, dass ich eingesperrt bin?'

‚*Wer* sperrt dich denn ein, Jakobus?'

Jetzt erst sah ich mir die anderen drei Wände genauer an. Sie waren nicht gekalkt, sondern zeigten mir die unschönen Bilder des heutigen

Tages. Noch einmal musste ich sie mir anschauen, noch einmal all den Schmerz fühlen.

Als ich mich erneut der vierten Wand zuwandte, jener Wand, durch die ich meinen Engel erblicken konnte, erschienen zwischen uns beiden andere Bilder: Egregius, der fürsorglich um mein Wohlergehen bemüht war; Tantus, mein neuer römischer Freund, der aufmerksam meinen Erzählungen lauschte; der römische Schuhmacher, der mir seine Achtung schenkte und mich väterlich umarmte; Claudius und seine brüderliche Liebe; das Gelingen meiner Arbeit; das römische Wunder des Teilens; das Heilwerden des Obersten.

Staunend bemerkte ich, wie es zunehmend heller um mich wurde – und erkannte: die Wände, die mich einkerkerten, waren nicht mehr da!

Der Engel stand lächelnd, mir die ausgebreiteten Arme entgegenhaltend, vor mir. Langsam schritt ich auf ihn zu, dem Licht entgegen …

Mit diesem schönen Bild und einem großen Glücksgefühl erwachte ich. Egregius' tiefe, ruhige Atemzüge waren im Raum zu hören. Er war am Tisch sitzend, den Kopf auf die Arme gelegt, eingeschlafen. Eine große Liebe durchströmte mich. Durch den Traum hatte ich verstanden, dass das Gefängnis aus meinen eigenen Gedanken erbaut war. In dem Augenblick, in dem sich die Gedanken der Angst und Schuld aufgelöst hatten und durch Gedanken der Dankbarkeit und Liebe ersetzt wurden, war ich f r e i!

Leise erhob ich mich, ging auf meinen Freund zu und berührte ihn sacht an der Schulter. Erschrocken fuhr er hoch. Schnell wurden seine Augen klar – und traurig.

„Verzeih, Jakobus. Ich beschuldigte euch des Misstrauens. Ihr werdet einen Grund haben zu schweigen. Es ist mein eigenes Misstrauen euch gegenüber, das mir so weh tut."

Ich verstand seine Worte nicht, noch nicht.

Die Trauer in seinem Blick brachte mich dazu, ihn zu umarmen. Der Traum, den ich vor wenigen Minuten erleben durfte, war noch so gegenwärtig, dass ich ihm davon erzählte. Aufmerksam hörte er zu, dachte darüber nach, um schließlich zu antworten: „Du hast

Recht. Wir haben soviel Grund, für den Tag dankbar zu sein. Auch ich habe mir ein Gefängnis aus meinen Gedanken erbaut. Du hast mir eben geholfen, es zu verlassen."

Wenig später lagen wir einträchtig nebeneinander auf dem Strohlager. Jetzt konnte ich dem himmlischen Vater Danke sagen – auf die Bitte des Egregius hin sprach ich es laut aus. Ich fühlte mich geborgen und daheim in der Liebe GOTTES – und Jesus nahe.

Da fiel mir der Satz ein, den Claudius mir von Jesus ausgerichtet hatte. Wusste der HERR gestern schon, dass ich eine solche Prüfung zu bestehen hätte?

Im Einschlafen glaubte ich, draußen den Hufschlag zweier Pferde zu hören ...

Jedes Kind des himmlischen Vaters hat einen Engel

Der Morgen begrüßte uns mit starken Regenfällen. Der Platz, auf dem die Soldaten auch heute antraten, war voll Schlamm und tiefer Pfützen.

Egregius stand neben mir am Fenster, nichts Trennendes oder Unausgesprochenes war zwischen uns. Wenig später traten Tantus und der römische Schuhmacher gemeinsam ein. Sie schienen es beide nicht erwarten zu können, Neues zu sehen und zu hören.

Egregius und ich frühstückten, während die beiden anderen erwartungsvoll stehenblieben. Mein Betreuer erbat von mir die Erlaubnis, ihnen den Traum der letzten Nacht zu übersetzen.

Ich sah ihren betroffenen Gesichtern an, dass sie sich in der Rolle des Eingesperrten wieder erkannten. Als Egregius endete, hörte ich sie aufgeregt miteinander sprechen. Der Name „Hermes" fiel. Mein Dolmetscher fragte nach, ob der Mann, den ich Engel nannte und der durch die durchsichtige Wand mit mir gesprochen hatte, ein Götterbote sei. Neugierig hörte er sich meine Erfahrungen mit dem Engel an.

Ob nur Juden einen solchen Engel besäßen, war seine nächste Frage. Oder ob er und Tantus und Parcus vielleicht auch ...?

Zuerst war ich ratlos, dann hörte ich nach innen, öffnete meinen Mund und gab dieselbe Erklärung, die Jesus mir einmal gesagt hatte: ‚GOTT liebt jedes Seiner Kinder gleich. Also hat auch jeder Mensch einen Engel, der ihm die Gedanken GOTTES überbringt und der unsere Gedanken zu GOTT trägt.'

Die Antwort schien sie sehr zu erfreuen. Sie wollten mehr darüber wissen. Bedauernd erinnerte ich sie an Claudius' Worte, der Prediger wolle in drei Tagen die Stadt verlassen – und ich mit ihm. Bis dahin mussten die Stiefel fertig sein.

Meine Zuhörer blickten traurig, hatten aber Verständnis, dass meine Hauptaufgabe im Fertigstellen der Fußbekleidung bestand. Wenig später war der Tisch frei geräumt, Tantus verabschiedet und Egregius hinüber in die Unterkunft des Hauptmannes gegangen. Ich selbst blieb wieder der väterlichen Fürsorge des Schuhmachers Parcus anvertraut.

Dieser hatte heute eigenes Leder und sein Werkzeug mitgebracht, nahm mittels Schablonen an meinen Füßen Maß und begann mit der Arbeit. Schweigend saßen wir uns gegenüber. Es war eine ungewöhnliche Situation: Ein jüdischer Schuster*geselle* erteilte einem römischen Schuster*meister* Ratschläge und Anweisungen.

Er war es auch, der mich auf einem schnellen Gang zur Latrine begleitete. Immer noch trug ich das Gewand eines einfachen römischen Soldaten. Da ich die Sprache des anderen nicht beherrschte, war es mir unmöglich, ihn auf die Gefährlichkeit des Ganges hinzuweisen, der für mich dennoch unaufschiebbar war. Mit unerschütterlicher Ruhe schritt er neben mir her.

Ein inbrünstiges Gebet zu meinem Engel fand Gehör: Wir wurden weder aufgehalten noch begegneten wir einem Ranghöheren, den es zu grüßen galt. Ich hatte es zwar schon öfters gesehen, doch zwischen Theorie und Praxis lag bestimmt ein Unterschied.

Wie entsteht Misstrauen?

Bei der Rückkehr in die Kammer wurde ich erwartet: Claudius stand unruhig am Fenster. Auf dem Tisch neben den Schusterarbeiten lagen, fein säuberlich zusammengefaltet, meine beiden Gewänder. Parcus ließ uns auf die Bitte des Hauptmannes hin allein.

Claudius' Stimme klang besorgt: „Egregius erzählte mir, dass es gefährlich für uns ist, wenn du als Römer im Lager herumgehst. Ich habe deine Kleidung zurückgebracht. Petrus gab uns Gewänder der Jünger. Wir werden auch heute wieder auf den Berg gehen. – Gestern erzählte Jesus von den Armen und Reichen. Kennst du die Geschichte?"

Ich verneinte. Er fuhr fort: „Ich glaube, der Oberste hat sich in dem geizigen Reichen erkannt, dem es auf Erden an nichts mangelt, der jedoch nach seinem Tod großen Durst erleidet. Die Geschichte und das bis in die tiefe Nacht dauernde Gespräch mit Jesus machten ihn sehr nachdenklich. Auf dem Heimritt sagte ich ihm, dass der Lohn für das, was er in den vergangenen Tagen den Armen an Gutem erwiesen hatte, im Himmelreich auf ihn warten werde. Er werde dort weder Durst noch Hunger leiden müssen. Daraufhin gab er eine weitere Ladung Getreide für die Armen frei."

Er nahm meine Arbeit zur Hand und wechselte das Thema: „Egregius ist froh, wenn du mit den Stiefeln fertig bist und das Lager verlässt. Er hat dich in sein Herz geschlossen und sorgt sich um dich. – Weiß er, wer sein Pferd benutzt? Ich erwartete, dass er mich nach dem Verbleib seines Tieres fragen würde, doch er tat es nicht. Hast du es ihm gesagt?"

Endlich konnte ich mit ihm darüber sprechen: Über Egregius' Traurigkeit wegen unseres augenscheinlichen Misstrauens ihm gegenüber, den Traum der letzten Nacht und die Antwort des Egregius. Noch während ich erzählte, verstand ich immer besser, was er mit dem eigenen Misstrauen gemeint hatte: *Er* traute uns nicht zu, *ihm* zu vertrauen! *Er* traute uns nicht, ehrliche Freunde für ihn zu sein!

Claudius riss mich aus meinen Überlegungen: „Der Oberste verlangt nach dir. Er möchte, sobald du mit einem Stiefel fertig bist, die Arbeit sehen."

„Du kannst darauf warten", war meine Antwort. „Es fehlen nur noch wenige Stiche."

Der Hauptmann holte Parcus in den Raum zurück und sprach ruhig auf ihn ein. Wieder einmal bedauerte ich, ihre Sprache nicht besser zu verstehen. Ungeduldig erwartete ich, dass Claudius das Gespräch für mich übersetzen würde. Doch er tat es nicht, obwohl er meinen fragenden Blick bemerkte.

Enttäuschung kam in mir auf. Vertraute er mir nicht? Der Engel in mir warnte mich: ‚Du bist dabei, dieselbe Erfahrung zu machen wie Egregius gestern. Es ist dein eigenes Misstrauen, das dir Schmerzen verursacht. Claudius vertraut dir. Er hat seinen Grund zu schweigen.'

Indem ich es selbst erlebte, erhielt ich jetzt die Möglichkeit der Erkenntnis. Es schien mir, als würde ein Vorhang weggezogen, der bisher die Lösung einer großen Frage verhüllt hatte: **Das Misstrauen, das ich anderen zuschreibe, entspringt *immer* meinem eigenen Misstrauen ihnen gegenüber!**

Ich sah in Gedanken Jesus vor mir. Noch nie hatte er in meinem Beisein Misstrauen gegenüber einem anderen Menschen gezeigt oder kundgetan. Sein Vertrauen in andere schien unerschütterlich. Und doch hatte ich zweimal erlebt, wie ihn die Angst vor einem Mangel an Vertrauen in sich selbst aus dem Gleichgewicht gebracht hatte.

Konnte es sein, dass ein Mensch mehr Vertrauen in andere als in sich selbst haben konnte? Konnte es sein, dass ein Mensch andere mehr lieben konnte als sich selbst?

Ich erinnerte mich an ein Wort des HERRN: ‚Liebe die anderen Menschen ebenso wie du dich selbst liebst.' Nun verstand ich es anders als damals. **Ich erkannte, dass die Liebe, Achtung und das Vertrauen mir selbst gegenüber erst die Voraussetzung schuf, andere Menschen ebenso zu behandeln.**

Der linke Schuh

Während meiner Überlegungen hatte ich fleißig weitergearbeitet. Jetzt hielt ich stolz den fertigen Stiefel in meinen Händen, kontrollierte ein letztes Mal das Maß, suchte nach Mängeln – und fand keine. Mit einem Tuch polierte ich das Leder auf Hochglanz. Maniech wäre zufrieden mit seinem Gesellen – und mein Vater stolz auf seinen Sohn.

Bei diesen Gedanken erschrak ich. War es Hochmut, so zu denken? Mein Engel gab mir die Antwort: ‚Nein, es zeigt, dass du die Arbeit, die GOTT dir gelingen ließ, achtest und dich dafür liebst – so wie der himmlische Vater dich achtet und liebt.'

Claudius nahm mir das Werk aus der Hand, betrachtete es und klopfte mir anerkennend auf die Schulter: „Ein Meisterstück. Lass uns damit gleich zum Obersten gehen."

Parcus hatte sich ebenfalls erhoben, prüfte mit Kennerblick meine Arbeit und fand ebenso nichts daran zu bemängeln. Der stolze Blick, den er mir schenkte, erinnerte mich an meinen Vater. Dankbar lächelte ich ihn an.

Schnell wechselte ich die Kleidung. Aus dem falschen Soldaten wurde wieder ein echter Jude. Den Stiefel sorgsam unter dem Gewand verborgen, schritt ich neben Claudius durch den strömenden Regen über den großen Platz zum Gebäude des Machthabers.

Die Soldaten, die uns begegneten, grüßten den Hauptmann voller Achtung. Er bedachte jeden mit einem freundlichen Blick.

Die Wächter am Eingang hielten uns diesmal nicht auf. Der strenge Befehl zur Kontrolle schien aufgehoben. Ich ging hinter Claudius denselben Weg wie vor zwei Tagen. So viel hatte sich inzwischen ereignet: Neue Freunde und neue Erkenntnisse hatte ich gewonnen.

Es standen dieselben hoch gewachsenen Soldaten vor des Obersten Türe. Obwohl der Stiefel unter meiner Kleidung verdächtig erscheinen konnte, durchsuchten sie mich nicht. Einer kündigte uns lautstark an, gab die Türe frei und ließ uns eintreten. Mit ausgebreiteten Armen kam der Oberste auf Claudius, der vor mir stand, zu. Die beiden Männer umarmten sich in großer Vertrautheit. Ein kurzes

Gespräch in ihrer Sprache gab mir das Gefühl, Außenstehender zu sein.

Verlegen holte ich den Stiefel hervor, polierte ihn noch einmal mit einem Zipfel meines Gewandes. Da wandte sich der Oberste mir zu, schenkte mir ein freundliches, offenes Lächeln, kam ganz nahe und – umarmte auch mich! Ich blickte zu ihm empor, in seinen Augen waren eine Freude und Liebe, die mein Herz berührten.

„Du heißt Jakobus, nicht wahr?"

Ich nickte.

„Hieß nicht einer eurer Stammesväter Jakob?" fragte er weiter.

„Ja, Herr, nach diesem hat mich mein Vater benannt, obwohl ich nur Schustergeselle bin und niemals Führer eines Stammes sein werde", lautete meine Antwort.

„Man kann nie wissen, Jakobus", entgegnete er.

Sein Blick fiel auf den Stiefel, den er mir nun fast ehrfürchtig aus der Hand nahm, um ihn voller Anerkennung zu betrachten.

„Du hast vorzügliche Arbeit geleistet, mein Sohn."

Hinkend ging er zu der steinernen Bank, nahm Platz und probierte meine Handarbeit an. Ich trat neugierig und mit klopfendem Herzen hinzu: Der Schuh passte! Voller Freude machte der Oberste ein paar Schritte im Raum umher. Er schien vollauf zufrieden zu sein. Dann setzte er sich wieder, sah mich mit offenem Blick an und fragte: „Würdest du noch einmal Maß an meinem linken Fuß nehmen, bevor du mit der Arbeit fortfährst?"

Erstaunt blickte ich ihn an. Ich hatte das Maß in mir. Vertraute er mir nicht? Mein Engel erinnerte mich sofort: ‚Misstraust *du* ihm?' Beschämt senkte ich den Kopf. Der Oberste hatte von meinem inneren Kampf nichts bemerkt, sich mittlerweile seines alten Schuhwerks entledigt, war aufgestanden und hielt mir den Stumpf des linken Fußes entgegen.

Ich kniete nieder, umfasste den halben Fuß mit beiden Händen und schloss die Augen. Langsam fuhr ich die Konturen nach – und zweifelte an meinem Erinnerungsvermögen! Ich riss die Augen auf, um fassungslos zu erkennen, dass der Fuß um einige Zentimeter länger war als beim ersten Maßnehmen!

Ungläubig blickte ich vom Fuß in das Gesicht des Kunden. Seine Augen strahlten, als er langsam nickte: „Ja, Jesus heilte mich."

Meine unsichere Frage war: „Sollen wir dann nicht warten, bis der Fuß ganz geheilt ist, bevor ich mit der Arbeit fortfahre?"

Der Oberste antwortete: „Nein, das Maß, das du jetzt nimmst, ist das endgültige und richtige."

Ich verstand nicht, warf einen unsicheren Blick zu Claudius. Dieser nickte mir kurz zu: „Tue, was er dir sagt."

Der Oberste nahm wieder Platz und zeigte auf den freien Sitzplatz neben sich. Zögernd ließ ich mich dort nieder. Er legte einen Arm um meine Schultern und erklärte: „Jesus hat mich geheilt – denn er hat mich an meine Aufgabe erinnert. Ich stamme aus reichem Hause und mein Vater hatte große Pläne mit seinem Sohn. Ein berühmter Kriegsherr sollte er werden. – Als ich geboren war, und er meine Behinderung sah, brach eine Welt für ihn zusammen. Er konnte der Wahrheit, einen verkrüppelten Sohn zu haben, nicht ins Auge sehen und tat alles, diese Schande vor anderen zu verbergen. Vieles, das andere Kinder durften, blieb mir versagt: Es hätte aufkommen können, dass ich nicht ‚normal' war. Vielleicht war dies der Grund, dass es mich bereits als Kind zu kranken Menschen, zu Schwachen, zu Benachteiligten zog. Mein Lehrer brachte mich mit einem Medicus zusammen, der mich vieles lehrte und die Augen öffnete für die Ursache von Krankheiten. Als mein Vater davon erfuhr, verschwanden sowohl mein geliebter Lehrer als auch der verehrte Medicus aus unserem Hause. – Die nachfolgenden Lehrer hielten sich streng an die Vorgaben meines Vaters: Sie machten einen Strategen aus mir, auf den der Kaiser nicht verzichten wollte. Wie es meinem Vater gelang, mir trotz meines Makels die Soldatenlaufbahn zu ermöglichen, weiß ich nicht. Wahrscheinlich kostete es ihn einen Teil seines Vermögens. Vielleicht wusste der Kaiser sogar davon – und ließ sich gut bezahlen. Bis zu deinem Maßnehmen hielt ich meinen Makel ängstlich verborgen. Außer dem Schuhmacher im Lager kannte ihn keiner. Die käuflichen Frauen, die ich aufgesucht hatte, wunderten sich nicht, dass ich die Schuhe anbehielt. Und eine Frau, die ich lieben könnte, ließ ich aus Angst nicht an mich heran. Deine Frage: ‚Was fehlt

Euch?' hat mir das Herz geöffnet. Dafür danke ich dir. Und noch mehr dafür, dass du mir den Weg zu Jesus gezeigt hast. Er hat mir erzählt, dass ich mir, als ich noch beim himmlischen Vater war, vorgenommen hätte, armen, schwachen und behinderten Menschen zu helfen. Da ich dafür Reichtümer brauchen würde, bestand die Gefahr, in der Fülle den Blick für den Mangel zu verlieren – und meinen Auftrag zu vergessen. So hätte ich GOTT gebeten, mir selbst einen Makel ins Leben mitzugeben, damit dieser mich immer an meine Aufgabe erinnere. Jesus fragte mich gestern, ob er meinen Fuß ganz heilen solle. Ich überlegte, denn nun, da ich um meine Berufung wusste, bräuchte ich die Behinderung nicht mehr. Wir blickten uns lange in die Augen, du kennst diesen Blick bestimmt, und ich sah meine Zukunft klar vor mir: Ich werde euer Land verlassen, nach Rom zurückkehren und meinen Dienst quittieren. Auch dort gibt es Stadtteile, in denen nur die Armen leben – und das Elend ist noch um ein Vielfaches größer und schrecklicher als hier. Ich bin mit Reichtum gesegnet und werde versuchen, dort die Not zu lindern. Es wird den Ausgegrenzten leichter fallen, mich zu akzeptieren, wenn sie meinen eigenen Makel sehen. Aus diesem Grund bat ich den HERRN, mir die sichtbare Erinnerung an meine Aufgabe zu lassen. Sie wird mir Eintritt verschaffen in die Welt der Armen und Kranken."

Claudius' neue Aufgabe

Wie groß war dieser Mann, der neben mir saß! Voller Bewunderung sah ich ihn an.

Als ich mich Claudius zuwandte, erkannte ich Sprachlosigkeit in seinem Blick. Die Erklärung des Vorgesetzten schien ihn völlig überrascht zu haben.

Der Oberste sprach zu ihm: „Ja, Claudius, ich werde bereits nächste Woche das Land verlassen und zurückkehren. Ich habe die ganze Nacht überlegt, welchem meiner Hauptleute ich die Verantwortung des Lagers übertrage. Du bist zwar der Jüngste, aber der Fähigste von allen. Bis der Kaiser über meinen Nachfolger entschieden hat, übertrage ich dir die Verantwortung. Bist du bereit, sie anzunehmen?"

Claudius war bleich geworden. Er schloss die Augen, schien nach innen zu hören. Eine seltsame Verwandlung geschah während weniger Atemzüge mit ihm. Sein erschrockener Gesichtsausdruck wurde ruhiger, ein inneres Strahlen breitete sich auf seinem Gesicht aus.

Fasziniert beobachtete ich ihn. Als er die Augen wieder öffnete, kam er von weit her. Er erinnerte mich wieder an Jesus. Mit fester Stimme gab er die Antwort: „Ja, ich bin bereit, die Verantwortung zu übernehmen. Und ich danke Euch, dass Ihr mir die Aufgabe zutraut. Ich werde in Eurem Sinne das Lager leiten."

Der Ältere erhob sich, schritt auf Claudius zu und umarmte ihn. Sie unterhielten sich lange in ihrer Sprache. Als der Befehlshaber sich zu mir umwandte, wiederholte er seine Bitte, endgültig Maß für den linken Stiefel zu nehmen.

Ich kniete mich noch einmal vor ihm nieder, schloss die Augen, ließ über meine beiden Hände das Maß in mein Inneres. Dort entstand das Bild des fertigen Schuhs. Ich sah seine Herstellung und seine Vollendung deutlich vor mir. Obwohl ich noch nie einen derartigen Schuh gefertigt hatte, wusste ich jeden einzelnen Handgriff, der zu tun sein würde: Der Stiefel hatte, eingelegt zwischen zwei Ledersohlen, im vorderen Drittel eine Metallplatte, die dem verkrüppelten Fuß die nötige Stabilität geben würde, ihm jedoch trotzdem die Möglichkeit des Abrollens ließ.

Ich bat meinen Kunden, mir den fertigen Stiefel als Muster zu überlassen. Claudius würde mir bestimmt helfen, das Metallstück zu bekommen. Als ich mich ihm zuwandte, gewahrte ich seinen besorgten Gesichtsausdruck. Irgendetwas schien ihn zu beunruhigen. „Jakobus", sprach er, „wir werden uns die nächsten Tage nicht sehen. Es gibt so vieles, was der Oberste mir noch sagen und erklären muss. Und wir werden nochmals Jesus aufsuchen. Es bleibt mir auch keine Zeit, die Getreidelieferung in die Armenstadt zu begleiten. Egregius muss es für mich übernehmen. Er versteht eure Sprache. Ich würde gerne dich mitschicken, doch du brauchst die Zeit, um den Stiefel zu fertigen. So werde ich dich wieder dem römischen

Schuster anvertrauen. Irgendwie werdet ihr euch verständigen können."

Ohne meine Antwort abzuwarten, rief er nach dem Soldaten, der uns angemeldet hatte. Kaum war dieser eingetreten, erteilte ihm Claudius mit fester Stimme Befehle. In der Miene des Untergebenen las ich Unmut, Widerwillen. Provokant gab er eine kurze Antwort. Mir schien, als glaube er, nur einem Einzigen hier im Raum zu Gehorsam verpflichtet zu sein.

Da fuhr ihn der Oberste Befehlshaber an – einen einzigen Satz nur sprach er. Der Gerügte wurde bleich, sein Blick ging verständnislos zwischen den beiden Männern hin und her. Dann verbeugte er sich vor Claudius mit demselben Ritual, das ich von unserem ersten Besuch in diesem Raum kannte: Er erwies Claudius, dem künftigen Befehlshaber, seine Ergebenheit.

Der Hauptmann wandte sich mir zu und sprach: „Folge ihm, er bringt dich zuerst zu Egregius und dann zurück in deine Kammer." Nach diesen Worten nahm er das Amulett des jungen Juden ab, das er immer noch am Hals trug, und überreichte es mir: „Übergib es Egregius und sag ihm, er solle es sichtbar tragen. Sie werden daran erkennen, dass er in meinem Auftrag kommt. Und erzähle ihm kurz, weshalb ich die nächsten Tage ausschließlich hier sein werde."

Ich verbeugte mich vor dem Obersten, nickte Claudius unsicher zu und wollte dem hünenhaften Soldaten, der mir vorausging, folgen. Da sprach der Oberste: „Jakobus, du hast mir den ersten Schritt auf dem Weg in mein neues Leben gezeigt. Ich werde diesen Weg in deinen Stiefeln gehen."

Seine Worte erinnerten mich an Jesus, der zu Anäus gesagt hatte: ‚Diese Schuhe werden mich bis an mein Ziel tragen.'

Während die Erinnerung daran mein Herz berührte, blickten der Oberste und ich uns an. Als er mich väterlich umarmte, hatten wir beide Tränen in den Augen.

Wenig später war ich auf dem großen Platz und folgte dem Soldaten, der es wohl als unter seiner Würde betrachtete, einen jungen Juden zu führen. So schnell wie möglich wollte er den unliebsamen

Auftrag hinter sich bringen. Er ging mir voraus in das Gebäude, in dem Claudius untergebracht war.

In der Kammer, die er betrat, stand Egregius. Erschrocken fuhr dieser zusammen und legte schnell ein jüdisches Gewand zur Seite, das er betrachtet hatte. Mein Führer gab ihm mit knappen Worten Anweisungen und wollte wieder gehen. Schnell bat ich Egregius um ein kurzes Gespräch. Er schickte den anderen aus dem Zimmer und schaute mich fragend an.

Während ich erzählte, übergab ich ihm das Amulett. Alles durfte ich ihm diesmal sagen, mein Engel erlaubte es: Der Makel des Obersten war zu seiner Stärke geworden! Ich berichtete, wer das Pferd benutzt hatte – und den Grund dafür. Er durfte hören, dass Claudius schon bald die Befehlsgewalt über das Lager übernehmen würde – und dass er, Egregius, die Verantwortung für die Lieferung in die Armenstadt übertragen bekäme.

Bestimmt war der ruhige, unscheinbare Egregius mit all den Erklärungen überfordert, doch er blieb gelassen. Ich erkannte immer mehr, dass jeder, der Vertrauen in den göttlichen Plan setzte, über eine große innere Kraft und Ruhe verfügte.

Mit lauter Stimme rief er den hoch gewachsenen Soldaten herein und erteilte ihm eine Anweisung. Bevor er mich mit ihm gehen ließ, umarmte er mich.

Unerwartete Schwierigkeiten – und unerwartete Hilfe

Immer noch regnete es in Strömen, sodass ich beim Überqueren des freien Platzes wieder den fertigen Stiefel unter dem Gewand verbarg.

In meiner Kammer arbeitete Parcus, der erstaunt zuhörte, was der Hüne ihm zu sagen hatte. Dann waren wir beide allein. Das erste, was ich benötigte, um meine Arbeit fortsetzen zu können, war das Metallstück. Wie sollte ich ihm klar machen, was ich brauchte? Ohne Dolmetscher würde es bestimmt schwierig sein.

Suchend blickte ich mich im Raum um. Da lag noch mein Soldatengewand. An ihm waren eine Anzahl dünner Metallplatten zum Schutz vor Verletzungen angebracht. Ich legte es auf den Tisch, nahm den fertigen Stiefel, stellte ihn darauf und ritzte mit meiner Schusterahle die Umrisse des vorderen Teils der Sohle in eines der Metallstücke ein. Dann zeigte ich Parcus gestenreich, wofür ich es bräuchte.

Er verstand schnell, schüttelte jedoch seinen Kopf und zeigte mir mit seinen Händen, dass das Metallstück länger sein müsse. Ich widersprach. Wie sollte ich ihm erklären, dass der Fuß mittlerweile gewachsen war? Mit den Händen machte ich mehrmals die Geste des Auseinanderziehens. Ungläubig schüttelte er wieder das Haupt, doch er nahm den rechten Stiefel und verließ damit die Kammer.

‚Hab Vertrauen, es wird gelingen', beruhigte mich mein Engel.

So ging ich an die Arbeit. Ich schnitt die beiden Sohlen aus besonders strapazierfähigem Leder zu, mussten sie doch zusätzlich die Reibung des Metalls aushalten. Zwischendurch sah ich aus dem Fenster. Egregius hatte die Aufsicht über das Beladen von vier Fuhrwerken übernommen. Die Verantwortung, die ihm der Hauptmann übertragen hatte, ließ ihn selbstsicher auftreten.

Unter den Soldaten, die im strömenden Regen arbeiteten, befand sich auch der Grobschlächtige. Ich sah ihm an, wie ungern er unter Egregius diente. Immer wieder warf er ihm finstere Blicke zu. Gegen Mittag verließ der Tross das Lager. Ich stellte Egregius und seinen Auftrag unter GOTTES Segen.

Nun dürfte Parcus bald zurückkommen. Ich benötigte das Metallstück, um es zwischen den Ledersohlen einarbeiten zu können. Da durchfuhr mich ein großer Schreck: Der Oberste würde in dem von mir maßgefertigten linken Stiefel zwar besser laufen können als im alten, doch würde durch die Sonderanfertigung die Höhe der beiden Schuhe unterschiedlich sein – und er müsste wieder hinken!

Nein, ich sah innerlich vor mir, dass auch der rechte Schuh eine dickere Sohle bekommen sollte. Das verringerte meinen Schrecken nicht: Niemals war es mir möglich, diese zusätzliche Arbeit in der kurzen Zeit auszuführen, die mir noch verblieb, bevor der HERR weiterzog.

Die Angst, nicht fertig zu werden, trieb meine Hände zur Hast an. Nach wenigen Augenblicken hatten sie den ersten groben Fehler getan! Zitternd vor Aufregung legte ich das Werkzeug beiseite.

Die innere Stimme meines Engels erklang ruhig: ‚Jakobus, was fehlt dir?'

‚Ich habe zuwenig Zeit, um rechtzeitig fertig zu werden', lautete meine Antwort.

‚Vergisst du, dass GOTT dir einen ausgezeichneten Schuhmacher zur Seite gestellt hat?'

Parcus, natürlich. Er würde mir helfen!

Gleichzeitig mit meiner Erkenntnis trat er ein und legte mit stolzer Miene die Metalleinlage auf den Tisch: ganz genau so, wie ich sie mir vorgestellt hatte. Sie war ein wenig schmäler und kürzer als die Ledersohlen, sodass sie perfekt eingepasst werden konnte. Wir strahlten beide!

Nun machte ich ihm, ohne Worte, klar, dass ich seine Hilfe benötigte. Wieder verstand er mich auf Anhieb, schob seine angefangene Arbeit zur Seite und nahm den rechten Stiefel, passendes Leder und sein Werkzeug, um sofort zu beginnen.

Tantus unterbrach unsere Gemeinschaftsarbeit, stellte das Mittagsmahl auf den Tisch und ließ sich unser Werk zeigen. Auch jetzt schien es mir ganz selbstverständlich, ihm die Sonderanfertigung zu zeigen. Der Makel, den sein Vorgesetzter so lange ängstlich verborgen hatte, war zu einem Zeichen seiner Größe geworden!

Nach einem kurzen Gang über den vom Regen aufgeweichten Hof setzten wir zwei Schuster unsere Arbeit fort. Der Himmel war immer noch schwarz von tief hängenden Regenwolken.

Besorgt dachte ich an Egregius, der mit den Fuhrwerken unterwegs war. Das Getreide war mit großen Lederstücken vor der Nässe geschützt, doch die Wagen waren schwer von der Last und der Weg in die Armenstadt bestimmt schlecht passierbar. Wieder beruhigte mich mein Engel: ‚Hab Vertrauen. Es ist gut, auch wenn du es manchmal nicht verstehst.'

Mein römischer Kollege bedauerte es bestimmt ebenso sehr wie ich, dass wir uns nicht unterhalten konnten. Da fiel mir ein, dass es eine andere Sprache gab, unabhängig von den Worten: Ich begann zu singen! Es war ein Psalm, einst gesungen von König David. Meine Mutter hatte ihn uns Kindern gelehrt.

„Herr, ich kann sie nicht mehr zählen,
so viele sind's, die sich gegen mich stellen,
so viele, die schadenfroh von mir sagen:
,Dem hilft auch Gott nicht mehr!'

Doch du, Herr, umgibst mich mit deinem Schutz;
du rettest meine Ehre, du schaffst mir Recht.
Sooft ich auch zu dir um Hilfe rufe,
du hörst mich in deinem Heiligtum,
von deinem Berg her schickst du mir Antwort.
Ganz ruhig kann ich mich schlafen legen,
weil du mich beschützt, bis ich morgens erwache.

Auch wenn's Tausende sind, die mich umzingeln,
sie können mir keine Angst einjagen!

Sieh nicht länger zu, Herr!
Du mein Gott, greif doch ein!
Ich weiß, du schlägst ihnen aufs freche Maul,
du brichst meinen Feinden die Zähne aus.
Wenn einer in Not ist, bei dir findet er Hilfe.
Herr, gib deinem Volk Gelingen und Glück!"[2]

Mein Zuhörer arbeitete unterdessen sorgfältig und genau weiter. Er verstand die Worte nicht, doch in seinen Augen las ich ein Verstehen. Erst als ich endete, wurde mir bewusst, dass ein Römer, der dieses Lied aus dem Munde eines Juden hörte, sich als jener Feind, der von GOTT gestraft gehört, erkennen musste.

---

[2] Psalm 3.

Es tat mir leid, ausgerechnet dieses Lied gesungen zu haben. Da sprach mein Engel: ‚Ein Feind ist nur der, der sich dir gegenüber so sieht. Parcus sieht sich als dein Freund.'

Am späteren Nachmittag, der Regen hatte endlich aufgehört und die Sonne ließ den nassen Boden dampfen, führte der Stallknecht zwei Pferde über den großen Platz. Neugierig blickte ich genauer hin. Ich erkannte Claudius' Pferd. Das andere hatte ich noch nie gesehen. Es war prächtig herausgeputzt, sein Sattel aus edelstem Leder gefertigt und reich verziert. Ohne zu überlegen wusste ich, dass es dem Obersten gehörte.

Wenig später ritten die beiden nebeneinander aus dem Lager. Der Befehlshaber trug denselben kostbaren Umhang, den ich bei unserem ersten Maßnehmen an ihm bewundert hatte. Er hatte es nicht mehr nötig, sich als einfacher Soldat zu verkleiden. Die große Aufgabe, an die ihn Jesus erinnert hatte, gab ihm die Kraft, zu sich selbst zu stehen. Der Makel, den er bis gestern voller Angst verstecken musste, war nun seine „Legitimation".

Immer, wenn solche Gedanken in mir auftauchten, wusste ich, dass sie nicht aus mir selbst kamen. Ich hatte zwar neben meiner Schusterlehre eine gute Ausbildung genossen. Unser Vater hatte großen Wert darauf gelegt, dass ich regelmäßig zu Lehrern ging, die mich in das Wissen unseres Volkes einwiesen. Doch die Gedankengänge, die Erkenntnisse der Zusammenhänge, die mir in den letzten Wochen geschenkt wurden, gingen darüber weit hinaus.

Ich dankte meinem Engel, denn ich sah in ihm den Urheber meiner zeitweiligen Weisheit. Seine Antwort darauf lautete: ‚Hast du nicht deinen römischen Freunden erklärt, Engel seien jedem zur Seite gestellt, um Gedanken GOTTES zum Menschen zu bringen? Du bist offen, die Gedanken des himmlischen Vaters anzuhören und anzunehmen. Andere sind es nicht.'

Eine Sprache des Herzens

Mein innerer Dialog wurde unterbrochen durch Parcus. Mit lauter, wohlklingender Stimme begann nun *er* zu singen. Obwohl ich seine Sprache ebenso wenig verstand wie er die meine, berührten die Worte und Töne mein Herz.

Abwechselnd sangen wir und jeder wusste auch ohne Übersetzer, was der andere mit seinem Lied sagen wollte. Es waren Liebeslieder, Soldatenlieder, Bittgesänge und Dankeslieder an unsere so unterschiedlichen Götter. Die Melodien sagten mehr als die Worte.

So vergingen die nächsten Stunden wie im Fluge. Während die Arbeit unter unseren Händen gedieh, bemerkten wir gar nicht, dass es draußen zunehmend dunkler wurde. Als Parcus die Öllampe entzündete, tauchte jäh die Sorge um Egregius wieder auf. Ich sprach seinen Namen aus und zeigte nach draußen. Die Stirn meines Kollegen legte sich in tiefe Falten. Noch niemals waren die Fuhrwerke so spät von ihrer Mission zurückgekommen. Auch Claudius und der Oberste waren noch nicht heimgekehrt. Unsere innere Unruhe verstärkte sich immer mehr.

Parcus legte schließlich den Schuh endgültig zur Seite und nahm auch mir die Arbeit aus den Händen. Er zeigte nach oben und nahm die Handhaltung ein, die er bei mir gesehen hatte, wenn ich betete. Er bat mich mit dieser Geste, zu *unserem* GOTT zu sprechen!

Meine Angst um die Freunde, die unterwegs waren, wuchs immer mehr, sodass auch die gesprochenen Bittgebete immer flehentlicher und verzweifelter klangen.

Plötzlich hörte ich in mir ganz deutlich den Engel: ‚**Halt ein, Jakobus, durch deine Art zu beten wird die Angst immer größer! Hast du dein Vertrauen in den Plan des himmlischen Vaters verloren?**'

Mitten im Satz verstummte ich. Er hatte Recht. Ich besann mich auf Jesus und überlegte, wie wohl der HERR an meiner Stelle zum Vater sprechen würde. Da kamen mir die Worte wie von selbst:

„Danke, himmlischer Vater,
dass Du auf jedes Deiner Kinder Acht gibst.
Danke, dass Du jeden von uns
beschützt und führst.
Danke, dass Du jedem von uns
Deine Engel zur Seite stellst."

Erstaunt blickte mich Parcus an. Er konnte den völligen Gefühlsumschwung nicht verstehen. Doch in seinem Gesicht las ich, dass die letzten Worte ihm ebenso gut taten wie mir.

Die Heilung des Grobschlächtigen

Genau in diesem Augenblick kamen die Fuhrwerke zurück. Mittlerweile war es vollständig dunkel geworden.

Von den Wagen sprangen viele Männer. Es dauerte eine Weile, bis wir erkannten, dass es keine Soldaten waren, sondern Juden aus der Armenstadt, von oben bis unten mit Schlamm bedeckt.

Soldaten mit Fackeln tauchten auf und eilten hinzu. Sie blieben unschlüssig und verwirrt neben dem ersten Wagen stehen und starrten auf einen dreckverschmierten Mann, der vom Kutschbock herab laute Befehle erteilte.

Jetzt erst erkannten auch wir in ihm den Obersten Befehlshaber. Da ritt Claudius heran, das zweite Pferd mit sich führend. Auch er rief den Untergebenen laut Befehle zu.

Nur zögerlich führten einige die Zerlumpten in das Haus mit dem Rohrsystem. Andere liefen davon, um Besorgungen zu machen. Zwei Soldaten traten auf den ersten Wagen zu und halfen einem auf der Ladefläche liegenden Mann abzusteigen. Ich erschrak, denn bisher hatte ich Egregius nicht entdeckt. Was war geschehen?

‚Hab Vertrauen', sprach mein Engel ein weiteres Mal.

Aufatmend erblickte ich Egregius. Er hatte neben dem augenscheinlich Verletzten gesessen und ihn versorgt. Als der Schwache auf festem Boden stand und sich zu seiner ganzen Größe aufrichtete, erkannte ich in ihm den Grobschlächtigen. Er machte ein paar unsichere Schritte und ließ sich dann, auf die zwei Kameraden gestützt, in die Soldatenunterkunft führen. Nur ein leichtes Hinken war ihm anzumerken.

Claudius und der Oberste gingen nebeneinander auf das stattliche Gebäude für die höheren Dienstgrade zu und verschwanden darin.

Langsam und mit müden Bewegungen kam Egregius über den Hof auf unsere Baracke zugegangen. Kurz darauf betrat er die Kammer. Sein Gewand starrte vor Schmutz, das Gesicht war fast unkenntlich vor lauter Dreck. Er hinterließ eine Schlammspur, als er sich auf das Lager fallen ließ.

Erschrocken sprangen Parcus und ich hinzu und zogen ihm die Kleidung aus. Schnell besorgte Parcus eine Schüssel mit heißem Wasser, sodass wir gemeinsam den völlig Erschöpften waschen konnten. Wir wickelten ihn in saubere Tücher und blieben dann unschlüssig vor ihm stehen.

Er schien am Ende seiner Kraft zu sein, doch unsere Neugier war ebenso stark wie unser Mitgefühl. Langsam öffnete er die Augen und sah mich mit einem Blick an, in dem sich noch der Unglaube über das zuvor Erlebte spiegelte.

Abgehackt, in halben Sätzen, berichtete er, was passiert war:
Der erste Teil der Strecke, die der schwer beladene Tross zurückgelegt hatte, führte über den gut ausgebauten Weg zur Hauptstraße und dann weiter Richtung Stadt. Egregius lenkte den vordersten Wagen. Als sie von der breiten Straße nach links in den unbefestigten Weg zur Armenstadt abbogen, erkannte er die Gefährlichkeit des Unternehmens, doch da war es schon zu spät: Ein Hinterrad seines Fuhrwerks versank im schlammigen Untergrund, das Fahrzeug neigte sich gefährlich zur Seite und sie saßen fest!

Die anderen Kutscher und die vier Begleitsoldaten sprangen sofort hinzu, unter ihnen der Grobschlächtige, der sich freiwillig gemeldet hatte. Mit vereinten Kräften versuchten sie, während einer die Pferde antrieb, das Rad frei zu bekommen.

Der Grobschlächtige als Stärkster und Kräftigster unter den Männern stand unmittelbar hinter dem eingesunkenen Rad und bemühte sich anzuschieben. Es gab einen Ruck, doch anstatt sich nach vorne zu bewegen, rutschte das Fuhrwerk noch weiter rückwärts – und begrub das Bein des Soldaten unter sich. Die Männer hörten das Krachen des Knochens, das schreckliche Schreien des Verunglückten. Entsetzt standen sie da und konnten nicht helfen. Blut floss aus dem offenen Bruch in den Schlamm. Dann war der Verletzte still. Eine gnädige Ohnmacht hatte ihm das Bewusstsein geraubt.

Egregius befahl das sofortige Entladen des Wagens, um das Gewicht zu verringern. Er selbst rannte auf dem aufgeweichten Weg in die Armensiedlung, um Hilfe zu holen. Bereits bei den ersten Behausungen war der Römer von Juden umringt, die ihm bedrohlich die Fäuste entgegenstreckten. In der Aufregung fiel es meinem Freund schwer, die richtigen Worte zu finden. Sie gingen im Geschrei der Juden unter. Einer packte den Unbewaffneten am Hals, ließ aber ebenso schnell wieder los: Er hatte das Amulett gesehen!

Nun wurde es still und Egregius konnte erklären, was sich zugetragen hatte. Unverzüglich holten sie ihren Anführer, dessen Geschenk der Römer trug, und hetzten, mit diesem und Egregius an der Spitze, den Weg zurück.

Es waren gut zwanzig junge Männer, die, als sie den Schwerverletzten fanden, glaubten, zu spät gekommen zu sein. Er war immer noch bewusstlos und kreidebleich. Dem vielen Blut nach zu urteilen, das unter ihm den Schlamm rot färbte, musste er tot sein. Egregius suchte nach dem Puls des Verletzten; ganz schwach nur war er noch zu fühlen.

Nun waren viele Hände da, die beim Abladen halfen. Jetzt erst bemerkte Egregius einen weiteren mit Schlamm bedeckten Soldaten, der ohne große Worte mithalf. Er sah ihn sich genauer an und erstarrte: Es war der Oberste Befehlshaber! Ohne seine Arbeit zu unterbrechen, berichtete er meinem römischen Freund, dass Claudius mit zwei Pferden unterwegs sei, um Jesus zu holen. Wenn einer dem Kameraden helfen könne, dann der Prediger.

Endlich lagen alle Getreidesäcke neben dem Wagen. Einige Männer hatten in der Zwischenzeit Steine und Äste herbeigeschafft und damit den Weg vor dem eingesunkenen Rad befestigt. Zwei weitere

Pferde wurden vorgespannt, und mit vereinten Kräften gelang es, das Fuhrwerk aus dem Schlammloch zu ziehen und zu schieben.

Sie schafften den Bewusstlosen zur Seite und standen ratlos und betroffen neben ihm. Die Verletzung war schrecklich anzusehen: Das Bein war am Oberschenkel fast abgetrennt, nur noch ein dünnes, rotes Rinnsal Blut floss heraus.

Endlich kam Claudius zurück – und hinter ihm, auf dem Pferd des Obersten sitzend, ritt Jesus. Egregius lächelte bei der Erinnerung daran. Es hatte den Anschein, als säße der HERR zum ersten Mal auf einem Pferd. Er hatte Mühe, sich oben zu halten, und war steif, als ihm einige Juden beim Absteigen halfen.

Gemeinsam mit Claudius trat er zum Verletzten, beugte sich hinab, erkannte ihn wieder. Sanft legte er seine Hände auf Stirn und Brust des Mannes und sprach dabei leise und beruhigend auf ihn ein. Dann glitten seine Hände am Körper entlang bis zum verletzten Bein. Fast zärtlich berührte er die schreckliche Wunde, umschloss sie, hob den Blick zum Himmel und betete leise. Unbeweglich standen die anderen daneben, nur Claudius kniete am Kopf des Verunglückten und streichelte dessen Gesicht.

In diesem Augenblick hörte es auf zu regnen und die Sonne brach durch die Wolken. Mit einem tiefen Seufzer öffnete der Totgeglaubte, wie aus einem langen Schlaf erwacht, die Augen, blickte erstaunt um sich und – lächelte Jesus an. Dieser erhob sich, reichte ihm seine Hand und half ihm aufzustehen. Es war unglaublich: Das Bein war ganz! Der Geheilte war durch den erlittenen Blutverlust zwar geschwächt, doch ging er, gestützt auf Jesus und den Hauptmann, auf den Wagen zu und ließ sich hinaufhelfen. Der Gerettete, der vergessen zu haben schien, was ihm geschehen war, bedankte sich nicht einmal beim Heiler! Das tat wenig später der Oberste. Die Worte, die er in Jesus' Sprache sagte, konnten die anderen Römer nicht verstehen, doch die Juden hörten zu.

Ihr Anführer trat herbei und bedankte sich ebenfalls: zuerst bei Jesus, dann beim Römer für die Getreidelieferungen der letzten Tage. Egregius wurde Zeuge, wie der Jude erneut ein Amulett von seinem

Hals abband, um es diesmal dem Befehlshaber zu geben. Das Wunder des Teilens öffnete die Herzen!

Claudius half Jesus wieder auf das Pferd des Obersten. Der HERR wusste wohl um das lächerliche Bild, das er dabei abgab, denn er wandte sich an die Umstehenden und sprach: „Heute erinnert sich meine Familie zuhause an den Tag, an dem ich geboren wurde. Beim Aufwachen am Morgen sprach ich zum himmlischen Vater: ‚Ich danke Dir für die Geschenke, die Du mir heute geben wirst.' Seht, Brüder, ich durfte das erste Mal in meinem Leben auf solch einem edlen Pferd reiten. Und ich durfte die Liebe des Vaters, die Leben schenkt und am Leben erhält, einem eurer Kameraden weitergeben. Welch großartige Geschenke!" Schon ein wenig sicherer und geübter wendete Jesus das Pferd und folgte dem Hauptmann, der ihm vorausritt.

Nachdem die abgeladenen Getreidesäcke auf die Wagen verteilt waren, konnte der Tross ohne weitere Zwischenfälle den Weg in die Armenstadt fortsetzen. Dort halfen alle, bis auf den Geheilten, der auf Befehl des Obersten liegen blieb, das Korn bei der armseligen Synagoge abzuladen: Juden, einfache Soldaten – und ihr Oberster Befehlshaber vollendeten das Wunder des Teilens.

Zuletzt lud der Oberste die helfenden Juden ein, mit ihnen zum Soldatenlager zu fahren. Er stellte ihnen aus Dankbarkeit verschiedene Gerätschaften und Hilfsmittel in Aussicht, mit deren Einsatz sich die Missstände in der Armenstadt ein wenig lindern ließen. So kam es, dass auf der Ladefläche der Wagen junge Juden Platz nahmen. Der Oberste selbst lenkte das erste Fuhrwerk, auf dem sich nur der Gerettete und Egregius befanden.

An dieser Stelle der Erzählung nannte mir Egregius zum ersten Mal den Namen des Grobschlächtigen: Felix. Als ich ihn nach der Bedeutung des Wortes fragte, erklärte er: *Der Glückliche.*

Ich musste lachen; denn mit der Geschichte seiner Errettung und dem Namen, den ich nun kannte, hatte sich das Bild des unsympathischen Römers in mir verändert. Ob er selbst sich durch das Geschenk der Heilung verändert hatte?

Mein Engel gab die Antwort: ‚**Keiner, den Jesus je berührt, wird danach noch derselbe sein.** Hast du das nicht selbst erlebt, Jakobus?'

Die Nacht im Zelt

Während der kurzen Zeit meiner Überlegungen war Egregius völlig erschöpft eingeschlafen. Parcus, der von der Schilderung wenig verstanden hatte, blickte mich fragend an. Ich zog ihn zum Tisch und erklärte mit Gesten und Mimik und den wenigen Worten, die ich kannte, was sich zugetragen hatte.

Da betrat Claudius die Kammer. Auch in seinem Gesicht sah ich Zeichen der Müdigkeit. Er hatte noch keine Zeit gefunden, sich zu reinigen und umzukleiden. Nur kurz sprach er zu Parcus, der daraufhin den Raum verließ.

Der Hauptmann fragte mich: „Weißt du, was geschehen ist?"

Ich nickte. Er warf einen besorgten Blick auf Egregius und fügte leise an: „Er hat Übermenschliches geleistet, wie alle anderen auch. Jeder ist über sich selbst hinausgewachsen, um das Leben des Kameraden zu retten. Das Eigenartige ist nur, dass die Hauptperson anscheinend gar nicht weiß, was sich rund um sie ereignet hat. Ich war eben noch einmal bei Felix. Er hat keinerlei Erinnerung an das Unglück."

Ich konnte das nicht verstehen. Er wäre fast gestorben, Jesus hatte ihn geheilt und er wusste nichts davon?

Nach kurzer Pause fuhr Claudius fort: „Ich wollte Egregius bitten, die Nacht im Zelt bei den jungen Juden zu verbringen, doch ich befürchte, dass ihn keine tausend Kampfhörner wecken können. Die Juden werden die Nacht hier verbringen und morgen mit beladenen Wagen in die Armenstadt zurückkehren. Sie fühlen sich ein wenig unwohl inmitten der vielen römischen Soldaten. Ich selbst bin zum Obersten befohlen und außer Egregius kenne ich keinen Römer hier, der dafür geeignet und eurer Sprache mächtig ist."

Fragend sah er mich an: „Könntest du heute Nacht bei ihnen bleiben? Ich habe ihrem Anführer vor Tagen von dir erzählt. Er war darüber sehr verwundert. Ich glaube, du könntest ein gutes Bindeglied zwischen unseren beiden Völkern sein ..., auch ohne große Worte", fügte er hinzu, als er meinen zweifelnden Gesichtsausdruck sah.

Was kam da wieder für eine Aufgabe auf mich zu? Der Engel in mir sprach: ‚Du bist zur rechten Zeit am rechten Ort, ebenso wie deine Landsleute. Hab Vertrauen und gehe ohne Erwartungen in die Aufgabe hinein.'

Ich nickte Claudius zu, erhob mich und beobachtete ihn, wie er das Amulett, das nun er selbst wieder um den Hals trug, abnahm und gut sichtbar auf den Tisch legte. Er wollte bestimmt damit Egregius ein Zeichen hinterlassen, damit sich dieser keine Sorgen um meine Abwesenheit machte, sondern wusste: Ich war in der Obhut des Claudius. Wir löschten die Lampe und verließen die Kammer.

Der Platz, über den wir gingen, war immer noch voller Pfützen. Fröstelnd zog ich die Schultern hoch.

Zum ersten Mal kam ich nun den Zelten nahe. Ich hatte mich in den letzten Tagen des Öfteren gefragt, wozu sie wohl gebraucht würden, denn die Soldaten waren in den befestigten Unterkünften untergebracht.

Claudius erklärte mir, dass die Zelte im Moment nicht belegt seien. Sie würden nur bei größeren Übungen benutzt, wenn zusätzliche Soldaten hier seien – und im Kriegsfalle.

Im Kriegsfalle? Mein erschrockener Gesichtsausdruck veranlasste ihn zu einem beruhigenden Kopfschütteln. „Heute Nacht schlafen hier Juden, also sind wir doch weit von einem Krieg entfernt. Meinst du nicht auch?" fragte er mich.

Vor einem der Zelte brannten mehrere Fackeln. Einige römische Soldaten standen davor und bewachten es. Ich verstand meine Landsleute im Inneren des Zeltes gut: Die Wachen konnten zu ihrem Schutz, aber ebenso gut auch anders gedeutet werden.

Die Wächter grüßten Claudius. Ich beobachtete sie dabei genau. Sie führten das Zeremoniell für einen Hauptmann aus, nicht für den

Obersten Befehlshaber. Also wussten sie noch nicht, dass ihr künftiger Oberster vor ihnen stand?

Nebeneinander betraten wir das Zelt. In seiner Mitte saßen die jungen Juden um einen Haufen aufgeschichteter glühender Steine, hatten römische Speisen in den Händen und aßen mit großem Appetit.

Beinahe hätte ich laut gelacht, so komisch sahen sie aus: Anscheinend hatten sie Bekanntschaft mit dem Reinigungssystem gemacht, ihre Gesichter und Haare waren sauber gewaschen. Doch in Ermangelung jüdischer Oberkleidung waren sie in weiße Tücher gehüllt, die sie nach römischer Art um ihre Schultern geschlungen hatten. Claudius in seiner schlammigen Soldatentracht bildete einen krassen Gegensatz zu ihnen.

Ihr Anführer sprang unverzüglich auf und kam mit ausgebreiteten Armen auf den Hauptmann zu. Den Schmutz ignorierend umarmte er den Römer brüderlich. Ich spürte einen kleinen Stich der Eifersucht in meinem Herzen.

Claudius wandte sich den Männern zu und stellte mich vor. Verwunderung lag in ihrem Blick, als sie mich musterten. So jung hatten sie sich den Schustergesellen wahrlich nicht vorgestellt. Schnell fassten sie sich, sprangen auf und umringten mich. Fragen über Fragen prasselten auf mich herab, sodass ich nicht wusste, worauf ich zuerst antworten sollte.

Claudius lachte und bat sie, mir in der vor uns liegenden Nacht auch einige Stunden Schlaf zu gönnen, damit ich meine Schusterarbeit morgen fortsetzen könne.

Fortsetzen? Mir wurde bewusst, dass ich sie beenden musste, wollte ich mit Jesus und seinen Anhängern weiterziehen! Eine leichte Unruhe erfasste mich, doch sofort wies mich mein Engel zurecht: ‚GOTT schenkt dir die Zeit, HIER und JETZT – und auch, um die Stiefel fertig zu stellen.'

Der Hauptmann legte freundschaftlich seinen Arm um meine Schultern und führte mich in den Teil des Zeltes, in dem einfache Schlaflager vorbereitet waren. Meine Landsleute folgten uns. Er wandte sich ihnen zu und sprach: „Ruht euch aus. Ihr habt großartige

Arbeit geleistet und einen anstrengenden Tag vor euch. Habt Vertrauen zu mir. Ich habe dasselbe Vertrauen zu euch."

Nach diesen Worten verbeugte er sich vor uns und verließ die Unterkunft.

Es dauerte nicht lange, da hatten wir es uns bequem gemacht und ich begann, die Fragen der Männer zu beantworten. Als erstes wollten sie wissen, wie ein junger jüdischer Schustergeselle in ein römisches Soldatenlager kam, und so begann ich, meine Geschichte zu erzählen. Obwohl ich mich auf das Wichtigste beschränkte, verging die halbe Nacht, bevor ihre Neugier gestillt war und sie sich unter den Felldecken verkrochen, um zu schlafen.

Ich dagegen war hellwach. Die Erzählungen hatten mir gezeigt, wie sehr sich mein Leben verändert hatte durch die Begegnung mit Jesus. Wenn meine Eltern zuhause wüssten, welche Abenteuer ihr Ältester erlebte …

Im Morgengrauen hörte ich das Geschrei vom Appellplatz. Ich kannte es nun schon, doch meine jüdischen Landsleute fuhren erschrocken und entsetzt hoch und rannten wild durcheinander. Ich musste laut schreien, um mir Gehör zu verschaffen, und es gelang mir nur langsam, sie zu beruhigen. Sie atmeten erst auf, als Claudius wenig später das Zelt betrat. Er trug saubere Kleidung, hatte auch seinen Mantel um die Schultern gelegt. Egregius befand sich an seiner Seite – und Felix! Dieser strahlte über das ganze Gesicht, während er die Juden ansah. Er trat auf sie zu und überschüttete sie mit einem Schwall römischer Worte. Claudius übersetzte lächelnd, doch wesentlich verkürzt, die Dankesrede. Felix schien sich an das gestrige Geschehen wieder zu erinnern.

Da fiel sein Blick auf mich. Verlegen und unsicher kam er näher und schaute mich niedergeschlagen an. Ich zeigte lächelnd auf sein Bein und gab ihm zu verstehen, wie sehr ich mich über die Heilung freute. Da schenkte er mir dasselbe breite Grinsen wie damals, als er hinter dem Fuhrwerk ritt und ich es ihm erst durch meine hartnäckigen Bemühungen entlocken konnte. Wie ein Riese stand er vor mir und schlug nun freundschaftlich und so kräftig mit seiner Hand auf meine Schulter, dass ich in die Knie ging. So schwer lastete seine Zuneigung auf mir!

Claudius erklärte, dass der Oberste seine „jüdischen Freunde" zu einem opulenten Morgenmahl einladen wolle. Bei mir bedankte er sich für das Teilen der Nachtruhe mit meinen Landsleuten und bat Egregius, mich in meine Kammer zu begleiten.

Doch zuvor schritten wir alle gemeinsam über den großen Platz zur Latrine. Es musste ein komischer Anblick sein, denn den Soldaten, denen wir unterwegs begegneten, verschlug es die Sprache. Sie vergaßen sogar, den Hauptmann zu grüßen.

Die ersten Warnungen

Dann trennten sich unsere Wege. Der Anführer der Juden verabschiedete sich von mir und bedankte sich für alles, was ich ihnen über den Heiler erzählt hatte. Er nahm mich kurz zur Seite und flüsterte mir zu: „Weißt du, dass er mittlerweile hunderte von Anhängern hat? Und dass er unter den Schriftgelehrten und Pharisäern in der Stadt mächtige Feinde besitzt? Ich sorge mich um ihn – und um dich, wenn du mit ihm weiterziehst. Menschen wie er, die Gewaltlosigkeit predigen, die sich zu den Armen, den Sündern, den Ausgestoßenen bekennen und sie Brüder und Schwestern nennen, die mit römischen Hauptleuten und Befehlshabern verkehren, leben gefährlich!"

Nachdenklich folgte ich Egregius. Parcus saß bereits am Tisch und arbeitete am rechten Stiefel des Obersten. Egregius ließ mich in seiner Obhut zurück. Ich nahm noch ein einfaches Frühstück zu mir, bevor auch ich mit meiner Arbeit fortfuhr.

Durch das Fenster beobachtete ich im Laufe des Vormittags, wie zwei Fuhrwerke mit Gerätschaften, Werkzeugen und Material beladen wurden. Die Juden halfen kräftig mit, obwohl sie durch die ungewöhnliche Kleidung nur bedingt einsatzfähig waren. Ich stellte mir vor, wie Soldaten sich wahrscheinlich bemüht hatten, die Lumpen zu waschen, welche die „Gäste" gestern Abend abgelegt hatten. Es war bestimmt ein aussichtsloses Unterfangen gewesen. Soldatenkleidung konnten sie ihnen ja kaum geben und so beließen sie ihnen die weißen Tücher. Sicher gab es in der Armenstadt geschickte Frauenhände, die daraus jüdische Gewänder nähen konnten.

Am späten Vormittag sah ich den Obersten über den Platz schreiten. Felix ging hinter ihm. Der Befehlshaber verabschiedete sich von den Juden. Das Amulett hing für alle sichtbar an seiner Brust.

Kurze Zeit darauf verließen drei Fuhrwerke das Lager: Auf dem ersten saßen die jungen Juden, die beiden anderen waren voll beladen mit Hilfsmitteln. Egregius, Felix und ein weiterer Römer hielten die Zügel in den Händen.

Tantus brachte das Mittagsmahl. Er und der römische Schuster unterhielten sich aufgeregt miteinander, warfen mir immer wieder fragende Blicke zu. Warum nur mussten die Menschen unterschiedliche Sprachen sprechen?

Da betrat Claudius die Kammer, und in der Art, wie ihn die Römer begrüßten, erkannte ich, worüber sie zuvor gesprochen hatten: Sie erwiesen nicht einem Hauptmann die Ehre, sondern ihrem Obersten! Ich beobachtete dabei Claudius. Er stand mit einem Selbstverständnis vor ihnen, als sei er zum Befehlshaber geboren. Keinerlei Hochmut lag in seiner Miene. Er drückte eine Selbstsicherheit aus, die Respekt einforderte, ohne jedoch den anderen das Gefühl zu geben, minderwertig zu sein.

Mit freundlichen Worten schickte er die beiden Untergebenen aus dem Raum, bevor er sich mir zuwandte: „Jakobus, ich reite mit dem Obersten ein letztes Mal zu Jesus. Wir verabschieden uns von ihm. Ich werde heute noch die Leitung des Lagers übernehmen, denn der Oberste wird sich bereits morgen auf den Weg nach Rom begeben. Ich habe ihm dazu geraten. Er hat sich durch die Begegnung mit dem HERRN so sehr verändert, dass er nicht länger Befehlshaber sein kann. Er würde sich und der Sache des Jesus schaden. Ich weiß nicht, ob du es verstehen kannst. Soldaten sind Menschen, die die Sprache der Gewalt sprechen – und verstehen. Ein Oberster, der plötzlich die Sprache eines Menschenfreundes und Dieners spricht, ist für sie nicht mehr glaubwürdig. Erinnerst du dich an den Satz, den der himmlische Vater mir als Leitsatz gab? ‚Selig sind die Friedfertigen, denn sie werden im Reich des Vaters herrschen.' Ich muss trotz aller Friedfertigkeit die Sprache der Soldaten sprechen, um meine Aufgabe erfüllen zu können. Dies habe ich heute Nacht erkannt. Wie froh bin ich, mit Jesus noch einmal darüber sprechen zu können."

Er nahm den linken Stiefel zur Hand. „Wie lange benötigst du noch?" fragte er mich.

„Ich werde heute Abend damit fertig."

„Gut, ich werde es Jesus sagen."

Wir schauten uns lange an. Beide spürten wir, dass bald der Zeitpunkt gekommen sein würde, wo sich unsere Wege trennten. Ein Kloß steckte in meiner Kehle, Tränen stiegen mir in die Augen.

Sein Blick war voller Zuneigung, als er sprach: „Erinnerst du dich, was ich dir von Jesus ausrichten durfte? ‚Egal, ob 50 oder 5000 Schritte zwischen uns sind, ich bin in Gedanken immer bei dir.' Das gilt auch für mich!"

Wir umarmten uns, während er fortfuhr: „Die Stiefel werden rechtzeitig fertig, um den Obersten zu tragen. Egregius wird dich morgen zu Jesus bringen. – Es herrscht eine eigenartige Stimmung in der Stadt. Der HERR teilt die Menschen in zwei Lager. Die einen sind voller Begeisterung über das, was er erzählt. Die Wunder, die Heilungen, die er und seine Männer wirken, erwecken in ihnen die Hoffnung auf ein besseres Leben. Doch die Schriftgelehrten und Pharisäer hassen ihn, denn die Menschen haben ihnen den Rücken gekehrt und die Synagoge bleibt leer. Sie hetzen gegen ihn, weil sie glauben, ihre Macht zu verlieren. Ich bin froh, wenn Jesus morgen weiterzieht. Doch ich befürchte, dass sich in der nächsten Stadt alles wiederholen wird. Der Weg, den er geht, macht mir Angst. Die Menschen erwarten von ihm, dass er sie befreit, aber sie verstehen unter Freiheit etwas anderes als er. Jesus sprach mit dem Obersten und mir über die innere Freiheit, über einen inneren Weg, der zum himmlischen Vater führt. Wir verstanden nicht alles – und ebenso wenig werden es die anderen Menschen verstehen. Was geschehen kann, wenn Menschen sich getäuscht fühlen, habe ich des Öfteren erlebt. Sie sind dann zu Gewalttaten fähig, die meistens Unschuldige treffen. Ich will dir ja keine Angst machen, Jakobus, aber es wäre mir viel lieber, du würdest in dein Vaterhaus zurückkehren."

Seine eindringlichen Worte beunruhigten mich. Doch gab es für mich etwas Wichtigeres, als Jesus zu folgen? So viel noch wollte ich von ihm über den himmlischen Vater hören. Im Moment konnte ich es mir nicht vorstellen, nach Hause zurückzukehren. Auch freute ich mich darauf, meine Freunde wieder zu sehen. Simeon – was würde er in den letzten Tagen erlebt haben? Ob der Junge, den wir getragen hatten, inzwischen geheilt war?

Ich fragte Claudius danach, doch er konnte mir keine Antwort geben. Er habe Simeon bei seinen Begegnungen mit Jesus nicht gesehen.

„Und Petrus?" Claudius erklärte mir noch einmal, dass Petrus sich um mich sorge. Es tat mir gut, Freunde zu haben, die sich um mich Sorgen machten. Ich fragte den Hauptmann auch nach David.

„Ja, ihn habe ich gesehen. Sein Vater kümmert sich vor allem um Blinde. Er übt mittlerweile das Heilen ebenso aus wie die meisten der engeren Jünger des Jesus. Eine unübersehbare Menschenmenge ist jeden Tag auf dem Berg. Jesus spricht zu ihnen in Bildern. Er erzählte von einem Vater, der auf den verlorenen Sohn mit ausgebreiteten Armen zugeht, und von einem Weinbergbauern, der geduldig einen dürren Weinstock pflegt, auch wenn der keine Früchte trägt."

Ich hätte ihm noch stundenlang zuhören können, doch er verabschiedete sich, um mit dem Obersten zu Jesus zu reiten.

Parcus kam wieder herein. Ich sah ihm an, dass ihn die Gerüchte, die anscheinend im Lager kursierten, verunsicherten. Doch meine Sprachkenntnisse reichten nicht aus, um ihn über die Gründe des überstürzten Wechsels in der Führung aufzuklären. Vorrangig war für mich jetzt, die Stiefel fertig zu stellen.

Tantus saß später eine Weile bei uns, schweigend und nachdenklich. Die beiden Römer warfen sich immer wieder heimliche Blicke zu. Seit ich im Lager war, geschahen so viele ungewöhnliche Dinge, die sie nicht verstanden.

Am Spätnachmittag kehrten die leeren Fuhrwerke zurück. Egregius betrat zusammen mit Felix unsere Kammer. Er berichtete mir, dass die Armen sie mit Freudenjubel empfangen hätten. Doch seien ihnen einige Abgesandte aus der Stadt aufgefallen, die im Hintergrund das Ganze beobachtet hätten. Das bereite ihm Sorge.

„Es braut sich etwas zusammen. Die Reichen wollen nicht, dass den Armen geholfen wird. Vielleicht haben sie Angst vor der Stärke der Armen? Es ist nicht schwer, Stärke zu demonstrieren, wenn man reich und mächtig ist. Doch es gehört viel mehr Kraft dazu zu überleben, wenn man jeden Tag gegen die Armut kämpft. **Die Botschaft des Jesus macht den Reichen Angst, denn sie macht die Armen stark.** Das werden die schwachen Reichen nicht zulassen."

Er war nun bereits der Dritte, der so sprach: Zuerst der junge Jude aus der Armenstadt, dann Claudius und nun Egregius. Eine innere Unruhe bemächtigte sich meiner. Solange ich in der Nähe des HERRN war, spürte ich seine Begeisterung über die Botschaft, die er verkündete – und ließ mich davon anstecken. Doch jetzt, aus der Ferne, machte sie mir Angst.

Da sprach mein Engel: ‚**Wenn der himmlische Vater für Seinen Sohn ist, wer will dann gegen ihn sein?**'

Doch ich dachte: ‚Der himmlische Vater ist weit weg in den Himmeln und die Menschen, die gegen Jesus und seine Anhänger sind, befinden sich neben ihm.'

Die Antwort meines Engels lautete: ‚Wenn du das glaubst, hast du die Botschaft des HERRN nicht verstanden. Frag Jesus, wo GOTT ist, und erinnere dich, wo *du* den himmlischen Vater findest.'

Noch während ich über die Worte nachsann, erfüllte mich eine große Kraft und ich spürte den himmlischen Vater so nah, dass ich völlig vergaß, wo ich mich befand. Wie soll ich es nur beschreiben? Ich war so vollständig *in* GOTT – und gleichzeitig war *GOTT in mir*. Es war ein völliges EINS-Sein, das mich von mir löste und neu definierte: **Für einen Augenblick war ich Nichts und Alles.**

Ich konnte damals mit dem Erlebten nicht umgehen. Es erfasste mich so stark, dass ich zu zittern begann und zu Boden stürzte. Egregius und Parcus sprangen erschrocken hinzu und trugen mich auf das Schlaflager. Es gelang mir nicht, mich zu beruhigen, auch sprechen konnte ich nicht. Ich versuchte, das Ganze mit meinem

Verstand zu begreifen, doch es ließ sich nicht fassen. Jesus war mir nahe, ich sah sein Lächeln vor mir und fühlte seine Gegenwart.

Immer noch wurde mein Körper von einem starken Zittern geschüttelt. Da legten sich mir zwei Hände schwer auf Stirn und Herz. Eine ruhige, tiefe Stimme fragte in meiner Sprache: „Was fehlt dir?"

Im selben Augenblick ließ das Zittern nach, ich wurde auch innerlich völlig ruhig, öffnete meine Augen und sah Felix, über mich gebeugt, neben mir knien. Unsere Blicke verschmolzen ineinander – und ich erkannte: Seine Augen waren Jesus' Augen! Es war ebenso wie damals mit dem Aussätzigen!

Da wusste ich: **Jesus konnte mir in jedem anderen Menschen, der die Liebe GOTTES in sich zuließ, begegnen!** Tief in mir sprach mein Engel: ‚**Und du kannst ebenso für jeden anderen Menschen Jesus sein.**'

Noch einmal stellte Felix die Frage. Ich lächelte ihn an und antwortete: „Nichts, mein Freund." Er grinste mich breit an, reichte mir seine rechte Hand und half mir aufzustehen. Mit sicheren Schritten, als sei nichts geschehen, ging ich zum Tisch, um meine Handwerksarbeit zu vollenden. Als ich dabei an Parcus und Egregius vorbei schritt, sah ich in ihren Gesichtern, dass sie eben ein weiteres Wunder erlebt hatten: Felix hatte in meiner Sprache gesprochen, mich berührt und von meinem Anfall befreit!

Die Machtübergabe

Parcus nahm mir gegenüber Platz, um ebenfalls seine Arbeit fortzusetzen. Ein kurzer Blick auf seine Hände zeigte mir, dass er die letzten Stiche tat.

In diesem Moment hörten wir draußen auf dem großen Platz ein laut geblasenes Hornsignal. Die Römer neben mir horchten auf, schauten sich überrascht an und redeten aufgeregt durcheinander. Sie blickten aus dem Fenster und sahen ebenso wie ich, dass draußen ein geschäftiges Treiben begann. Aus allen Gebäuden strömten Soldaten herbei und fingen an, sich in der Mitte des Platzes in Gruppen zu formieren.

Die Türe unserer Kammer öffnete sich und Tantus steckte seinen Kopf herein. Auf sein aufgeregtes Gestammel hin blickte Parcus bedauernd auf den rechten Stiefel in seiner Hand und reichte ihn mir mit einem Schulterzucken.

Egregius sprach mit unsicherer Stimme zu mir: „Es ist soweit. Der Oberste wird seine Befehlsgewalt an Claudius übergeben. Ich weiß nicht, ob ich mich darüber freuen soll. Der Hauptmann hat mich gefragt, ob ich künftig sein persönlicher Berater sein will, und ich habe ihm zuliebe Ja gesagt. Was wird nur auf uns zukommen?"

Ich konnte ihm keine Antwort geben. Doch mein Mund tat sich auf und sprach: „Claudius weiß genau, was er zu tun hat. Er hört die Stimme unseres GOTTES in sich."

Egregius nickte nachdenklich und verließ zusammen mit den anderen Römern die Kammer. Neugierig blickte ich aus dem Fenster. Ich schien der Einzige zu sein, der sich noch in den Gebäuden aufhielt. Unzählige Soldaten strömten draußen zusammen. In Gruppen zu bestimmt hundert Männern standen sie neben- und hintereinander.

In einigen Metern Abstand hinter der letzten Gruppe waren die zivil gekleideten Stallknechte, Köche und sonstiges Personal angetreten. Auch Parcus konnte ich erkennen. Ich lächelte, denn im Gegensatz zu den in einer geraden Linie stehenden Uniformierten glichen ihre Reihen eher Schlangen. Ein Hauptmann schien dies ebenso wie ich bemerkt zu haben, denn er schritt mit strenger Miene an ihnen entlang und richtete sie aus.

Langsam kehrte eine erwartungsvolle Ruhe auf dem Platz ein. Ein geblasenes Signal ertönte, alle Augen richteten sich auf das größte Gebäude.

Auf ihren beiden Pferden kamen der Oberste Befehlshaber und Claudius aus dieser Richtung herangeritten. Der Oberste saß auf seinem prunkvoll herausgeputzten Reittier, trug einen prachtvollen Helm, seinen edlen Mantel und ein in der Sonne blitzendes Schwert. Sie ritten an den vielen Reihen der Untergebenen vorbei und hielten fast in gerader Linie zu meinem Kammerfenster. Ich würde einen guten Blick auf das Zeremoniell haben.

Nachdem sie abgestiegen waren, wandte sich der Oberste an seine Soldaten. Es fiel ihm merklich schwer, laut zu sprechen. Als er endete, blickte er Claudius an. Dieser verneigte sich tief vor ihm und vollzog das ehrerbietende Grußritual für den Obersten. Mit ihm taten es die vielen Hundert Soldaten. Ich bekam eine Gänsehaut, als ich das laute Klirren der Schwerter hörte, die dabei an die Metallteile der Rüstungen stießen.

Der Oberste nahm langsam seinen Helm ab und setzte ihn Claudius auf. Ebenso übergab er ihm seinen edlen Mantel und das Schwert. Dann wandte er sich um und erteilte dem Soldaten, der sein Pferd hielt, einen Befehl. Dieser führte es direkt hinter Claudius. Als letztes zog der Ältere den Siegelring vom Finger und streifte ihn dem Hauptmann über.

Dem Hauptmann? Nein, ab jetzt war Claudius der Oberste Befehlshaber! Der Ältere, der nun seine ganze Macht übergeben hatte, zeigte Größe: Er verneigte sich vor dem Jüngeren und erwies ihm mit dem Ritual, das bisher ihm selbst vorbehalten war, seine Ergebenheit. Wie groß war dieser Mann, welche Erhabenheit und Würde strahlte er aus.

Ich ahnte, wie schwer es Claudius jetzt fiel, die Unterwürfigkeit des Älteren anzunehmen. Doch er blieb aufrecht stehen und, als er das Klirren der vielen Schwerter hörte, weil sich auch seine Soldaten vor ihm verneigten, wandte er sich ihnen zu. Seine Stimme klang fest und sicher und wieder bedauerte ich, ihre Sprache nicht zu verstehen.

Als er schwieg, brach großer Jubel aus. Der neue Befehlshaber beendete ihn mit einer einzigen Handbewegung. Er wandte sich dem Älteren zu und sprach leise zu ihm. Beide umarmten sich brüderlich.

Ein letztes Mal wandte sich der Ältere an die Soldaten. Es schien mir, als richte er eine Frage an sie. Da löste sich aus der Menge ein großer Mann, schritt auf den Fragenden zu und verneigte sich vor ihm.

Ich erkannte Felix! Claudius sprach ebenfalls zu ihm, dann stellte sich Felix mit strahlendem Gesicht hinter den früheren Befehlshaber.

Nun rief der neue Oberste den überraschten Egregius zu sich. Er übergab ihm sein bisher getragenes Schwert. Ohne nachzudenken wusste ich, dass dies die Beförderung in den Rang eines Hauptmannes für den treuen Weggefährten bedeutete, dessen Gesichtsausdruck zwischen Stolz und Besorgnis schwankte.

Wieder ertönte ein Signal, nach dem lauter Jubel ausbrach. Das Küchenpersonal entfernte sich, um wenig später große Krüge mit Wein herbeizutragen. Der offizielle Teil der Machtübergabe war beendet. Bald klangen andere Töne in meine Kammer: lautes Lachen, Gespräche, das Klirren der Becher.

Mein Engel fordert den Lohn für die Stiefel

Da fiel mir siedendheiß ein, dass ich nicht mehr viel Zeit hatte, meine Arbeit zu vollenden. Mein römischer Kunde würde bald erscheinen und seine Stiefel verlangen.

Ich nahm den linken Schuh zur Hand und betrachtete ihn. Nur noch wenige Stiche fehlten! Sorgfältig setzte ich sie, ergriff den rechten Stiefel und sah, dass auch hier nur noch ein einziger Stich fehlte. Ich beendete das Werk und dachte dabei: ‚Jetzt kann ich, ohne zu lügen, behaupten, ich habe die Stiefel für den Obersten Befehlshaber vollendet.'

Doch mein Engel widersprach: ‚Du hast sie für einen Befehlshaber begonnen, doch für einen Diener des himmlischen Vaters vollendet.'

Schnell nahm ich Wachs zur Hand, ließ das Leder damit ein und polierte es, bis die Stiefel glänzten. Zufrieden mit meiner Arbeit und voller Dankbarkeit gegenüber Parcus betrachtete ich sie.

Genau in diesem Augenblick öffnete sich die Türe und mein Auftraggeber trat ein, begleitet von Claudius. Ich verneigte mich vor ihnen, trat auf meinen Kunden zu und reichte ihm das Schuhwerk.

Wie einen kostbaren Schatz nahm er es entgegen, sah mich mit feuchten Augen an und sprach: „Weißt du, Jakobus, dass mit dem Maßnehmen für diese Schuhe alles begann?"

Jetzt verstand ich den Satz meines Engels noch besser: ‚Du wirst zur rechten Zeit am rechten Ort sein.' Ich fühlte mich eingebunden in den großen Plan und war ein wenig stolz auf mich.

Der Römer nahm auf dem Schemel Platz, zog die alten Stiefel aus und probierte die neuen an. Er stand auf, tat einige Schritte und bemerkte überrascht, welch großartigen Halt die Sonderanfertigung seinem verkrüppelten Fuß bot. Wer es nicht wusste, konnte kein Hinken mehr feststellen! Auch Claudius schien überrascht.

Der Ältere kam auf mich zu, umarmte und lobte mich: „Du hast großartige Arbeit geleistet. Deine Stiefel werden mich in meine neue Aufgabe hineintragen und lange Zeit begleiten. Ich darf meine Legitimation behalten, ohne darunter leiden zu müssen. Danke, Jakobus. – Nun sag mir, welchen Lohn du dafür verlangst."

Er zog einen Beutel mit Münzen hervor und sah mich fragend an. Über eine Bezahlung hatte ich mir noch gar keine Gedanken gemacht. Ich überlegte, doch der Engel in mir kam mir zuvor. Aus meinem Mund sprach er: „Herr, ich verlange kein Geld, doch bitte ich Euch, mir das Amulett zu geben, das Euch der Jude schenkte."

Kaum waren die Worte ausgesprochen, erschrak ich fürchterlich. Was fiel mir nur ein, eine solche Forderung zu stellen? In der Miene des Römers las ich ebenfalls ein Erschrecken. Er schloss seine Augen und schien zu überlegen.

Unsicher warf ich einen Seitenblick auf Claudius, der schweigend neben uns stand. Auch er schien verwundert über meine Bitte. Wortlos zeigte er auf *sein* Medaillon, das sichtbar an seiner Brust hing, und wies auf mich. Ich verstand: Er wollte mir sein eigenes schenken, wenn ich schon unbedingt eines besitzen wollte. Nur – ich wollte es ja gar nicht! Es war mir immer noch unerklärlich, weshalb ich so gesprochen hatte.

Da öffnete der Ältere seine Augen, holte das Amulett unter dem Gewand hervor und nahm es ab. Nachdenklich betrachtete er es ein letztes Mal, fuhr die Linien des Symbols nach und legte es mir um den Hals. „Jakobus", sprach er, „was bist du für ein wunderbarer Lehrer für mich. Ich dachte, ich hätte alles losgelassen, was mich an mein altes Leben bindet. Doch du hast mir eben gezeigt, dass ich immer noch etwas festhalte, weil ich glaube, es zu brauchen. Ich redete mir ein, das Geschenk des Juden sei mein Glücksbringer für die Aufgabe in den Armenvierteln von Rom. Doch der himmlische Vater will, dass meine Hände ganz frei sind. – Ich weiß das Geschenk des Juden bei dir in den richtigen Händen, denn du knüpfst keinerlei Erwartungen daran. GOTT schütze dich, mein Sohn, auf deinem Weg, den Er dich führen wird. Ich bin in Gedanken oft bei dir, so oft, wie ich Schritte in deinen Stiefeln tun werde."

Nach diesen Worten umarmte er mich und verließ schnell die Kammer, noch bevor ich mich bedanken konnte.

Claudius blickte mich lange an. „Du lässt den Engel aus dir sprechen. Dazu gehört Mut. Ich bin stolz auf meinen kleinen Bruder."

Ich stellte ihm die Frage, warum sich Felix hinter den Römer gestellt habe. Er erklärte mir, dass der Oberste (er nannte ihn immer noch so) gefragt habe, wer von den Soldaten ihn nach Rom begleiten werde. Er verschwieg auch nicht, dass er beabsichtige, dort einen sozialen Dienst zu tun. Das bedeute, dass der Soldat, der ihn begleiten würde, nicht auf eine besondere Beförderung hoffen könne.

Felix … Ich erinnerte mich an die Frage, die sich mir gestern gestellt hatte: Ja, er hatte sich durch die heilende Berührung des Jesus verändert! Noch vor wenigen Tagen hatte er Claudius wegen dessen Hilfsbereitschaft gegenüber den Aussätzigen an den Obersten Befehlshaber verraten – und nun würde er den älteren Römer, der alle Befehlsgewalt abgegeben hatte, in ein unsicheres Leben begleiten. In meinen Augen besaß er nun nicht mehr nur körperliche Größe.

Claudius holte mich aus meinen Gedanken zurück. „Wir haben uns heute von Jesus verabschiedet. Ich hatte die Gelegenheit, mit dem HERRN über meine Berufung zu sprechen. Er deutete wieder an, dass ich bei ihm sein werde, wenn keiner seiner Anhänger mehr an seiner Seite sei. Es macht mir Angst, um ihn, um dich und auch um mich. Worauf geht er da zu? Er hat immer mehr Feinde unter den Mächtigen. Sie hetzen gegen ihn. Das einfache Volk, die Armen, die Kranken, die Ausgestoßenen, sie sind auf seiner Seite und ich spüre die Erwartung, die sie in ihn setzen. Sie wollen einen König, der sie von aller Unterdrückung befreit, der uns Römer aus dem Land jagt und die habgierigen und ausbeuterischen Landsleute bestraft. Doch ist Jesus dieser König? Ich kann es mir nicht vorstellen. Das Reich, von dem er spricht, ist nicht von dieser Welt. Und sein himmlischer Vater, auf den er all sein Vertrauen setzt – wird Er gegen diese Welt ankommen? – Es ist gut, dass ich Befehlshaber bin, ich werde meine Macht zum Wohl der Menschen einsetzen, solange es mir möglich ist. Denn, ich glaube nicht, dass der Kaiser mit der Entscheidung des Obersten einverstanden sein wird. Ich weiß nicht einmal, ob er den Obersten so einfach aus seinen Diensten entlässt. Auch um ihn mache ich mir Sorgen. Der Kaiser kann sehr ungerecht sein, wenn er sich hintergangen fühlt. Jesus sagte erneut zu uns, wir sollten Vertrauen haben. Wir würden geführt und beschützt durch die himmlischen Mächte. Wenn ich in seiner Nähe bin, habe ich keinerlei Zweifel daran, doch je weiter ich mich von ihm entferne, umso mehr Anstrengung kostet es mich, die aufkommende Angst zu unterdrücken. – Jesus sagte beim Abschied dasselbe zu mir wie zu dir: ‚Egal, ob 50 oder 5000 Schritte zwischen uns sind, in unserer Liebe sind wir eins.' Ich hoffe, dass ich dies nie vergesse."

Egregius betrat den Raum und sprach zum neuen Befehlshaber. Sein Verhalten ihm gegenüber hatte sich nicht verändert, er benahm sich immer noch väterlich und fürsorglich. Claudius schien es dankbar zu registrieren. Er verabschiedete sich von mir mit den Worten: „Meine Soldaten verlangen nach mir. Packe deine Sachen zusammen und ruhe dich aus. Egregius wird dich im Morgengrauen zu Jesus bringen. Ich werde mich zuvor von dir verabschieden."

Dann war ich allein. Langsam packte ich meine Bündel zusammen, räumte die Kammer auf und sah noch eine Weile aus dem kleinen Fenster. Fackeln brannten, die Stimmung war ausgelassen. Ein paar Mal glaubte ich Claudius zu erkennen. Egregius befand sich immer an seiner Seite. Felix erblickte ich nicht. Wahrscheinlich packte auch er sein Bündel und ruhte sich, ebenso wie der frühere Befehlshaber, für die weite Reise aus.

Das Amulett

Schließlich suchte auch ich mein Schlaflager auf. Die kleine Öllampe brannte noch, als ich bewusst Abschied von diesem Ort nahm. Da bemerkte ich, dass meine linke Hand das Amulett umschlossen hielt, das mir der Römer umgehängt hatte.

Ich nahm es ab, um es genauer zu betrachten. Es war aus Metall gearbeitet und stellte eine Schlange dar. Ein Schaudern überkam mich. Die Schlange galt als Symbol des Schlechten, des Bösen. Warum trug es der jüdische Anführer der Armen? Warum hatte er es Claudius und dem Obersten geschenkt? Ich wollte es nicht. Es schien mir das Beste, es morgen Claudius zu geben, damit er es dem Juden zurückbrachte.

Ich fiel in einen unruhigen Schlaf. Die Geräusche von draußen vermischten sich mit einem Traum:

Menschen kämpften gegeneinander. Ein unglaubliches Kampfgetümmel brauste um mich auf und versetzte mich in Todesangst. Da fühlte ich mich von einer unsichtbaren Kraft emporgehoben, sodass ich die Handlungen unter mir aus einer großen Distanz verfolgen konnte. Ich sah keine einzelnen Menschen mehr kämpfen, sondern eine Schlange, die sich wand – und schließlich ihren Leib entrollte. Es schien, als würde sich eine Spirale des Kampfes und Krieges langsam entspannen. Fasziniert beobachtete ich, wie aus der Schlange ein Kreis wurde. Die Kraft, die mich trug, brachte mich nun wieder näher heran und ich erkannte, dass der Kreis aus unzähligen Menschen bestand, die sich an den Händen hielten und anlächelten ...

Ich kam dem Kreis der Menschen noch näher und konnte nun Einzelne von ihnen erkennen. Ich sah Jesus, seine Jünger neben ihm, entdeckte David und seinen Vater, Simeon, neben dem sich das junge Mädchen befand, ihren geheilten Bruder an der Hand haltend. Claudius stand, neben Egregius an der rechten und dem jungen Juden aus der Armenstadt an der linken Seite, ebenso in der Runde wie der frühere Oberste Befehlshaber und Felix. Ich erkannte meinen Vater, meinen Onkel Melioch, den Schuster Maniech mit seiner Frau, auch Parcus und Tantus – und so viele mehr. Neben ihnen befanden sich unzählige Menschen mit anderen Hautfarben, fremden Gesichtern und in ungewöhnlicher Kleidung. Ich staunte über die Vielfalt der Glieder dieser Kette. Es war mir, als könnte ich alles gleichzeitig sehen.

Da öffnete sich der Kreis zwischen Claudius und Egregius und die Kraft stellte mich direkt zwischen sie. Sie fassten mich voller Freude an den Händen und wir begannen einen Tanz der Freude und des Glücks ...

Ich hörte mich laut lachen ... und wenig später die freundliche Stimme des Egregius: „Jakobus, du solltest jetzt schlafen und nicht im Bett herumtanzen."

Erstaunt öffnete ich die Augen und sah meinen Betreuer neben mir auf dem Schlaflager. Wie enttäuscht war ich, als ich erkannte, dass die Bilder eben nur ein schöner Traum gewesen waren.

Doch ich wollte ihn unbedingt mit Egregius teilen und so fing ich an, ihm davon zu erzählen. Mit geschlossenen Augen lag er da und ich dachte schon, er sei eingeschlafen. Nach kurzem Schweigen blickte er mich an und sagte mit schwerer Zunge, denn auch er hatte zur Feier des Tages von dem Wein getrunken: „Und du hast mich wirklich auch in diesem Kreis gesehen?"

Ich bestätigte es ihm noch einmal. Da sprach er: „Vielleicht war es gar kein Traum, sondern du konntest ein wenig in die Zukunft schauen. Wäre das nicht schön?" Er bemühte sich, deutlich zu sprechen und bedauerte bestimmt, nicht ganz nüchtern zu sein: „Darf ich den Traum morgen unserem neuen Obersten erzählen? Er wird ihn wahrscheinlich dem jungen Juden weitergeben, denn es bringt eine völlig neue Sicht auf die Bedeutung des Amuletts. Du weißt, dass ich es auch schon tragen durfte, und ich fragte Claudius später, was die Schlange meinen solle. Seine Erklärung machte mir Angst."

Neugierig richtete ich mich auf.

Er fuhr fort: „Der Anführer der Juden sieht in dem Symbol das, was du in deinem Traum zuerst gesehen hast: Eine Spirale der Gewalt. Sie können nicht mehr lange die Unterdrückung ertragen. Er erzählte Claudius, dass die Reichen in der Stadt die Armen wie lästiges Ungeziefer behandeln. Solange sie sich in dem ihnen zugewiesenen Ghetto aufhielten, würden sie geduldet. Doch es wäre den Reichen gleichgültig, wenn sie verhungerten oder an Krankheiten stürben. Der Jude sagte zum Hauptmann: ‚Wenn wir schon Ungeziefer sind, dann wollen wir wenigstens wie eine Schlange sein. Auch sie wird aus den Häusern vertrieben, wird totgeschlagen, wenn sie zu nahe kommt. Doch sie ist listig. Sie passt sich ihrer Umgebung an, macht sich tagsüber unsichtbar, schlängelt sich durch das Leben und ist genügsam. Mit wenig Nahrung kommt sie lange aus. Und – niemand sieht, dass sie langsam wächst. Denn sie zieht sich zurück, wenn ihre Haut zu eng wird, und häutet sich. Für andere bleibt sie dieselbe, doch sie selbst spürt ihre wachsende Größe. Irgendwann wartet sie, zusammengerollt, auf den Feind und schlägt zu, wenn er arglos ist.' Claudius erschrak damals über diese Erklärung, doch er konnte den Juden auch verstehen. – Ich selbst weiß, dass die Armen unterschätzt werden. Die jungen Männer, die uns beim Unglück halfen, sind unter ihren Lumpen stark und kräftig. Sie werden von den anderen Ghettobewohnern unterstützt, denn sie sorgen für Recht und Ordnung. Erinnerst du dich an den Tag, als wir dich vom Berg holten und in das Lager brachten? An diesem Tag sprach der Anführer der armen Juden mit Jesus. Auch davon berichtete er Claudius. Jesus machte ihm Mut und versprach, dass der himmlische Vater jedem Menschen, der gerecht und barmherzig handelt, Seine Hilfe zukommen lässt. Nur einen Tag später erhielten die armen Juden die erste Hilfslieferung der Römer. – Siehst du, wie wichtig es wäre, dass diese Menschen das Symbol der Schlange so sehen könnten wie du?"

Ich dachte noch über seine Worte nach, da sprach mein Engel zu mir: **‚Es kommt der Tag, da wird das Bild, das ich dir im Traum zeigte, vielen Menschen offenbart. Und sie werden, ebenso wie Egregius, darin eine Vision der Zukunft sehen.'**

Wieder einmal verstand ich zu diesem Zeitpunkt die Worte nicht. Doch jetzt, da du sie liest, sehe ich, dass die Weissagung des Engels in Erfüllung geht.

Und so erteilte ich meinem römischen, väterlichen Freund Egregius, den ich morgen verlassen würde, die Erlaubnis, den Traum weiterzugeben.

Es war spät in der Nacht – meiner letzten Nacht im römischen Soldatenlager – als wir endlich einschliefen.

Abschied vom Soldatenlager

Noch vor dem Morgengrauen erwachte ich. Draußen hörte ich den Hufschlag zweier Pferde. Vorsichtig, um Egregius nicht aufzuwecken, erhob ich mich und trat ans Fenster. Ein hoch gewachsener Soldat führte zwei Reittiere über den großen Platz und blieb vor dem stattlichen Gebäude des Obersten stehen. Fast gleichzeitig öffnete sich die Türe und ein Mann ging festen Schrittes auf den Wartenden zu. Er saß auf und wandte sich dem Fenster zu, an dem ich zum ersten Mal den Befehlshaber hatte stehen sehen.

Ohne zu überlegen, wusste ich, dass jetzt Claudius dort stand. Der ältere Römer erhob den rechten Arm zum Abschiedsgruß. Dann verließen die Reiter langsam das Lager.

Egregius war hinter mich getreten und sagte leise: „Der Oberste und Felix begeben sich auf eine sehr weite, gefährliche Reise. Die Götter mögen ihnen gnädig sein. Kannst du nicht auch *deinen* GOTT bitten, sie zu beschützen?"

Ich musste nicht lange nachdenken. Einer der Lieblingspsalme meiner Mutter schien mir bestens zu passen. So sprach ich:

„Ich blicke hinauf zu den Bergen; denn von dort erwarte ich Hilfe.
Meine Hilfe kommt vom Herrn, der Himmel und Erde gemacht hat!
Höre: Der Herr lässt nicht zu, dass du zu Fall kommst.
Er gibt immer auf dich Acht. Er, der Beschützer Israels,
wird nicht müde und schläft nicht ein;
er sorgt auch für dich.
Der Herr ist bei dir, hält die Hand über dich,
damit dich die Hitze der Sonne nicht quält

und der Mond dich nicht krank macht.
Der Herr wendet Gefahr von dir ab
und bewahrt dein Leben.
Was immer du tust: er wird dich beschützen,
vom Anfang bis zum Ende, jetzt und in Zukunft!"[3]

Ergriffen hatte Egregius zugehört. Langsam sagte er: „Jetzt weiß ich, woraus ihr Juden so viel Kraft schöpft. Auch unsere Göttergesänge sind kraftvoll, doch aus euren spricht ein großes Vertrauen."

Die Türe öffnete sich und Tantus, der treue und fürsorgliche Tantus, brachte mir ein letztes Mal das Frühstück. Schweigend saß er neben uns, während wir ohne großen Appetit zugriffen. Den Rest packte er in mein Bündel.

Wir standen uns gegenüber und spürten Abschiedsschmerz. Er sprach etwas in seiner Sprache, das Egregius übersetzte: „Tantus lässt dir sagen, dass er nie geglaubt hätte, einmal einen Juden so gerne zu haben wie dich. Er ist froh, dass du einen Engel hast, der dich beschützt und führt."

In den wenigen Tagen, die ich im Soldatenlager verbringen durfte, war auch Tantus mir ans Herz gewachsen.

Egregius übersetzte ihm meine Worte: „Vergiss nicht, dass auch *du* einen Engel hast, der über dich wacht. – Und einen jungen jüdischen Freund, der oft und gerne an dich denkt."

Wir umarmten uns lange, dann gab er sich einen Ruck, drehte sich um und verließ fluchtartig unsere Kammer. Fast gleichzeitig trat Claudius ein. „Der Oberste hat sich zusammen mit Felix auf den Weg nach Rom begeben. Er bat mich, dir dies als Zeichen des Dankes zu überreichen." Mit diesen Worten hielt er mir einen Beutel mit Geldstücken entgegen. Da ich ihn nicht gleich annahm, reichte er ihn Egregius, der das Geld in meinem Bündel verstaute.

Claudius' Blick war ernst, als er weitersprach: „Es ist soweit, Jakobus. Grüße Jesus und seine Anhänger von mir. Ich weiß, dass du im Schutze des himmlischen Vaters bist und ich mir keine Sorgen um

---

[3] Psalm 121.

dich machen muss. Und doch ... Wir werden uns wieder sehen, so sicher, wie auch heute die Sonne wieder aufgehen wird. Vergiss nicht: Egal, ob 50 oder 5000 Schritte zwischen uns sind –"

Ich vollendete seinen Satz: „ ... die Liebe zu Jesus und zu unserem Vater verbindet uns."

„Willst du noch einen Segen für meine Aufgabe sprechen?" fragte der neue Oberste.

Und so schenkte ich auch ihm den Psalm, den ich dem alten Obersten mitgeschickt hatte. Mit geschlossenen Augen, als wolle er die Worte nie mehr vergessen, hörte Claudius zu. Dann trat er zum Tisch. Er, der Befehlshaber über das ganze Lager, nahm meine Bündel und trug sie für mich.

Wir folgten ihm in das Zelt, in dem die Pferde untergebracht waren. Durfte ich etwa reiten?

Claudius schien meinen Gedanken erraten zu haben, denn er wandte sich um und sagte mit gespieltem Ernst: „Ich gehe davon aus, dass du ein vorzüglicher Reiter bist, ansonsten würde ich dir mein Pferd nicht anvertrauen."

Voller Dankbarkeit dachte ich an meinen Onkel Melioch, der mir vor Jahren ermöglicht hatte, Grundkenntnisse in der Reiterei zu erwerben. So antwortete ich, ebenso ernst: „Ich kann mich oben halten, wenn es sein muss."

In diesem Augenblick kam ein Mann auf uns zugestürmt. Ich erkannte Parcus, der mit hochrotem Kopf vor mir stehen blieb. Anscheinend hatte er gestern Abend den Wein in größeren Mengen genossen, denn es fiel ihm sichtlich schwer, sein Gleichgewicht zu halten.

Die Tränen stürzten aus seinen Augen, als er mich in den Arm nahm und wir beide beinahe umfielen. Dabei stammelte er unverständliche Worte. Erst jetzt erkannte er Claudius, ließ mich erschrocken los und versuchte, seine Ergebenheit zu erweisen. Es misslang gründlich. Der Oberste sprang schnell hinzu, um den Fallenden aufzufangen. Ich erkannte an der Miene des Claudius, wie schwer es ihm fiel, dabei ernst zu bleiben.

Durch diese kleine Episode gelang es uns, den Abschiedsschmerz durch ein befreiendes Lachen zu vertreiben. Claudius befestigte meine Bündel am Sattel und übergab mir das Pferd, auf dem er bisher seinen Dienst versehen hatte. Zukünftig würde er auf dem prächtigsten Pferd sitzen, das im Stall stand.

Egregius und ich führten die Tiere ins Freie. Ich saß gekonnt auf, grüßte ein letztes Mal meine zurückbleibenden römischen Freunde und verließ, vorbei an den Feuern der Wachen, das Soldatenlager. Einmal noch blickte ich zurück. Ich erinnerte mich an die gemischten Gefühle bei meiner Ankunft. Wie hatte Egregius gesagt? Eure Kraft steckt im Vertrauen auf euren GOTT. Wohin führte mich der Engel jetzt? Die Antwort, die er gab, kannte ich nun schon gut: ‚**Du wirst zur rechten Zeit am rechten Ort sein.**' Doch diesmal fügte er hinzu: **… und das Rechte tun.**'

Die Sonne ging auf und gab den wenigen Wolken am Himmel die Farbe von reifen Orangen. Jesus und seine Anhänger, zu denen ab heute auch ich mich wieder zählen durfte, bekamen gutes Wetter für die Weiterwanderung geschenkt.

Wir kamen an der Stelle vorbei, an der die schlecht befestigte Straße in die Armenstadt abzweigte. Egregius verlangsamte den Ritt und blickte hinüber. Hier war das Wunder der Heilung des Felix geschehen. Ein Wunder, an dem arme Juden, römische Soldaten, ihr Oberster Befehlshaber, der Hauptmann Claudius und der Prediger Jesus beteiligt waren. Ich schickte ein Dankgebet zum Himmel.

Da fiel mir mit großem Schrecken ein, dass ich das Amulett auf dem Tisch meiner kleinen Kammer vergessen hatte. Nach dem Traum gestern Nacht hatte ich mich entschlossen, es zu behalten, es in der Eile des Aufbruchs aber liegen gelassen. Unentschlossen warf ich einen Blick zum Lager zurück, dann nach vorn in die Stadt. Würde die Zeit ausreichen, noch einmal zurückzureiten, um es zu holen? Würde Jesus so lange warten?

Egregius fragte nach dem Grund meiner Unruhe. Auf meine Erklärung hin antwortete er: „Ich habe das Amulett zusammen mit dem Geld, das mir Claudius für dich reichte, in dein Bündel getan." Ich hätte ihn umarmen können!

Eine große Vorfreude auf die vor mir liegende Zeit neben dem HERRN erfüllte mich. Ab heute würde ich wieder Zeuge großer Wundertaten sein, würde dazugehören zum Kreis der Jünger um Jesus. Ich würde noch so vieles über den himmlischen Vater erfahren – und nebenzu Schuhe reparieren.

Ein anderer Weg

Egregius bog in einen Seitenweg ein, der an den Platz führte, zu dem sich Jesus mit seinen Anhängern immer wieder zurückzog. Die Heilung der Aussätzigen kam mir in den Sinn. Ob sie noch bei Jesus weilten oder mittlerweile in ihr Dorf zurückgekehrt waren?

Da hielt Egregius sein Pferd abrupt an. Ich ritt unmittelbar hinter ihm, sodass mein Reittier scheute. Nur mit großer Mühe brachte ich es unter Kontrolle. Als ich neben ihm stand, erkannte ich tiefe Falten auf seiner Stirn. Er schien angestrengt zu überlegen. Schließlich sprach er: „Jakobus, Claudius hat mich beauftragt, dich zu Jesus zu begleiten. Ich würde ihn am Ende dieses Weges finden. Doch eben wies mich eine innere Stimme an, dich auf den Berg zu bringen, auf dem der Prediger heilte und sprach."

Ich wusste nichts darauf zu antworten. Er überlegte noch kurz, dann sprach er, mehr zu sich selbst, als zu mir: „Befehl ist Befehl. Wir reiten diesen Weg weiter."

Ich schloss mich ihm an, doch das Spiel wiederholte sich nach nur wenigen Tritten. Der innere Zwiespalt, in dem er sich befand, war ihm deutlich anzusehen.

„Jakobus, die Stimme ist so klar. Was soll ich nur tun?"

Da öffnete sich mein Mund und der Engel gab mir die richtigen Worte ein: „Egregius, ich weiß, dass du nie etwas tun könntest, was mir Schaden zufügt. Ich vertraue dir und kann deshalb auch deiner inneren Stimme vertrauen, in der ich deinen Engel erkenne."

Sein Gesichtsausdruck entspannte sich, dankbar nickte er mir zu und antwortete: „Du hast Recht. Claudius wird mich verstehen, wenn ich ihm davon berichte."

Mit einem entschlossenen Ruck wendete er, lenkte das Pferd auf die Hauptstraße zurück und ritt, gefolgt von mir, weiter auf die Stadt zu. Auch heute war ich beeindruckt von ihrer Größe und den prächtigen Gebäuden auf der Anhöhe.

Wir bogen in den Weg ein, der zum Hügel vor der Stadt führte. Lag es wirklich erst fünf Tage zurück, dass ich denselben Weg hinter Jesus beschritten hatte? Im Gegensatz zu damals, als ganze Gruppen Menschen mit uns unterwegs waren, begegneten wir heute niemandem. Diese Tatsache bestätigte mir, dass die Leute von der Weiterwanderung des HERRN wussten und ihn heute nicht mehr hier erwarteten.

Warum führte mich dann Egregius her? Er ritt unbeirrt weiter bergan. Wir kamen in die Nähe des Baumes, unter dem sich Jesus mit dem armseligen Juden, der ihm ein Dach für die Nacht anbot, unterhalten hatte.

Jetzt erblickte ich einen Mann dort auf dem Boden liegen, mit dem Oberkörper an den Stamm des Baumes gelehnt, eingehüllt in ein Tuch. Auch mein Begleiter hatte ihn entdeckt.

Wir stiegen von den Pferden, banden sie an einen Strauch und gingen leise auf den Schlafenden zu. Egregius bückte sich zu ihm hinab und berührte ihn leicht an der Schulter.

Da erwachte dieser, blickte erschrocken hoch, sah zuerst den Römer und dann mich an und sprang mit einem Schrei der Überraschung auf. Mit offenem Mund stand er mir gegenüber – mit aufgerissenen Augen starrte ich ihn an: Vor mir stand mein Onkel Melioch! Wir fielen uns in die Arme, noch bevor ich dem Römer neben mir erklären konnte, zu wem er mich geführt hatte.

Als Melioch mich von sich schob, sah ich, dass er weinte. Ein großer Schreck durchfuhr mich, die Angst schnürte meine Kehle zu. Er schlug den Blick zu Boden und sagte leise: „Jakobus, ich habe mir das Wiedersehen mit dir anders vorgestellt. Der Anlass, dich zu suchen, ist ein trauriger. Dein Vater, mein Bruder Jakobus der Ältere, ist vor zwei Wochen verunglückt. Er wollte das Dach eures Hauses ausbessern und glaubte, es ohne Hilfe zu können. Dabei verlor er das

Gleichgewicht und stürzte so unglücklich, dass er am nächsten Tag verstarb."

Er verstummte, denn er sah das Entsetzen in meinem Gesicht. Ich schloss die Augen, so unvorstellbar war das Gehörte. Ein Gedanke setzte sich in mir fest: ‚Wäre ich zuhause gewesen, wäre es nicht passiert. Ich hätte ihn abgesichert oder wäre selbst auf das Dach gestiegen. *Ich* habe Schuld daran!'

Melioch schien den Gedanken zu erraten, denn er umarmte mich erneut und redete mir zu: „Mach dir keine Vorwürfe. Vergiss nicht: Dein Vater wollte, dass du mit Jesus gehst. Er wusste, dass ich oder meine Söhne ihm jederzeit helfen würden. – Jakobus, deine Mutter braucht dich zuhause. Sie ist völlig hilflos mit all den angefangenen Reparaturen und weiß nicht, wie es weitergehen soll, jetzt, wo der Ernährer fehlt. Komm nach Hause, mein Sohn."

Ich nickte, ohne sprechen zu können. Wie konnte der himmlische Vater so ein Unglück zulassen? Nun konnte ich nicht mehr mit Jesus ziehen, sondern hatte die Verantwortung für eine Familie. Und das mit fünfzehn Jahren. Ich fühlte mich zu jung für diese Aufgabe.

Mein Onkel schien erleichtert über meine Zusage. Er erzählte weiter: „Da wir nicht wussten, wo genau du dich aufhältst, habe ich die Beerdigung deines Vaters in die Hand genommen und mich vor zehn Tagen auf den Weg gemacht. Ich hatte das Glück, in jedem Ort, jeder Stadt, in der ihr euch aufgehalten habt, Kaufleute zu treffen, die mich mitnahmen. Gestern Abend kam ich in dieser Stadt an und erfuhr, dass Jesus jeden Tag auf dem Berg heilt und predigt. Ich hoffte, dich im Laufe des Tages hier anzutreffen. Dass du bereits am frühen Morgen hier bist, ist ein Segen. So können wir schon jetzt die Rückreise antreten."

Nein, ohne mich von Jesus und meinen Freunden verabschiedet zu haben, würde ich nicht heimkehren. So bat ich meinen Onkel, mit mir zusammen zu Jesus zu gehen. Er verstand meine Bitte und gestand sie mir zu.

Egregius hatte die ganze Zeit über schweigend zugehört. Nun legte er voller Mitgefühl den Arm um mich. Seine väterliche Fürsorge vergrößerte den Schmerz über den Verlust meines Vaters noch mehr.

Weinend stand ich da. Warum musste so ein Unglück geschehen? Ich sah so viele Heilungen, doch meinem Vater hatte Jesus nicht helfen können. Der Engel in mir gab keine Antwort ...

Als ich mich wieder beruhigt hatte, machte uns Egregius einen Vorschlag: Er würde mit den Pferden in das Lager zurückkehren und Claudius bitten, uns eine Kutsche zur Verfügung zu stellen. Wir sollten im Seitenweg, wo wir Jesus antreffen würden, auf sie warten.

Mitfühlend umarmte mich mein römischer Freund, verabschiedete sich und schüttelte mit dem Kopf, als ich mich für all seine Fürsorge und Liebe bedanken wollte. Schnell saß er auf und ritt, das zweite Pferd am Zügel führend, eilig bergab.

Immer noch wie betäubt nahm ich meine Bündel auf, die Egregius neben den Strauch gelegt hatte. Seite an Seite gingen mein Onkel und ich schweigend den Berg hinunter. Als ich das letzte Mal diesen Weg geschritten war, befanden sich Claudius und Egregius neben mir und führten mich ins Soldatenlager. Zu diesem Zeitpunkt lebte mein Vater schon nicht mehr! Jeden Abend hatte ich ihn und die ganze Familie in mein Gebet eingeschlossen und glaubte sie in sicherer Obhut unseres GOTTES.

Da fiel mir der Traum von gestern Nacht ein. Ich hatte so deutlich meinen Vater im Kreis der tanzenden und glücklichen Menschen stehen sehen. Nun war der Traum zur Lüge geworden!

Onkel Melioch beobachtete mich von der Seite. Lange wagte er nicht, mich anzusprechen. Schließlich sagte er: „Dein Vater war so unglaublich stolz auf dich, Jakobus. Seit du mit Jesus unseren Ort verlassen hattest, wurde er nicht müde, jedem davon zu erzählen: ‚Mein Ältester wird nicht nur in unserem Handwerk meisterliche Erfahrungen sammeln, sondern an der Seite des Predigers auch das richtige Leben erlernen', meinte er. Doch gleichzeitig sah ich in seiner Miene auch die väterliche Sorge um dein Wohlergehen, obwohl er Vertrauen zu Jesus hatte. Ich fragte ihn nach seinen Begegnungen mit dem Prediger und er antwortete, dass ihn jener bei seinem Besuch in eurer Werkstatt ohne Worte um deine Begleitung gebeten habe. Mehr konnte er darüber nicht sagen. Hätte ich diesen Jesus nicht selbst kennen gelernt, ich könnte es nicht verstehen. Ich hoffe, du erzählst mir einmal, was du an seiner Seite alles erlebt hast."

Wieder schwiegen wir. Mittlerweile waren wir in den Seitenweg eingebogen, an dessen Ende wir Jesus und seine Anhänger vermuteten. Melioch schien noch etwas auf der Seele zu liegen.

„Dein Vater bekannte am Abend vor dem Unglück, wie sehr er bedauere, dass eure Familie das diesjährige Fest des Stammesvaters Jakob nicht gemeinsam mit dir feiern könne."

Ich blieb stehen. Das Jakob-Fest ... ich hatte es ganz vergessen! Zu Ehren unseres Stammesvaters und Namensgebers wurde dieser Tag in allen Familien, in denen es einen Jakob oder Jakobus gab, noch größer gefeiert als der Geburtstag. Im Soldatenlager hatte ich das Zeitgefühl und den Bezug zu den jüdischen Festen völlig verloren.

„Wann ist Jakobstag?" fragte ich den Onkel.

„Morgen, mein Sohn."

Selbst wenn Claudius uns eine Kutsche geben würde, wären wir bis morgen nicht daheim. Welch ein trauriges Fest für meine Mutter! Weder Jakobus der Ältere noch Jakobus der Jüngere würden dabei sein. Wieder musste ich weinen. Melioch legte tröstend den Arm um mich und führte mich weiter.

Abschied vom HERRN und meinen Freunden

Ich hörte in einiger Entfernung vor uns Stimmen und blickte auf. Wie sehr hatte ich mich in den letzten Tagen darauf gefreut, das vertraute Bild wieder sehen zu können: Jesus in seinem hellen Gewand, an der Spitze einer großen Gruppe Menschen, kam uns entgegen. Alle Kraft schien mich zu verlassen. Keinen einzigen Schritt konnte ich mehr weitergehen. Melioch wollte mich führen, gab sein Bemühen aber bald auf und blieb ebenfalls stehen.

Langsam kam der HERR auf uns zu. Dann stand er vor mir, hob mit seiner Hand mein Kinn hoch und zwang mich, ihn anzusehen. In seinen Augen, die voller Liebe und Mitgefühl auf mir ruhten, las ich, dass er um meinen Schmerz wusste und ihn mittrug.

Mein Onkel begann zu erzählen, doch Jesus unterbrach ihn nach den ersten Worten mit einer ruhigen Handbewegung. Er nahm mich am Arm und führte mich ein wenig abseits der anderen. Im Vorbeigehen streifte mein Blick meine jüdischen Freunde. Sie sahen mich neugierig und fragend an.

Wie gut tat die Stimme des HERRN, der nun zu mir sprach: „Jakobus, frage nicht nach dem Warum. Du hast deinen Vater im Kreis der Glücklichen gesehen und es war *kein* Traum! **Die Zeit trennt euch für eine Weile, die Liebe verbindet euch über die Zeit hinweg.** Zeige deiner Mutter das Bild, erzähle ihr von dem, was du an meiner Seite gesehen und gehört hast. Sei Zeuge all der Wunder, die geschehen können, wenn der Mensch sich als Kind des himmlischen Vaters erkennt. Und wirke diese Wunder selbst."

Aus seinen Worten hörte ich heraus, dass er mich heimschickte. Die kleine Hoffnung, er könne mich bitten, weiter mit ihm zu ziehen, erstarb. Der Engel in mir erkundigte sich: ‚Wie würdest du dich denn entscheiden, wenn er fragen würde?'

Da wurde mir bewusst, dass es mein Herz zerreißen würde, müsste ich mich zwischen der Verantwortung für meine Familie und dem HERRN entscheiden.

„Jesus", fragte ich, „werde ich der Aufgabe gewachsen sein?"

Lange blickte er mir in die Augen, in die Seele, bevor er antwortete: „Du wirst in die Aufgabe hineinwachsen – und über dich hinauswachsen. Du bist nicht allein, vergiss es nicht. Du hast einen römischen Bruder gefunden, der dir zur Seite stehen wird. Du hast einen Engel zur Seite, der dich führt. Und – du weißt: **Weder Entfernung noch Zeit können mich von dir trennen.**"

Er führte mich zurück zu den Wartenden. Sie hatten mittlerweile von Melioch den Grund meiner Traurigkeit erfahren und kamen nun betroffen auf mich zu. Petrus, Jakobus, Judas, Johannes, Jeremiah und David – sie alle umarmten mich tröstend und wünschten mir Kraft.

Jesus führte uns weiter bis zur Einmündung des Weges in die Hauptstraße. Dort umarmte er mich ein letztes Mal und verabschiedete sich auch von Melioch. Einer nach dem anderen meiner lieb gewonnenen Freunde sagte Lebewohl. Alle, bis auf Simeon. Er stand abseits und blieb auch zurück, als die Männer weitergingen. Ich las in seinem Gesicht Zweifel und dieselbe Zerrissenheit, die ich in mir trug. Schließlich kam er auf mich zu und begann zu reden: „Jakobus, ich fühle dasselbe wie du. Nur mit einem Unterschied: Ich verzichte freiwillig darauf, Jesus zu folgen. Und ich weiß nicht, ob ich Recht tue. Du erinnerst dich an die junge Frau, deren kranken Bruder wir beide trugen? Wir lieben uns und ich habe mich entschieden, sie zur Frau zu nehmen und nach Hause zurückzukehren. Ich sprach mit Jesus darüber, der mir riet, nach meinem Herzen zu entscheiden. Er meinte, ich könne ihm auch nachfolgen, ohne an seiner Seite zu gehen. Und es sei genauso wichtig, meiner Familie zuhause – und später unseren Kindern – von ihm zu erzählen. – Jakobus, habe ich richtig gehandelt?"

Da fiel mir das Wort meines Engels ein, das ich beim Verlassen des Lagers vernommen hatte: **‚Du wirst zur rechten Zeit am rechten Ort sein – und das Rechte tun.'**

Genau diesen Satz gab ich an Simeon weiter. Die Zweifel in seinem Blick wurden ein wenig schwächer.

Claudius' Fürsorge für Veronika und mich

Der Blick Meliochs war während unseres Gespräches aufmerksam auf die Straße gerichtet, auf der Jesus weitergewandert war. Nun sah auch ich, dass eine Kutsche neben der Pilgergruppe stand. Ein einzelner Reiter, der sie begleitete, saß eben wieder auf und kam auf uns zugeritten. Als ich ihn erkannte, übermannte mich wieder der Schmerz. Claudius, mein römischer Bruder, kam, um mich zu trösten!

In seiner Miene las ich ein großes Mitgefühl, als wir uns schweigend gegenüberstanden.

„Jakobus, mein Bruder, dein Schmerz ist mein Schmerz. Was immer ich tun kann, ihn zu lindern, werde ich tun. Die Kutsche wird euch schnell nach Hause bringen. Du wirst auch Geld brauchen, mehr, als der Oberste dir bezahlt hat. Ich gebe dir alles, was ich im Moment entbehren kann. Sobald es mir möglich ist, werde ich dich besuchen und sehen, wie ich euch weiterhelfen kann. Da du noch sehr jung bist, wird dir das Schreiben helfen, das ich mit meinem Siegelring bestätigt und mitgebracht habe: die Erklärung, dass du belobigter Schuhmacher des römischen Obersten Befehlshabers dieser Stadt bist, und, damit verbunden, die vorläufige Befreiung von jeglicher Steuerpflicht. Ich weiß nicht, wie lange ich diese Position innehabe, doch so lange gilt die Bescheinigung. Sie wird dir helfen, dich als selbstständiger Handwerker in deiner Stadt auszuweisen. Einerseits freue ich mich, dass mein erstes Siegel unter einem Schriftstück dir zugute kommt, doch hätte ich uns beiden glücklichere Umstände gewünscht."

Nach diesen Worten, die Melioch in Staunen versetzt hatten, führte mich der neue Oberste soweit von meinem Onkel und Simeon weg, dass sie das weitere Gespräch nicht verfolgen konnten.

Er schien zu überlegen, welche Worte er wählen solle, dann fuhr er leise fort: „Ich hatte eben ein Gespräch mit unserem Bruder Jesus. Er schien mich erwartet zu haben, obwohl ich mich gestern bereits von ihm verabschiedet hatte. Jakobus, er bittet mich um etwas, das mich den Kopf kosten kann. Hätte er es gestern schon getan, im Beisein des Obersten, hätte ich es ablehnen müssen. Du kennst Veronika? Jesus bittet mich, sie zu mir zu nehmen – als meine Frau."

Seine Erklärung riss mich aus meinem lähmenden Schmerz. Mit weit aufgerissenen Augen starrte ich ihn an. „Das ist unmöglich, Claudius. Das verstößt gegen die ungeschriebenen Gesetze!"

Er nickte: „Genau das sagte ich zu Jesus. Dieser sprach: ‚Veronika ist in Not. Die Umstände zwingen sie, aus ihrem Heimatort wegzugehen. Sie braucht jetzt einen Mann an ihrer Seite, der sie beschützt und für sie sorgt. Es ist an der Zeit, Schranken zwischen Völkern einzureißen. Wie gelänge dies besser, als durch die Liebe zwischen Mann und Frau?' – Jakobus, was sollte ich darauf entgegnen? Er hat Recht. Ich werde Egregius, der die Kutsche steuert, bitten, Veronika hierherzubringen. Sie wird in der Stadt wohnen, nicht im Lager. Denn ich werde, wenn sie dazu bereit ist, der Bitte des HERRN nachkommen. Dem Kaiser werde ich erklären, dass die Umstände es erfordern, einen politischen Schachzug zu unternehmen. Die Lage zwischen den Juden und den Römern könne dadurch, zu unseren Gunsten natürlich, verbessert werden. Im günstigsten Fall wird meine Position als Oberster gefestigt, im ungünstigsten Fall werde ich des Amtsmissbrauchs und des Landesverrates angeklagt. Du siehst, mein Bruder, auch mein Leben enthält seit einigen Herzschlägen eine Menge Fragezeichen."

Es war zuviel auf einmal. Ich war zu gefangen in meinen eigenen Problemen, als dass ich Jesus' Bitte an Claudius in seiner ganzen Tragweite verstanden hätte. Nur soviel begriff ich: Egregius würde uns nach Hause bringen und auf dem Rückweg Veronika mitnehmen.

Wir kehrten zu Melioch und Simeon zurück. Die Kutsche hielt und Egregius sprang ab, um unsere Bündel aufzuladen. Zum zweiten Mal an diesem Morgen verabschiedete ich mich von Claudius. Er flüsterte mir zu: „Erinnerst du dich an den Segen, den du mir vor Stunden gabst? Ich schenke ihn nun dir!"

Simeon umarmte mich zum Abschied, dann stiegen mein Onkel und ich auf und ließen uns vom treuen Egregius kutschieren. Als wir an Jesus und den Seinen vorbeifuhren, grüßten uns viele Hände. Claudius ritt bis zur Abzweigung, die ins römische Lager führte, neben uns und winkte ein letztes Mal.

Melioch und der Römer Egregius

Melioch war neugierig. Er wollte mehr über Claudius wissen und war sichtlich unzufrieden mit meiner Wortkargheit. So begann er von der Begräbnisfeier zu berichten.

Mein Vater war ein angesehener Handwerker gewesen und deshalb war die Feier gut besucht. Beiläufig erwähnte mein Onkel, wie groß die Auslagen für ihn gewesen seien. Er könne uns zwar noch eine Weile finanziell unterstützen, doch müsse ich bedenken, dass er selbst für eine große Familie zu sorgen habe.

Wortlos griff ich nach meinem Bündel, holte den Beutel mit dem Geld des früheren Obersten hervor und öffnete ihn. Abwehrend schüttelte Melioch den Kopf, doch als er den Inhalt sah, machte er große Augen. Mit unbewegter Miene zählte ich ihm den Betrag, den er genannt hatte, in die Hand, und es blieb mehr als die Hälfte noch übrig. Zusätzlich besaß ich das Geld, das mir Claudius gegeben hatte. Die nächste Zeit würde unsere Familie keine Not leiden. Durch die Beglaubigung des Obersten Befehlshabers war ich zudem legitimiert, selbstständig zu arbeiten – und konnte, ohne Steuern abgeben zu müssen, gut verdienen.

All diese Gedanken gingen mir durch den Kopf und begannen, den Schmerz um den Verlust meines Vaters zu verdrängen. Vor dreieinhalb Wochen war ich als fünfzehnjähriger Junge von zuhause weggegangen, nun würde ich als junger Mann, der für eine Familie zu sorgen hatte, heimkehren.

Nach Egregius' Schätzung würden wir drei Tage unterwegs sein. Er benutzte die gut ausgebauten Hauptwege – im Gegensatz zu Jesus, der uns auf kleineren Nebenstraßen geführt hatte.

So kam ich durch unbekanntes Gebiet und sah größere Städte. Auch bei ihnen fielen mir die Armut vor den Toren und der Reichtum innerhalb der Mauern auf. Mein Blick war geschärft durch die Erlebnisse der letzten Wochen.

Während der Reise erzählte ich meinem Onkel vieles von dem, was ich erlebt hatte. Mit jeder Stunde, die ich meinem neuen Leben näher kam, verstärkte sich in mir die Gewissheit, dass alles Erlebte bis ins Kleinste durchdacht und geplant war.

Bei dieser Erkenntnis angelangt stellte sich mir die Frage, ob dieser göttliche Plan durch den Tod meines Vaters einfach enden konnte. War es nicht vielmehr so, dass das Unglück, das unsere Familie getroffen hatte, ebenfalls Teil dieses Planes sein *musste*? Ja, dass es Voraussetzung war für mein weiteres Leben?

Mein Verstand sträubte sich dagegen, doch meine innere Stimme gab mir Recht. Ich versuchte, mit Melioch darüber zu sprechen. Aber er konnte meinen Gedankengängen nicht folgen. „Wie kannst du nur glauben, der Tod deines Vaters sei notwendig gewesen? Es ist ein großes Unglück, das GOTT nicht verhindern konnte. Doch gegen die Sturheit eines Mannes, der aus falschem Stolz keine Hilfe annehmen will, ist selbst GOTT machtlos", entgegnete er.

Claudius hätte mich verstanden ...

Egregius versorgte uns während der Reise gut. Er hatte haltbar gemachte Speisen dabei und war bemüht, uns die anstrengende Fahrt so angenehm wie möglich zu gestalten. Immer wieder legte er kurze Pausen ein.

Am ersten Abend lenkte er die Kutsche zu einer Herberge, in der er achtungsvoll begrüßt wurde. Er legte dem Wirt ein vom Obersten Claudius besiegeltes Schreiben vor. Ich sah dem Landsmann an, dass er den Text nicht lesen konnte, doch der mündlichen Erklärung unseres Begleiters vertraute. Wir wurden bevorzugt behandelt, erhielten schöne Räume und ein vorzügliches Abendmahl.

Die anderen Gäste der Herberge tuschelten über uns und warfen immer wieder heimliche Blicke in unsere Richtung. Als der Wirt ein längeres Gespräch mit Melioch begann und mein Onkel anfing, vom Grund unserer Reise und der großzügigen Hilfe des Obersten zu erzählen, unterbrach ihn Egregius, indem er den Herbergsvater nach Wein in den Keller schickte. Dann sprach er leise zu Melioch: „Jude, darf ich dich bitten, Schweigen über den Grund unserer Reise zu bewahren? Ich möchte nicht, dass über den Obersten geredet wird. Gerüchte entstehen sehr schnell und nehmen eine Eigendynamik an, die sehr schädlich sein kann."

Meinem Onkel stieg bei dieser Zurechtweisung die Zornesröte ins Gesicht. Mit verkniffenem Mund stand er auf und begab sich in unsere Kammer. Egregius bat mich um Verständnis für sein Eingreifen: „Auf Claudius kommt in nächster Zeit einiges zu. Er handelt im Sinne des Predigers – und es ist ein Handeln, das vom Kaiser als Verrat angesehen werden könnte. Du weißt, dass er mich gebeten hat, sein persönlicher Berater zu sein. Nur – er hört nicht auf mich. Ich glaube, er hat mittlerweile dasselbe blinde Vertrauen in euren himmlischen Vater wie dieser Jesus – und wie du."

Am nächsten Morgen, als Melioch die Zeche für uns beide begleichen wollte, erklärte der Wirt, dass dies bereits der Römer übernommen habe.

Es fiel meinem Onkel schwer, sich bei Egregius dafür zu bedanken. Dieser sagte nachdenklich: „Claudius rechnet dem Wirt die Auslagen als Vorauszahlung seiner Steuerschuld an. Heute Nacht verstand ich, dass es ein eigenartiges System ist, das euer Volk mit unserem Volk verbindet: Ihr bezahlt Steuern, mit denen die Soldaten bezahlt werden, die diese Steuern eintreiben."

Mein Onkel schnappte hörbar nach Luft. „So habe ich das noch gar nicht gesehen. Sind wir wirklich so dumm, unsere eigene Unfreiheit noch zu finanzieren?" fragte er.

Der Römer antwortete: „Was bleibt euch denn anderes übrig? Nur, Jude, vergiss nicht: Mit dem Geld werden, solange es Claudius möglich ist, auch eure Armen – und dein Neffe mit seiner Familie – unterstützt."

Bevor wir weiterfuhren, erinnerte mich ein nachdenklich gewordener Melioch daran, dass heute Jakob-Tag war. Es war üblich, Kindern mit diesem Namen eine Geldmünze zu schenken, und so griff er in seinen Geldbeutel und erfüllte seine Pflicht. Ich nahm mit Tränen in den Augen das Geschenk an, dachte an meine Familie zuhause und fühlte den Schmerz meiner Mutter und Geschwister. Es war das erste Mal in meinem Leben, dass ich diesen Festtag nicht zusammen mit meinen Eltern feiern konnte.

Egregius hatte uns beobachtet und wollte Näheres über den Gedenktag wissen. Als ich ihn aufgeklärt hatte, öffnete auch er seinen Beutel und überreichte mir eine Münze, die im Wert um ein Vielfaches höher war als die meines Onkels. Dazu umarmte er mich und wünschte mir die Kraft, die unser Stammesvater besessen hatte. Missbilligend beobachtete Melioch die Szene.

Auf der Weiterfahrt war mein Onkel sehr in sich gekehrt. Seine Meinung über die Römer war durch die Hilfsbereitschaft des Claudius und durch Egregius' Fürsorge mir gegenüber ins Wanken geraten. Auch ich hielt mich mit weiteren Erzählungen zurück. Über meine Erlebnisse mit Jesus wusste er mittlerweile viel, doch über das, was sich im Lager der Römer zugetragen hatte, bewahrte ich, eingedenk der Mahnung des Egregius, Stillschweigen.

Wir kamen zügig voran, übernachteten wieder in einer Herberge, in der unser römischer Begleiter anscheinend gut bekannt war. Melioch war sehr einsilbig und zog sich nach dem Essen sofort auf die Kammer zurück.

Egregius fragte mich über Veronika aus. Ich fühlte nach innen und erhielt von meinem Engel die Erlaubnis, von meinen Begegnungen mit ihr zu erzählen. Ohne mich zu unterbrechen, hörte er zu.

Als ich geendet hatte, stellte er fest: „Aus deinen Worten spricht eine große Vertrautheit zu dieser Frau. Du redest von ihr, als würdest du sie seit einer Ewigkeit kennen. – Woher will Jesus wissen, dass sie in Not ist?"

Ich sagte ihm den Satz, den der HERR am Abend vor dem Abschiednehmen zu ihr gesprochen hatte: ‚Egal, ob 50 oder 5000 Schritte zwischen uns sind, in unserer Liebe sind wir eins.'

Lange dachte er über den Satz nach, dann fragte er: „Kann es sein, dass zwei Menschen, die sich sehr lieben, miteinander in Verbindung bleiben, auch wenn viele Tagesreisen zwischen ihnen liegen?"

Sein Blick ging dabei in die Ferne. Dachte er bei seiner Frage an sein Zuhause und an eine Frau, die dort lebte? Er hatte noch nie darüber gesprochen, doch glaubte ich jetzt einen heimlichen Schmerz in seiner Miene zu erkennen.

Ich konnte ihm keine Antwort geben, obwohl ich es mehrfach selbst erlebt hatte: Jesus hatte *in* mir gesprochen, ich hatte in seine Augen gesehen – obwohl er zu diesem Zeitpunkt weit von mir entfernt war.

Später lag ich auf dem einfachen Strohlager und dachte über das Gespräch nach. Ich versuchte, mir Veronika vorzustellen. Plötzlich sah ich ihr Gesicht deutlich vor mir. In ihren Augen las ich eine große Angst und Unsicherheit. Mein Herz fragte sie nach dem Grund und erhielt zur Antwort: ‚Die Schriftgelehrten in unserer Stadt verbieten mir zu heilen. Sie nennen mich unrein, weil ich Aussätzige berührt habe, und wollen mich aus der Gemeinschaft ausschließen. Vor unserem Haus versammeln sich jeden Tag Kranke und rufen nach mir. Doch meine Eltern untersagen mir aus Angst vor den Gelehrten, hinauszugehen und ihnen zu helfen. Es wird mir so ergehen wie Simeon. Auch ich werde krank, wenn ich dem Ruf in mir nicht folgen kann. Ich bitte Jesus, mir zu helfen.'

Schweißgebadet schreckte ich hoch. Melioch, der neben mir lag, rüttelte mich an der Schulter. Er glaubte, dass mich der Tod meines Vaters so plagte, und ich ließ ihn dabei.

Er hätte mich nicht verstanden.

Meine Unreinheit

Auch am nächsten Morgen übernahm Egregius das Begleichen der Zeche. Wir fuhren bei Tagesanbruch weiter, um bis zum Abend unser Dorf erreichen zu können.

Es war Sabbat und Melioch bat deshalb den Römer, in der nächsten großen Stadt eine längere Pause einzulegen, damit wir unserer Pflicht zum Besuch der Synagoge nachkommen könnten.

Egregius schien überrascht, lenkte jedoch die Kutsche in die Nähe des großen Gebäudes, das weithin sichtbar auf einer Anhöhe stand. Er stellte sie bei einem Geldwechsler unter und begleitete uns bis in den Vorhof der Synagoge.

Meinem Onkel war dies sichtlich unangenehm. Er bemühte sich, einen größeren Abstand zwischen sich und den Römer zu bringen. Die Blicke der Landsleute, denen wir begegneten, waren neugierig bis offen ablehnend.

Schließlich wandte sich Melioch zu Egregius um und fuhr ihn an: „Bleib zurück, Römer, es ist dir als Ungläubigem nicht erlaubt, weiterzugehen und unserem GOTT näher zu kommen."

Egregius blieb, erstaunt über den unfreundlichen Ton, stehen und blickte mich Hilfe suchend an. Auch ich fühlte mich wie vor den Kopf gestoßen. Mein Onkel hätte es dem Römer auch freundlicher sagen können.

Egregius fasste sich schnell wieder und fragte ihn mit ruhiger Stimme: „Welchem GOTT dienst du? Ist es ein anderer als der, von dem uns Jesus erzählte?"

Melioch witterte die Falle, doch er konnte nicht umhin zu antworten: „Nein, auch Jesus glaubt an den GOTT unserer Väter und heilt in Seinem Namen."

Darauf schien mein Freund gewartet zu haben: „Wie kommt es dann, dass Jesus zu *allen* spricht, auch zu den Römern, die ihm zuhören? Und wie kommt es, dass er auch kranke Römer heilt und Claudius seinen Bruder nennt?"

Melioch sah sich in die Enge getrieben und wusste keine Antwort. So ignorierte er die Fragen und beharrte starrköpfig darauf: „Ein Ungläubiger darf weder unseren Tempel noch eine Synagoge betreten. So sind nun einmal unsere Gesetze. Oder bist du etwa beschnitten, Römer?"

Entsetzt schüttelte der Angesprochene den Kopf und blickte hilflos von meinem Onkel zu mir. Ich senkte den Blick.

„Komm, Jakobus, wir wollen unsere Pflicht erfüllen und unseren GOTT ehren", sprach Melioch und zog mich mit sich. Ich wandte mich zu Egregius um und sah das Unverständnis in seinem Gesicht. Kopfschüttelnd wandte er sich um und ging zur Kutsche zurück.

Im Weitergehen sagte mein Onkel: „Ich habe gesehen, dass du den Römer Claudius beim Abschied umarmt hast. Du bist dadurch unrein geworden. Auch der Kutscher berührt dich immer wieder. Wir werden einen Priester suchen, der dich von deiner Unreinheit rein wäscht. Du hast genug Geld, um eine Sonderbehandlung bezahlen zu können. Lass mich nur sprechen."

Ich verstand ihn nicht. Ich hatte mich von einem römischen Freund verabschiedet und fand auch nichts dabei, dass Egregius mir ab und zu den Arm um die Schultern legte.

Melioch klärte mich auf, dass allein die Berührung durch einen Römer mich zum Sünder mache. Ich konnte mich nicht erinnern, das jemals gelernt zu haben. Mein Vater hatte immer darauf geachtet, dass die von unseren Vätern gegebenen Gesetze eingehalten wurden, doch war ich zuhause nicht mit Römern in hautnahen Kontakt gekommen.

Melioch trat auf einen abseits stehenden Mann zu, der ein Priestergewand trug und sprach leise auf ihn ein. Dieser blickte sich erst lauernd nach allen Seiten um, bevor er mich zu sich heranwinkte. Er führte uns in einen seitlich angebauten Raum und schickte einen jüngeren Schriftenschüler hinaus. Dann nannte er einen Geldbetrag, für den mein Vater eine ganze Woche hätte arbeiten müssen. Das Blut stieg mir in den Kopf, doch Melioch griff nach dem Geldbeutel an meinem Gürtel und nahm die geforderte Summe einfach heraus. Der Priester ließ die Münzen in einer Falte seines Gewandes verschwinden, ergriff eine Schale mit Reinigungswasser und besprengte mich damit von allen Seiten. Dabei sprach er leise Gebete. Kurz danach war ich „rein".

Melioch zog mich schnell in den Vorhof hinaus. „Du hast Glück, mein Sohn. Nach dem Gesetz hätte es Tage gedauert, bis du rein bist. Hüte dich künftig davor, dich von dem Römer berühren zu lassen. Du kannst ruhig Geschäfte mit ihnen machen. Ich werde dir auch römische Kunden schicken. Doch halte Abstand zu ihnen, wenn du in Frieden mit den Schriftgelehrten leben willst."

Viele Männer strömten der Synagoge zu, zogen ihre Schuhe aus, verhüllten ihr Haupt und betraten den Hauptraum. Melioch zeigte auf einen Bereich im hinteren Teil, in dem sich schon einige Jugendliche meines Alters aufhielten. Er selbst würde weiter nach vorn gehen. Nach der Sabbatfeier wollten wir uns vor dem Gebäude treffen, um gemeinsam zum Geldwechsler zurückzukehren und unsere Reise fortzusetzen.

Ich wunderte mich darüber, dass mein Onkel sich nicht an das alte Gesetz unserer Väter halten wollte, das verbot, am Sabbat eine größere Strecke zurückzulegen als den erlaubten Sabbatweg. Maß er mit zweierlei Maß? Oder war durch die Silberlinge aus meinem Beutel auch die Weiterfahrt erkauft?

Die Hetzrede gegen Jesus und meine Flucht aus der Synagoge

Dann stand ich allein zwischen den jungen Männern, die mich neugierig musterten. Unbehaglich sah ich mich um. Die Synagoge war um ein Vielfaches größer als die in unserem Dorf. Auch gab es bei uns keine Reichen, die wie hier augenscheinlich besondere Privilegien genossen. Denn es kam mir so vor, als wäre der Raum in unsichtbare Bereiche eingeteilt:

Ganz vorn, dem Tisch, auf dem die Schriftrollen lagen, am nächsten, standen die Schriftgelehrten und einige Priester. Ich erkannte unter ihnen auch jenen, der mich „rein gewaschen" hatte. Mit andächtigem Gesicht beteiligte er sich an den Zeremonien.

In der vordersten Reihe der Gläubigen standen gut gekleidete Pharisäer, dahinter reiche Kaufleute, prächtig gewandet. Dann folgten die Handwerker. Ärmliche Menschen sah ich überhaupt keine.

Ich erinnerte mich an die Erzählungen des Claudius und Egregius von der armseligen Synagoge in der Armenstadt. Ob es auch in dieser Stadt hier einen gesonderten Versammlungsort für die Armen gab? War es überall im Lande so? Konnte es sein, dass die Menschen in den kleinen Dörfern von dieser Trennung gar nichts wussten? Unser Rabbi hatte nichts dagegen, dass auch die Bettler unserer Gemeinde den Sabbat zusammen mit uns feierten. Voraussetzung war lediglich, dass sie saubere Gewänder trugen. Doch dafür sorgte der Rabbi, der sich nicht scheute, bei den Wohlhabenden deshalb anzuklopfen.

All diese Beobachtungen und Gedanken hatten mich bis jetzt davon abgehalten, der Zeremonie und der anschließenden lauten Predigt des Synagogenvorstandes gebührende Beachtung zu schenken. Doch nun holte mich seine sich fast überschlagende Stimme aus meinen Betrachtungen heraus. Er schrie: „Falsche Propheten ziehen durch das Land, versprechen den Menschen eine Freiheit, die in Wirklichkeit in die Hölle der ewigen Verdammnis führt. Sie stehen mit dem Satan im Bunde. Es scheint, als würden sie Krankheiten heilen, doch in Wirklichkeit nehmen sie den größten Sündern die Strafe, die ihnen von unserem gerechten GOTT zu Recht auferlegt wurde. Allein durch dieses gottesfrevlerische Tun haben sie es verdient, aus dem

Volk des GOTTES unserer Väter ausgeschlossen zu werden. Es ist eure Pflicht, unser Volk gegen diese Gotteslästerer und Satansdiener zu beschützen."

Ein aufgeregtes Gemurmel erhob sich. Ich stand da wie erstarrt. Konnte es sein, dass der Priester von Jesus und seinen Jüngern sprach?

Ich erhob mich auf die Zehenspitzen, um meinen Onkel zu sehen. Sein entsetzter Blick traf mich. Da wusste ich, dass meine Befürchtung wahr sein musste. Eine große Kälte stieg in meinem Herzen auf. Claudius und Egregius hatten mir zwar von der Stimmung gegen den HERRN erzählt, der Anführer der armen Juden hatte es bestätigt. Doch erst in dieser Stunde, in der ich den Hass des Priesters so unmittelbar spürte, verstand ich, in welcher Gefahr sich Jesus und seine Anhänger befanden. Die Armen, die zu ihm hielten, waren nicht hier, um für ihn einzustehen. Die vielen Kranken, die er geheilt hatte, wo waren sie?

‚Und wo bist *du*, um für den HERRN einzustehen?' sprach der Engel in mir.

Ich? Ich war ein fünfzehnjähriger Jugendlicher, dem es verboten war zu sprechen, wenn Erwachsene sich unterhielten.

Das Einzige, das ich tun konnte, war – mich umzudrehen und die Synagoge zu verlassen. Da ich in der vorletzten Reihe stand, fiel es in der allgemeinen Unruhe nur wenigen auf.

Vor dem Gebäude hatte sich mittlerweile eine Anzahl Bettler niedergelassen. Als ich an ihnen vorbeistürmte, hielten sie mir ihre Hände entgegen. Sie erhofften sich nach der Sabbatfeier Almosen von den Reichen. Das Gesetz unserer Väter gestand ihnen dieses Recht zu – und erlegte den Reichen die Pflicht zur Unterstützung auf.

Den wievielten Teil der Bezahlung für meine Reinwaschung würde der Priester ihnen geben?

Wie vom Satan gehetzt rannte ich zum Haus des Geldwechslers zurück. Egregius saß auf der Kutsche und sah mir besorgt entgegen. Mein entsetztes Gesicht beunruhigte ihn noch mehr.

Er wollte mir zu sich hinaufhelfen, doch ich wich vor ihm zurück. Verständnislos ließ er seine Hand sinken. Da wurde mir schmerzlich bewusst, dass die Saat der Angst auch in mir begann aufzugehen.

„Verzeih, mein Freund", stammelte ich, streckte ihm meine rechte Hand entgegen und ließ mir helfen. Es tat so gut, ihm von den Vorfällen der letzten Stunde zu berichten. Doch es fiel ihm schwer zu verstehen: meine Unreinheit, das Erkaufen der „Reinheit", den Ausschluss der Armen, die Hasstiraden des Oberpriesters.

Egregius' Antwort klang besorgt: „Claudius hat Recht. Es wird langsam gefährlich für Jesus. Er macht sich Freunde unter den Armen, doch Feinde unter den Reichen und der Priesterschaft. Sei froh, dass du nicht mehr unter seinen Anhängern bist. Es wird kein gutes Ende nehmen – und es wird nicht mehr lange dauern. – Ich habe deinen Onkel gefragt, ob Jesus an einen anderen GOTT glaubt. Du hast seine Antwort gehört. Doch ich glaube ihm nicht: Jesus spricht von einem anderen GOTT. Von einem Vater, der alle Menschen als Seine Kinder liebt, der keinen Unterschied macht zwischen Männern und Frauen, Reichen und Armen, Gesunden und Kranken, Juden und Römern. Kann es einen solchen GOTT überhaupt geben? – Die Wunder, die Jesus wirkt, bestätigen, dass er die Wahrheit spricht. Doch du hast es eben gehört: Der Priester schreibt die Wunder nicht dem GOTT des Jesus, sondern dem Satan zu."

Meine Hand ergriff erschrocken das Amulett, das ich seit heute Morgen unter dem Gewand trug. Die Schlange – galt sie nicht als Symbol des Satans, des Verführers, des Widersachers GOTTES? Claudius trug sie, die Widerstandskämpfer der Armen trugen sie – und nun auch ich!

Da stürmte Onkel Melioch herbei. Sein Blick war gehetzt und, ohne mit uns zu sprechen, nahm er in der Kutsche Platz und legte die Hände vor das Gesicht.

Egregius spannte wortlos das Pferd wieder vor und lenkte das Gefährt aus der Stadt. Jeder von uns hing seinen dunklen Gedanken nach, jeder von uns war in Sorgen gefangen. Gegen Abend kamen wir in die Nähe meines Heimatortes, doch ich fühlte in mir keine Freude.

Melioch nahm neben Egregius Platz und zeigte ihm den Weg zur Begräbnisstätte. Ich sah, dass er so nah neben dem Römer saß, dass sich ihre Körper berührten. Es schien ihm nichts auszumachen ...

Abschied von meinem Vater und die Heimkehr ins Elternhaus

Dann war der Augenblick gekommen, an den ich die letzten Tage immer wieder mit gemischten Gefühlen gedacht hatte. Ich stand vor der Ruhestätte meines Vaters und musste der schmerzlichen Wahrheit ins Auge sehen: Nie mehr würde er mir gegenüberstehen, nie mehr würde ich seine Stimme hören. Wie oft hatte ich unter seiner vermeintlichen Härte gelitten – jetzt, da es zu spät war, erkannte ich dahinter seinen großen Gerechtigkeitssinn, seinen Weitblick und die väterliche Fürsorge.

Ich versuchte, ein inneres Gespräch mit ihm zu führen. So viel Grund hatte ich, dankbar zu sein für alles, was er mir beigebracht und an mich weitergegeben hatte. Ich hoffte, er könne mich hören. Lange standen wir da, schließlich fasste mich mein Onkel am Arm und führte mich zur Kutsche zurück.

Kurze Zeit später hielt Egregius vor unserem Haus an. Wie fremd erschien es mir. Ich fühlte mich, als sei ich jahrelang von zuhause weg gewesen.

Der erste Blick führte hinauf zum Dach. Wie konnte das Unglück nur geschehen sein? Wie konnte mein Vater vom flachen Dach fallen? Die Worte des Jesus fielen mir ein: ‚Frage nicht nach dem Warum.'

Die Türe öffnete sich und meine Mutter stürzte mir entgegen. Weinend klammerte sie sich an mir fest. Hatte ich mich in den letzten Tagen oft schwach und kraftlos gefühlt, so spürte ich jetzt eine Stärke in mir, die ich an sie weitergeben konnte. Ich war kein Kind mehr, ich war der Mann im Hause, der für unsere Familie sorgen musste und konnte!

Meine Tante Sina, Meliochs Frau, trat zusammen mit meinen jüngeren Geschwistern aus dem Haus. Sie war ein warmherziger Mensch und ich war ihr dankbar, dass sie meiner Mutter in den schweren Tagen zur Seite gestanden hatte.

Aufrecht ging ich auf sie zu, umarmte auch sie und küsste die Kinder. Meine Stimme klang fest und sicher, als ich zu Mutter sprach: „Mach dir keine Sorgen. Jetzt bin ich da."

Meine Geschwister starrten den Römer an, der sie freundlich anlächelte. Er stieg von der Kutsche und wollte ihnen getrocknete Früchte schenken. Ängstlich wichen sie vor ihm zurück.

Da trat mein Onkel auf Egregius zu, streckte ihm die Hand entgegen und sprach: „Egregius, ich danke dir, dass du uns nach Hause gebracht hast. Die Begegnung mit dir und deinem Obersten Claudius hat meine Meinung über euer Volk verändert. Ich bitte dich um Verzeihung, wenn ich euch bisher Unrecht getan habe. Ich sah in euch den Feind und Unterdrücker – jetzt erkenne ich in euch den Menschen – und den Bruder."

Egregius ergriff die dargebotene Hand. Die beiden Männer sahen sich lange in die Augen. Melioch ignorierte, dass mittlerweile Nachbarn neben uns getreten waren und die seltsame Szene argwöhnisch beobachteten. Als mein Onkel den Römer einlud, die kommende Nacht Gast in seinem Hause zu sein und sich für die Rückreise am nächsten Tag auszuruhen, warfen sich die Zuhörer verständnislose, ja sogar empörte Blicke zu.

Melioch schien es nichts auszumachen. Im Gegenteil, es kam mir fast so vor, als wolle er sie noch mehr provozieren. Er legte Egregius seine Hand auf die Schulter und führte ihn zu seiner Frau Sina, um die beiden miteinander bekannt zu machen.

Meine Mutter hatte alles mit leicht hochgezogenen Augenbrauen verfolgt. Nun sprach sie zu mir: „Ich würde dem römischen Hauptmann gerne danken, dass er dich nach Hause gebracht hat. Versteht er unsere Sprache?"

Egregius kam mir zuvor. Er verneigte sich vor meiner Mutter und antwortete selbst: „Mutter meines Freundes Jakobus: Es ist für mich selbstverständlich gewesen. Nur – ich hätte seine Familie gerne unter glücklicheren Umständen kennen gelernt. Ich bewundere Euch um Eure Stärke und beneide Euch um Euren Sohn. Um die Zukunft braucht Euch nicht bange zu sein. Er ist seinem Alter weit voraus. Zudem hat er sich in der Ferne bewährt. Unser Oberster Befehlshaber hat ihn zu seinem persönlichen Schuhmacher ernannt. Mit dieser Legitimation wird es ihm möglich sein, trotz seines jugendlichen Alters die Werkstatt Eures Mannes weiterzuführen."

Erstaunt hatte meine Mutter zugehört, nun ging sie auf den Römer zu, verneigte sich vor ihm und bat ihn zu einem einfachen Abendmahl ins Haus.

Ich warf bei diesen Worten einen schnellen Blick auf unsere Nachbarn. Sie hielten die Luft an, denn das Angebot der Witwe des Schuhmachers war ungeheuerlich: Sie lud, nur kurze Zeit nach dem Tod ihres Mannes, einen fremden Mann ein, Gast im Hause des Verstorbenen zu sein! Und noch dazu einen Römer!

Ahnte Egregius, welche Schwierigkeiten da auf unsere Familie zukommen konnten? Er blickte mich fragend an und deutete meinen erschrockenen Gesichtsausdruck richtig. Dankend lehnte er ab mit der Begründung, müde zu sein und so bald als möglich ein Schlaflager aufsuchen zu wollen.

Auch Melioch und Sina schienen erleichtert über seine Absage. Egregius verabschiedete sich von mir mit dem Versprechen, mich am nächsten Vormittag zum Ältestenrat unseres Dorfes zu begleiten. Er solle mir im Auftrag des Obersten bei den Formalitäten helfen, die mir bevorstanden, wenn ich die Werkstatt meines Vaters übernehmen wollte. Dankbar nahm ich sein Angebot an.

Mein Onkel half seiner Frau in die Kutsche, setzte sich neben den Römer und zeigte ihm den Weg zu seinem Haus.

Mein Onkel Ruben

Dann saß ich in unserer Stube. Schweigend trug meine Mutter das Abendessen auf. Mit neugierigen Gesichtern saßen mir die Geschwister gegenüber. Die Vorfreude auf eine interessante Reiseschilderung schien sie die Trauer um unseren Vater vorübergehend vergessen zu lassen.

Erst als meine Mutter ebenfalls saß, wurde mir bewusst, dass ich ganz selbstverständlich den Platz meines Vaters eingenommen hatte! Erschrocken wollte ich aufstehen, doch Mutter nickte mir zu und sagte leise: „Bleib sitzen. *Du* bist jetzt das Oberhaupt der Familie. In den vergangenen Tagen stellte ich mir oft die Frage, ob du der Verantwortung überhaupt gewachsen bist. Als du mit Jesus gingst, habe ich ein Kind verabschiedet. Doch in den letzten Wochen bist du zum Mann gereift. Ich bin GOTT dankbar dafür, denn sonst würde dein jüngster Onkel nach dem alten Gesetz der Väter die Verantwortung für unsere Familie übernehmen. Und du weißt, dass dein Vater und ich mit seinen orthodoxen Einstellungen nie einverstanden waren."

Beim Gedanken an diese Möglichkeit überzog mich eine Gänsehaut. Nein, mein Onkel Ruben wäre der Letzte, den unsere Familie brauchen könnte! Ich konnte mir vorstellen, wie er meinen Eltern die Hölle heiß gemacht hatte, als er davon erfuhr, dass ich mit Jesus unterwegs sei. Für ihn galt das Wort der alten Schriften – und das Verhalten des Predigers Jesus unterschied sich in einigen Punkten davon.

Jesus – ich versuchte, mir sein Gesicht vorzustellen. Wie sollte ich das, was er uns lehrte, in unserem Dorf leben? Das erste Mal seit meiner Flucht aus dem Tempel hörte ich die Stimme des Engels in mir: ‚Du bist nicht allein. Melioch hat sich von GOTT berühren lassen und wird auf deiner Seite sein.'

Ich spürte den Blick meiner Mutter auf mir ruhen. So viel gab es zu erzählen, doch das Wichtigste sprach ich zuerst aus: „Mutter, ich sah Vater im Kreise einer großen Anzahl glücklicher Menschen. Er lachte und tanzte. Anfangs hielt ich es für einen Traum und, als ich von Onkel Melioch am nächsten Tag erfuhr, dass Vater tot sei, hielt ich das Gesehene für eine Lüge. Doch Jesus sagte: ‚Es war kein Traum. Die Zeit mag dich für eine Weile von deinem Vater trennen, doch die Liebe verbindet euch über die Zeit hinweg.' Jesus bat mich, dir davon zu erzählen. – Mutter, ich habe vorhin an Vaters Grab gestanden und sprach mit ihm. Ich fühlte eine so große Liebe in mir – und seine Nähe."

Die Tränen liefen mir über das Gesicht. Nun fühlte *ich* mich schwach und einsam. Als ich meine Mutter anblickte, saß sie mit geschlossenen Augen da – und lächelte!

„Ich weiß, mein Sohn. Auch ich fühle ihn so nah bei uns. Ich hatte einen ähnlichen Traum. Auch ich sah ihn lächelnd vor mir stehen. Ohne seinen Mund zu öffnen, sprach er: ‚Mach dir keine Sorgen. Jakobus kann alles, was ich ihm beibringen konnte. Und Jesus lehrte ihn, ein **GOTT liebender Mann** zu sein.' Ich wachte auf und dachte mit Schrecken daran, dass dein Onkel Ruben, sollte er den Platz deines Vaters einnehmen, einen **GOTT fürchtenden Mann** aus dir machen würde. Doch meine Angst war unbegründet. Du bist da – und du kannst Vater ersetzen."

Während des Gespräches hatten die Geschwister neugierig zugehört. Jetzt atmeten sie erleichtert auf. So klein sie auch waren, Onkel Ruben als Ersatzvater wollten auch sie nicht.

Mutter brachte die drei Kinder zu Bett. Ich aß ein wenig, dann nahm ich meine Bündel, legte die Schriftstücke des Claudius und den Beutel mit dem Geld auf den Tisch, die verschmutzte Wäsche auf den Boden und ging mit meinem Werkzeug hinüber in die Werkstatt. Alles lag so da, als würde mein Vater jeden Augenblick zurückkommen, um die Arbeit fortzusetzen. Mutter hatte nichts verändert.

Ich nahm den Schuh zur Hand, den er zuletzt in *seiner* Hand gehalten hatte. Es war eine Reparatur, die er nicht mehr vollenden konnte. Wieder wollte die Trauer in meinem Herzen aufsteigen, da fühlte ich Vater ganz nah bei mir. Es schien mir, als wolle er mir sagen: ‚Wie schön, mein Sohn, dass deine *erste* Arbeit als mein Nachfolger das Fertigstellen meiner *letzten* Arbeit sein wird.'

Diesen Satz vergaß ich mein ganzes Leben lang nicht. Er war wie ein Vermächtnis für mich. Ja, alles, was mein Vater angefangen hatte, würde ich vollenden.

Meine Mutter war leise hinter mich getreten. Zum ersten Mal fiel mir auf, dass ich sie um Haupteslänge überragte. Ihr schien es ähnlich zu ergehen, denn sie blickte voller Stolz und Vertrauen zu mir empor.

„Jakobus, dein Vater sagte in jenem Traum noch etwas zu mir: ‚Frage nicht nach dem Warum.' Ich war so dankbar für diese Worte, denn ohne sie wäre ich verrückt geworden – und hätte mich gegen unseren GOTT versündigt."

Ich legte meinen Arm um ihre Schultern und führte sie zurück in die Wohnung. Dort bemerkte ich, dass sie die Schriftrollen geöffnet hatte. Wie dankbar war ich meinem Vater, dass er mich in den vergangenen Jahren zu unserem Rabbi geschickt hatte, um die einfachen Schriftregeln zu erlernen. So konnte ich ihr nun die Legitimation, die in unserer Schrift niedergeschrieben war, vorlesen.

Als sie das viele Geld sah, begann ich, von meinen Erlebnissen mit Claudius und dem alten Obersten Befehlshaber zu erzählen. Bis spät in die Nacht hörte sie mir zu, ohne mich ein einziges Mal zu unterbrechen. Sie verstand mich …

Die Bewährungsfrist

Nach einer viel zu kurzen Nachtruhe klopfte Egregius an die Türe. Meine Mutter wünschte ihm eine gute Reise, bat ihn jedoch nicht noch einmal in unser Haus.

Ich bemerkte, wie bewundernd sie der Römer anschaute. Die Stärke und der Stolz, die sie trotz des Schicksalsschlages zeigte, beeindruckten ihn tief. Ich warf meiner Mutter einen prüfenden Blick zu und musste mir eingestehen, dass sie eine gut aussehende Frau war. Bisher hatte ich sie nur mit den Augen des Sohnes gesehen.

Mein nächster Blick galt Egregius. Konnte es sein, dass ihm meine Mutter gefiel? Er schien meine Gedanken zu erraten, denn er wurde sehr verlegen, verneigte sich höflich vor ihr und verabschiedete sich. Nach dem Besuch beim Ältestenrat wolle er unverzüglich die Rückfahrt antreten. Meine Mutter sprach die Hoffnung aus, er möge uns bald wieder einmal besuchen. Der Römer bedankte sich und hatte es plötzlich sehr eilig.

Ich nahm neben ihm auf der Kutsche Platz und wies ihm den Weg zum Vorsitzenden des Ältestenrats. Es traf sich gut, dass dieser gleichzeitig der Sprecher der örtlichen Handwerker war.
Ich wunderte mich über mich selbst. Kein einziger Gedanke der Unruhe war in mir. Schenkte mir die Zeit mit Jesus schon einen ersten Gewinn? Ich erinnerte mich an sein Wort, bevor er mich mit den Kaufleuten durch das Tal zurückgeschickt hatte: ‚Mach dir keine Gedanken darüber, was du zu Barabbas sagen sollst. Der Engel wird dir die richtigen Worte eingeben.'
Während der Fahrt räusperte sich mein römischer Freund ein paar Mal. Fragend blickte ich ihn an. Es schien ihm etwas auf dem Herzen zu liegen. Endlich sprach er: „Es war ein interessanter Abend im Hause deines Onkels. Seine Söhne sind sehr aufgeschlossen den Römern gegenüber. Das hätte ich gar nicht erwartet, nachdem dich dein Onkel wegen des Umgangs mit uns als unrein bezeichnet hat. Sie waren alle sehr begierig darauf, etwas von unserer Kultur – und von unseren Göttern zu erfahren. Spätabends bekamen sie noch Besuch: Deinen Onkel Ruben. Er weigerte sich jedoch, zusammen mit einem Römer am Tisch zu sitzen. So ging Melioch mit ihm nach draußen. Nach kurzer Zeit wurden die beiden so laut, dass auch ich ihren Disput verstand. – Dieser Ruben ist mir nicht sympathisch. Nimm dich vor ihm in Acht. Er wird dir Steine in den Weg legen, wo immer er kann. Er wartet nur auf dein Versagen, um dann als Retter in der Not aufzutauchen und sich in das gemachte Nest zu setzen. Diese Worte sind nicht von mir, sondern von deiner Tante Sina. Sie sprach später mit ihrem Mann darüber, ohne zu ahnen, dass ich lauschte. Sie bat Melioch, dich so gut es ihm möglich sei, zu unterstützen und er versprach es. Wende dich an ihn, wenn du Hilfe brauchst. Ihm vertraue ich."
Mittlerweile waren wir beim Haus des Gemeindeältesten angekommen. Er schien uns zu erwarten, ja – er schien nicht einmal überrascht, einen römischen Hauptmann an meiner Seite zu sehen. Augenscheinlich hatte der Nachrichtendienst durch unsere Nachbarn gut funktioniert.

Nach dem ehrlichen Bekunden des Mitgefühls sprach er voller Erleichterung davon, dass mein Onkel Ruben bereit sei, die Verantwortung für unsere Familie zu übernehmen. Fragend blickte mich Egregius an. Mit fester Stimme antwortete ich dem Ältesten: „Das wird nicht nötig sein. Ich bin in der Lage, für unsere Familie zu sorgen. Ich habe die Legitimation und die Erlaubnis dazu vom Obersten Befehlshaber des römischen Soldatenlagers. Sein Bevollmächtigter hier wird es euch gerne noch mündlich bestätigen."

Erstaunt über meine Selbstsicherheit – und wohl auch ein wenig verärgert darüber – zog er die Augenbrauen hoch, nahm die ihm entgegengehaltenen Schriftstücke zur Hand und las sie langsam.

Abschätzend blickte er den Römer an meiner Seite an. Egregius stand aufrecht neben mir, bereit, für mich Partei zu ergreifen. Doch dies war nicht nötig. Sorgfältig rollte der Älteste die Schriftstücke wieder zusammen, gab sie mir zurück und sprach mit säuerlicher Miene: „Du musst großen Eindruck auf die Römer gemacht haben, wenn du sogar von der Steuer befreit bist. Doch ich glaube, du stellst es dir zu leicht vor. Du hast keine Ahnung von der Geschäftsführung. Wir wollen dir die Möglichkeit geben, es zu versuchen. Ich werde mit deinem Onkel Ruben sprechen. In drei Monaten werden wir endgültig entscheiden, ob du der Verantwortung gewachsen bist oder nicht."

Er warf einen unfreundlichen Blick auf Egregius und fügte hinzu: „Du kannst ja, wenn es dir in unserer Gemeinschaft nicht mehr gefällt, zu den Römern gehen."

Damit waren wir entlassen. Ich hatte sehr wohl verstanden, was er mir, ohne es direkt auszusprechen, damit sagen wollte. Egregius hatte kein einziges Wort gesprochen, doch allein seine Anwesenheit hatte mir innere Ruhe und Sicherheit vermittelt.

Abschied von Egregius

Ich bat, ihn noch bis zum Ortsende begleiten zu dürfen. Schweigend saßen wir nebeneinander auf der Kutsche. Die wenigen Dorfbewohner, denen wir begegneten, sahen uns neugierig nach.

Dann war es soweit: Unsere Wege trennten sich. Egregius würde auf dem Rückweg Veronika aufsuchen und ihr von der Bitte des Jesus und dem Angebot des Claudius erzählen. Ich bat ihn, ihr Grüße und meinen Segen auszurichten.

Bevor ich abstieg, umarmten wir uns. „Jakobus, du wirst es nicht leicht haben. Doch du hast die Kraft dazu – und deinen himmlischen Vater an der Seite. Wann immer du Hilfe brauchst, du weißt, wo wir zu finden sind."

Mehr Worte waren nicht nötig. Er griff unter sein Gewand, brachte einen prall gefüllten Geldbeutel zum Vorschein, aus dem er für sich einige Silberlinge entnahm, bevor er ihn mir überreichte. Verständnislos blickte ich ihn an.

„Der Wirt der letzten Herberge hatte größere Steuerschulden und bezahlte sie mir. Ich glaube im Sinne deines Freundes Claudius zu handeln, wenn ich dir das Geld überlasse. Hätte der Oberste es bei deiner Abreise besessen, wäre es da bereits in deinen Händen gewesen. Du siehst, ich lerne schnell von meinem Vorgesetzten. Er hat mich zu einem Hauptmann erhoben, der ich nach meiner einfachen Abstammung nie sein dürfte. Auch hier hat er gegen die römischen Gesetze gehandelt. Wahrscheinlich dauert mein Hauptmann-Status nur so lange, wie er selbst Oberster sein wird. Doch so lange wollen wir das Beste daraus machen. – **Dieser Jesus, was macht er nur aus den Menschen? Es scheint, dass alle, die sich von ihm berühren lassen, den gesunden Menschenverstand verlieren – ich eingeschlossen."**

Er lachte, doch seine Augen blickten dabei ernst. In diesem Moment wurde mir zum ersten Mal die Tragweite der Verantwortung bewusst, die ich übernommen hatte. Es schien, als hätte ich seit der Ankunft zuhause völlig vergessen, erst fünfzehn Jahre alt zu sein.

Noch bevor Angst in mir aufsteigen konnte, hörte ich die Stimme des Engels in mir: ‚Mache dir keine Sorgen wegen morgen. Der himmlische Vater sorgt in jedem Augenblick für Seine Kinder.'

Mir war nicht einmal bewusst, dass ich diese Worte laut ausgesprochen hatte; erst als Egregius sich dafür bedankte, merkte ich, dass der Engel nicht nur mir Mut und Vertrauen geschenkt hatte.

Immer noch hielt ich den Geldbeutel in der Hand. Ja, der himmlische Vater sorgte gut für mich. Als ich mich bei Egregius bedanken wollte, schüttelte er den Kopf. „Du hast mir mehr gegeben, als ich je wieder gutmachen könnte."

Wenige Atemzüge später sah ich seine Kutsche hinter einer Wegbiegung verschwinden. Ich schickte ihm schnell noch einen Segen hinterher.

Wer ist *für* mich?

Nachdenklich ging ich nach Hause. Unterwegs begegnete ich einigen Dorfbewohnern. Sie wussten nicht so recht, wie sie mit mir umgehen sollten. Wurde schon über mich und meine ungewöhnliche Beziehung zu den römischen Besatzern gesprochen?

Nachdem ich meiner Mutter kurz von der Unterredung mit dem Ältesten berichtet hatte, ging ich hinüber in die Werkstatt. Über den Besuch Rubens bei Onkel Melioch schwieg ich.

Bevor ich mit der Arbeit begann, hielt ich noch einmal innere Zwiesprache mit meinem verstorbenen Vater. Ich bat ihn um seinen Segen – und um seine Hilfe, falls ihm dies möglich sein sollte. Eine große Wärme und Kraft durchströmten mich, als ich anschließend die von ihm begonnene Reparatur zur Hand nahm – und vollendete.

Gegen Mittag hörte ich vom Wohnraum herüber eine laute und ärgerliche Männerstimme. Ruben! Wenig später stürmte er in die Werkstatt, gefolgt von meiner eingeschüchterten Mutter.

Ich erhob mich ruhig, grüßte ihn und wollte wieder Platz nehmen, um meine Arbeit fortzusetzen. Doch er riss mich am Gewand hoch und schrie mich an: „Wie kannst du es wagen, meine Hilfe für eure

Familie abzulehnen? Ich bin bereit, meiner gesetzlichen Pflicht nachzukommen und für euch fünf zu sorgen. Du machst mich lächerlich im ganzen Ort."

Ruhig blickte ich ihm in die Augen. Auch bei ihm wurde mir zum ersten Mal bewusst, wie groß und stark ich geworden war. Langsam hob ich meine Hände, umfasste mit festem Griff seine beiden Fäuste, die immer noch mein Gewand festhielten, und presste sie zusammen, bis er schmerzhaft aufstöhnte und mich losließ.

„Onkel Ruben, ich danke dir für dein Angebot. Doch bin ich erwachsen genug, um die Verantwortung für uns selbst zu übernehmen. Ich bin sicher, mein Vater wäre mit meiner Entscheidung einverstanden. Er hat einen guten Schuhmacher aus mir gemacht, sodass ich ein würdiger Nachfolger für ihn bin."

Sein Gesicht war vom Zorn verzerrt, als er hervorstieß: „Du hast keine Ahnung von Geschäften. Du magst wohl ein guter Handwerker sein, doch mit Geld kannst du nicht umgehen. Ihr werdet sehr bald als Bettler dastehen."

Diesmal ließ ich mich provozieren. Ich ging eilig nach nebenan, holte die Schriftstücke des Claudius und hielt sie ihm unter die Nase. Er nahm sie mir ab und versuchte, sie zu entziffern. Ich wusste, dass er dazu nicht in der Lage war. Im Gegensatz zu meinem Vater – und zu mir – hatte er es nie für nötig befunden, die Schrift zu erlernen.

Und *er* wollte mir weismachen, der bessere Geschäftsmann zu sein? Dass ich ihm seine Unterlegenheit so überdeutlich zeigte, verstärkte seinen Ärger noch mehr. Da holte ich zum größten Triumph aus: Ich griff zum Beutel an meinem Gürtel und schüttete das Geld, das Egregius mir gegeben hatte, auf den Tisch. Er machte große Augen, als ich sprach: „Ich habe gut gearbeitet und gut verdient. Und ich habe gute Freunde, die uns unterstützen. Wir werden keine Not leiden, weder jetzt noch später."

Wutentbrannt wandte er sich um und stürmte hinaus. Meine Mutter trat mit ungläubigem Blick näher und fragte: „Woher hast du das viele Geld?" Sie konnte es gar nicht glauben, dass die Fürsorge meiner römischen Freunde so groß war, viel größer als die Fürsorge der eigenen Verwandten.

So verging mein erster Arbeitstag als selbstständiger Schuhmacher. Das Einzige, was mich verwunderte, war, dass kein Kunde die Werkstatt betrat – weder, um eine fertige Reparatur abzuholen, noch um defektes Schuhwerk zu bringen.

Am Abend besuchte uns Melioch. Er machte ein besorgtes Gesicht, lange dauerte es, bis er es aussprechen konnte: „Es wird über euch geredet – und über uns, weil der Römer zu Gast war. Heute war kein einziger Kunde bei mir."

Onkel Melioch war Gerber, der in der Werkstatt von seinem ältesten Sohn unterstützt wurde. Als er hörte, dass auch mich niemand aufgesucht hatte, schüttelte er voller Bedenken den Kopf. „Ich werde morgen mit dem Rabbi darüber reden. Vielleicht kann er für uns Partei ergreifen." Nach kurzer Pause fuhr er fort: „Ruben war heute Nachmittag bei mir. Er ist sehr verärgert über deine Selbstsicherheit und sieht seinen Stolz verletzt. Ihr wisst, dass er sich an die alten Gesetze hält und aus diesem Grund der Verpflichtung, für die Familie seines verstorbenen Bruders zu sorgen, nachkommen wollte. Dass er sich davon einen großen Nutzen erhoffte, brauche ich euch nicht zu sagen. Ihr kennt ihn. Er würde dich, Jakobus, mit Freude als Schustergesellen behalten, der für ihn arbeitet. Nur – *er* will der Geschäftsmann sein. Nimm dich in Acht vor ihm. Er ist zwar mein Bruder, doch du weißt, dass ich mit seiner Art, auf Kosten anderer zu leben, nicht einverstanden bin, ebenso wenig wie es euer Vater war."

In meinem Bauch entwickelte sich langsam eine Wut auf Ruben. Tief aus meinem Herzen tauchte die leise Stimme meines Engels auf: ‚Selig sind die Barmherzigen' – doch ich hörte nicht auf sie.

Voller Zorn schrie ich: „Dieser Hund! Um seines eigenen Vorteils willen ist er bereit, mich fertigzumachen!"

Meine Mutter hielt vor Schreck über meinen Ausbruch die Luft an. Ich erwartete eine scharfe Rüge von ihr, doch als ich sie herausfordernd anblickte, senkte sie den Kopf und schwieg. Sie zeigte mir, dass sie mich als Erwachsenen, als Familienoberhaupt akzeptierte, das seine eigene Meinung auch lautstark äußern durfte.

Ich richtete mich auf und sah Onkel Melioch kampflustig an. Es schien, als hätte er mir noch nicht alle Hiobsbotschaften mitgeteilt.

Beschwichtigend legte er seine Hand auf meinen Arm: „Bleib ruhig, nur so kannst du es mit ihm aufnehmen. – Vorhin war eine Abordnung des Ältestenrats und der Handwerker bei mir. Ruben hat sie gegen dich aufgehetzt. Er behauptet, du würdest das Erbe unseres Vaters durch deinen Stolz und Hochmut zu Grunde richten und eure Familie an den Bettelstab bringen. Der Älteste will zwar zu dem dir gegebenen Wort auf eine dreimonatige Bewährungsfrist stehen, doch braucht er dazu die Einwilligung der Handwerker. Sie sprechen dir dein fachliches Können nicht ab, sind aber ebenso wie Ruben der Meinung, du hättest zuwenig Ahnung von Kalkulation und Geschäftsführung. Der Älteste hat für übermorgen eine Sitzung einberufen, zu der er dich morgen persönlich einladen wird. Ich sage dir dies, damit du dich darauf vorbereiten kannst – und ruhig bleibst!"

Seine Worte verstärkten den Zorn in mir nur noch. Er sah mir wohl an, dass es das Beste sei, uns jetzt allein zu lassen. Was ihm nicht gelänge, könnte vielleicht meine sanftmütige Mutter zu Wege bringen. Schnell verabschiedete er sich und ging, doch er ließ die Angst zurück.

Auch Mutter konnte mich nicht beruhigen. Sie versuchte zu erklären, woher der Neid und die Missgunst ihres jüngsten Schwagers kamen. Mein Großvater, der seine gut gehende Schusterwerkstatt dem geschickten ältesten Sohn, meinem Vater, übergeben und einen Großteil seines Angesparten Onkel Melioch zur Verfügung gestellt hatte, der daraus eine Gerberei aufbaute, musste mit ansehen, wie sein jüngster Sohn Ruben den ihm ausgezahlten Anteil sinnlos verprasste. Das Familienoberhaupt jagte ihn aus dem Haus und die Familie hörte, bis zum Tod des Vaters, nichts mehr vom verlorenen Sohn. Eines Tages tauchte er wieder auf, mit leeren Händen und leeren Taschen.

Eine Zeit lang wurde er von seinen Brüdern unterstützt, aber da er keine Anstalten machte, selbst für seinen Lebensunterhalt aufzukommen, entzogen sie ihm schließlich ihre Hilfe. Zwar konnte er in den Werkstätten der beiden Brüder mitarbeiten, was ihm aber nicht sonderlich gefiel. Womit genau er sich über Wasser hielt, wusste keiner. Doch erfüllte er strikt die alten Gesetze, und scheute sich nicht, seine Mitmenschen wegen deren vermeintlicher Übertretung beim Rabbi oder dem Ältestenrat anzuzeigen.

All diese Erklärungen, durch die meine Mutter versuchte, Verständnis für Ruben in mir zu erwecken, erreichten genau das Gegenteil. Dieser Nichtsnutz, dieser faule Tagedieb! Ich würde es nicht zulassen, dass er uns zu Grunde richtete!

Meine Mutter gab ihre vergeblichen Bemühungen auf und ging zu Bett. Ich suchte noch einmal die Werkstatt auf und betrachtete die restlichen Reparaturen. Sie würden mich für knapp zwei Tage beschäftigen – und dann? Eine leise Stimme meldete sich in mir: ‚Sorge dich nicht um morgen, der morgige Tag wird für sich selbst sorgen!'

Verärgert dachte ich: ‚Ja, für morgen und die nächsten Tage ist dank der Römer gut gesorgt. Doch dann?'

Die leise Stimme meldete sich nicht mehr ...

Wenn GOTT für dich ist, wer will gegen dich sein?

An jenem Abend fand ich GOTT nicht. Ich war überzeugt, Er habe mich vergessen. In mir wechselten sich Angst, Sorge und Wut ab.

Am nächsten Morgen glaubte ich, kein Auge zugetan zu haben. Ich fühlte mich verlassen von allen Menschen, die mir helfen konnten. Die ganze Welt war gegen mich. Noch einmal versuchte der Engel in mir, sich Gehör zu verschaffen: ‚Wenn GOTT für dich ist, wer will gegen dich sein, Jakobus?'

War GOTT für mich? Dann sollte Er mir helfen! Dann sollte Er Onkel Ruben zur Vernunft, die Menschen, die über unser Schicksal entscheiden konnten, auf meine Seite bringen und mir die Werkstatt mit zufriedenen Kunden füllen!

Er tat keines dieser Dinge! Missmutig setzte ich mich an die Werkbank und bearbeitete ohne große Freude den nächsten Schuh.

Am Vormittag kam meine Mutter zu mir, um mich darauf aufmerksam zu machen, dass sich vor unserem Hause Bettler niedergelassen und ihr die Hände entgegengestreckt hätten, als sie Besorgungen machen wollte.

Was konnte das bedeuten? Meine Mutter hatte nur eine Erklärung dafür: Wenn Ruben im Ort erzählt hatte, wie viel Geld wir besaßen, würden die Armen ihren Anteil verlangen. Und Onkel Ruben würde darauf achten, dass wir das Gesetz der Alten einhielten: Den zehnten Teil!

Wir waren nicht reich! Das Geld, das ich hatte, würden wir selbst brauchen, wenn wir weiterhin von den Dorfbewohnern ausgegrenzt würden. Doch diesen Einwand ließ meine Mutter nicht gelten: „Im Moment sind wir reich, um ein Vielfaches reicher als die meisten im Ort. Wir werden das Gesetz erfüllen. Bring das Geld zum Rabbi, damit er es gerecht verteilt. Ich werde es den Bettlern sagen."

Mit diesen Worten, die keinen Widerspruch duldeten, ging sie nach draußen. Ja, ebenso hätte sie mit Vater gesprochen und ebenso wenig wie ich hätte er eine Gegenrede gewagt. Ich liebte sie und war ihr dankbar für ihre Stärke. In diesem Moment löste sich etwas in mir. Der große Stein, der in meinem Bauch gelegen hatte, die dicke Kette, die mein Herz eingeschnürt hatte, sie lösten sich einfach auf.

Wie dankbar war ich, die Stimme des Engels zu hören: ‚Erinnerst du dich, Jakobus: **Angst und Liebe vertragen sich nicht. Wenn die Angst auftaucht, zieht sich die Liebe zurück – und wartet."**

Ich schämte mich so sehr für all den Hass und Zorn – Gefühle, die mich die letzten Stunden vom himmlischen Vater getrennt hatten. Meine Reue war so groß, dass ich auf die Knie fiel und GOTT um Vergebung bat. Mit geschlossenen Augen kniete ich am Boden und wagte nicht, Ihn um Seine Hilfe zu bitten.

Da sah ich Jesus vor mir, sein gütiges Gesicht, seine liebevollen Augen, und er sprach: ‚Jakobus, **ich sehe keine Schuld in dir. Du hast so gehandelt, weil du nicht anders konntest. Dein Schmerz ist groß, doch um ein Vielfaches größer würde er, wenn du weiterhin so handeln würdest.'**

Ich erinnerte mich an ähnliche Worte, die der HERR im Hause des reichen Kaufmannes zu mir gesprochen hatte. Ja, er hatte Recht. Niemand, außer mir selbst, hatte durch mein Verhalten Schaden genommen und es hatte mir keinen Nutzen gebracht. Der HERR sprach weiter: ‚Mach dir keine Gedanken, was du sagen sollst. Der

Engel in dir wird dir die rechten Worte eingeben. Ich bin bei dir, vergiss es nicht, egal ob 50 oder 5000 Schritte uns trennen.'

Immer noch liefen Tränen über mein Gesicht, doch nun waren es Tränen der Erleichterung. Ich fühlte mich Jesus so nahe, alle Angst, alle Wut war verschwunden. Ja, ich freute mich auf den heutigen Tag und auf die Anforderungen, die er mir bringen würde. Ich war bereit!

Der Segen des alten Rabbi

Der erste Weg führte mich in meine Kammer, wo ich das Geld der Römer sorgfältig abzählte, den zehnten Teil in einen Beutel tat und mich damit zum Rabbi begab.

Vor unserem Haus war kein Bettler mehr zu sehen. Auf der Straße grüßte ich jeden, dem ich begegnete, offen und freundlich. Erstaunt und zurückhaltend erwiderten sie meinen Gruß.

Der Rabbi war erfreut, mich zu sehen. Überrascht nahm er das Geld entgegen. In seinem Blick war Hochachtung vor diesem Jugendlichen, der es sich zutraute, für seine Familie zu sorgen.

Lange schon kannte er mich, hatte mich unterrichtet und ich glaubte, dass er mit der Lehre des Jesus keine großen Schwierigkeiten haben würde. Nun sprach er: „Jakobus, ich sehe, dass du ein Mann geworden bist. Ein Mann, der sich an die Gesetze GOTTES hält. – Ich würde gerne erfahren, was du an der Seite dieses Jesus gehört und erlebt hast. Ich habe ihn kennen gelernt und beneide dich um das Geschenk, ihn eine Weile begleitet zu haben. Wenn du willst, erzähl mir davon, sollte es deine Zeit einmal erlauben. – Dein Onkel Melioch war heute Morgen bei mir und bat mich, für euch ein gutes Wort einzulegen. Aber ich glaube, das wird gar nicht nötig sein. Von dir geht eine solche Kraft aus, um dich ist mir nicht bange. Doch lass mich trotzdem einen Segen für dich sprechen."

Er breitete seine Arme aus und, da er ein ganzes Stück kleiner war als ich, kniete ich mich vor ihm nieder und schloss die Augen. Er sprach mit kraftvoller Stimme:

„Verlasst euch nicht auf die, die Macht und Einfluss haben!
Sie sind auch nur Menschen und können euch nicht helfen.
Sie müssen sterben und zu Staub zerfallen,
und mit ihnen vergehen auch ihre Pläne.
Wie glücklich aber ist jeder,
der den Gott Jakobs zum Helfer hat
und seine Hoffnung auf ihn setzt,
auf den Herrn, seinen Gott!

Der Herr hat die ganze Welt geschaffen:
Den Himmel, die Erde und das Meer,
samt allen Geschöpfen, die dort leben.
Seine Treue ist unwandelbar:
Den Unterdrückten verschafft er Recht,
den Hungernden gibt er zu essen,
er befreit die Gefangenen,
er macht die Blinden sehend,
er richtet die Verzweifelten auf,
er beschützt die Gäste und Fremden im Land
und sorgt für die Witwen und Waisen.
Der Herr liebt alle, die ihm die Treue halten,
aber die Pläne der Treulosen vereitelt er.
Der Herr bleibt König für alle Zeiten!
Zion, dein GOTT wird herrschen
von Generation zu Generation!
Preist den Herrn – Halleluja!"[4]

Und er fügte hinzu: „Der GOTT unserer Väter ist auf deiner Seite, Jakobus. Sorge dich nicht."

Eine große Kraft durchströmte mich. Von seinen Händen ging dieselbe Liebe aus wie von Jesus' Händen. Da wusste ich: Jesus war mir durch den alten Rabbi nahe, *Jesus* selbst segnete mich!

---

[4] Psalm 146.3 – 10.

Dankbar verabschiedete ich mich von meinem alten Lehrer und ging beschwingt und frei nach Hause. Meine Mutter erwartete mich bereits ungeduldig: „Der Älteste war da und bittet dich, übermorgen um die elfte Stunde im Versammlungsraum zu sein. Er machte ein sorgenvolles Gesicht, doch er versprach mir, sich für dich einzusetzen. Es sind schon zwei, dein Onkel Melioch und er, die für dich sprechen werden."

Lachend antwortete ich: „Nein, Mutter, es sind drei: Mein Engel spricht für mich." Ich hatte ihr bereits in der Nacht meiner Ankunft von meinem Engel erzählt. Nun weihte ich sie in mein inneres Hören vom heutigen Morgen ein. Wie glücklich war sie, mich ruhig und gelassen zu sehen.

Der Rahmen für meine wahre Berufung

Jetzt machte mir die Arbeit wieder Freude. Seit meiner Rückkehr waren einige Paar Schuhe repariert und warteten darauf, abgeholt zu werden.

Gegen Mittag suchten zwei Nachbarinnen die Werkstatt auf. Sie machten einen erbosten Eindruck auf mich. Ihr Ärger galt aber, wie ich wenig später erleichtert erfuhr, nicht mir, sondern ihren Ehegatten. Der eine hatte seiner Frau verboten, ihre Schuhe bei mir abzuholen, der andere verweigerte seiner Gemahlin die Erlaubnis, kaputtes Schuhwerk zu mir zu bringen. Er hatte selbst stümperhaft versucht, den Schuh zu reparieren. Sie schimpften über den Starrsinn der Männer und waren stolz auf ihre Stärke, dem Verbot zu trotzen. Freundlich händigte ich die reparierten Schuhe aus.

Die Besitzerin war eine ärmliche Frau und ich erinnerte mich an den Schustermeister Maniech, als ich ihr jetzt einen niedrigen Preis für meine Arbeit nannte. Freudig überrascht zählte sie mir die Münzen in die Hand, blieb jedoch noch stehen.

Die andere Frau reichte mir ihren Schuh, an dem sich die Sohle gelöst hatte. Ich bot ihr an, darauf zu warten, denn es war nur eine

Kleinigkeit für mich, die wenigen Stiche zu setzen. Erfreut nahmen beide das Angebot an.

Sie begannen, über das schreckliche Unglück zu sprechen, das meine Familie getroffen hatte. Erst dieses Gespräch erinnerte mich daran, dass ich eigentlich mit Traurigkeit erfüllt sein müsste. Ich fühlte tief in mein Inneres, doch da war nur Dankbarkeit für meinen geliebten Vater und Freude an dem Talent, das er mir vererbt hatte. Warum sollte ich Trauer heucheln, wenn ich von Freude erfüllt war? Die Frauen verstanden meinen Gemütszustand nicht, tauschten immer wieder heimliche Blicke aus, gaben es aber schließlich auf, über die Tragödie zu sprechen.

Ein paar Minuten herrschte verlegenes Schweigen, dann bat mich die ärmere Frau, ihnen doch etwas aus den Tagen meiner Wanderschaft zu erzählen. Ich fühlte nach innen, da schenkte mir mein Engel die Erinnerung an das Gleichnis vom alten König, der seine drei Söhne mit einer Flamme seines Herdfeuers ausschickte. Unverzüglich fing ich an, es ihnen zu erzählen. Mit offenen Mündern standen sie da und hörten gefesselt zu.

Als ich endete, war auch der Schuh repariert. Ich verlangte den Preis, der mir für die reichere Frau angemessen schien. Im ersten Moment stutzte sie, denn er lag um einiges höher als das Entgelt, das die andere bezahlt hatte. Dann besann sie sich, zählte mir die Münzen in die Hand und sagte lächelnd: „Du bist deinem Vater ähnlich. Und das darfst du ruhig als Lob verstehen."

Gelöst saß unsere Familie am Mittagstisch. Obwohl wir reichlich Geld besaßen, trug meine Mutter ein einfaches Mahl auf. Sie hatte das Talent, aus Wenigem Bestes zu zaubern. Mein Vater war gesegnet gewesen, solch eine großartige Frau an seiner Seite gehabt zu haben. Und wir Kinder waren gesegnet, solch eine großartige Mutter um uns zu haben.

‚Warum sagst du ihr das nicht?' fragte der Engel in mir.

Ich kam seinem Anstoß unverzüglich nach. Bei meinen Worten errötete sie, ein paar Tränen liefen über ihre Wangen, aber die Freude, die aus ihren Augen strahlte, zeigte mir, dass es keine Tränen des Schmerzes waren.

Auch an jenem Abend saßen Mutter und ich lange beisammen. Viele Fragen stellte sie mir und ich wunderte mich, wie gut ich alles beantworten konnte. Oft schien es mir, als warte die Antwort schon in meinem Herzen, noch bevor sie ihre Frage richtig ausgesprochen hatte. Ich fühlte mich dem HERRN so nahe.

Der nächste Tag brachte mehrere Überraschungen. Bereits am Vormittag betraten vier Frauen gemeinsam die Werkstatt. Zwei von ihnen holten ihre reparierten Sandalen ab, die beiden anderen legten mir kaputtes Schuhwerk auf die Werkbank. Doch sie gingen nicht, sondern standen unschlüssig herum.

Schließlich wagte die Älteste von ihnen zu sprechen: „Jakobus, du warst doch mit diesem Jesus unterwegs. Als er in unserem Ort predigte und heilte, erlaubten uns unsere Männer nicht hinzugehen. Doch wir hörten, dass er wunderschöne Geschichten von seinem Vater im Himmel erzählt. Kannst nicht *du* uns ein bisschen davon weitergeben?"

Mein Herz machte vor Freude einen Sprung. Was gab es Schöneres für mich, als vom HERRN zu sprechen, seine Gleichnisse zu erzählen, Menschen für ihn zu begeistern? Sie mussten nicht lange bitten.

Diesmal zeigte mein Engel mir die Bilder des Brunnens, den der Hausbesitzer vergessen hat. Während ich ihre Schuhe reparierte, saßen sie auf dem Boden und lauschten. Es war bereits gegen Mittag, als ich fertig wurde – sowohl mit der Arbeit meiner Hände als auch mit dem Erzählen der Geschichte. Sie schienen darüber die Zeit ganz vergessen zu haben und hatten es plötzlich sehr eilig heimzugehen. Als ich den Lohn für die Reparaturen verlangte, gaben sie mir eine Münze mehr. „Ihr werdet es brauchen", meinte die Älteste.

Dieser Satz brachte mich in die Gegenwart zurück. Ich sah mich in der Werkstatt um. Alle Schuhe waren repariert und warteten auf das Abholen. Was sollte ich heute Nachmittag tun?

Der Engel gab Rat: ‚Warum machst du es nicht wie Maniech und stellst Schuhe auf Vorrat her? Du hast Leder genug. Ich werde dir beim Zuschneiden helfen. Habe ich es nicht schon einmal getan, als du die Sandalen für Simeon gefertigt hast?'

Ich erinnerte mich an die verschieden großen Schuhe und musste laut lachen. Mein Engel, den ich mir bisher als erhaben und unnahbar vorgestellt hatte, zeigte sich mir immer mehr als Freund.

Die Menschen messen mit zweierlei Maß

Als wir beim Mittagsmahl saßen, betete unsere Mutter einen alten Dankespsalm. Ich segnete die Speisen mit derselben Kreisbewegung, mit der es Jesus immer tat. Die Geschwister sahen aufmerksam zu.

Bevor ich in die Werkstatt zurückkehrte, teilte ich meiner Mutter den Entschluss mit, Schuhe auf Vorrat herzustellen. Sie schien überrascht, erhob jedoch keinen Einwand dagegen. So saß ich wenig später an der Werkbank und bat meinen Engel, mir das richtige Maß zu zeigen. Gemeinsam fingen wir die Arbeit an.

Nachmittags sah ich vom Werkstattfenster aus, wie mein zwölfjähriger Bruder Naftali die Straße entlanghüpfte. Wahrscheinlich wollte er einen gleichaltrigen Freund besuchen. Aber schon kurze Zeit später kam er weinend zurückgerannt. Meine Mutter holte mich nach nebenan, da er sich weigerte, ihr den Grund für seinen Kummer zu nennen. Das Einzige, was er verzweifelt hervorgestoßen habe, sei: ‚Jakobus ist schuld!'

Ich beugte mich zu ihm, versuchte ihn in den Arm zu nehmen, doch er stieß mich wütend zurück. Zorn wollte in mir aufsteigen, da hörte ich meinen Engel sprechen: ‚Selig sind die Barmherzigen ...'

Sofort wurde ich ruhiger, ließ Naftali eine Weile weinen, bis er von selbst erzählte: „Josefs Vater hat mich gleich wieder fortgejagt, als ich das Haus betrat. Er schrie mich an: ‚Komm uns nicht zu nahe, du bist unrein, wie deine ganze Familie.' Mutter, was meint er damit? Ich habe mich doch gestern erst gewaschen."

Mutter und ich waren bei seinen ersten Worten erschrocken, doch über seine Frage mussten wir lachen. Schnell wurde ich wieder ernst, denn ich konnte Naftalis Schmerz so gut nachfühlen. Hatte ich nicht Ähnliches erlebt? Wie konnte ich ihm helfen? Auf keinen Fall auf dieselbe Art, auf die Melioch mir in der Synagoge zu helfen glaubte. Ich würde mit Josefs Vater reden. Jetzt gleich!

Meine Mutter versuchte mich zurückzuhalten, doch als sie sah, wie ruhig und besonnen ich wirkte, ließ sie mich gehen. Ihr Vertrauen zu mir gab mir Kraft und – ich wusste den Engel an meiner Seite. Wie hatte Jesus innerlich zu mir gesagt? ‚Der Engel wird dir die richtigen Worte eingeben.'

Josefs Vater war der örtliche Müller. Er saß im Ältestenrat und hatte eine gewichtige Stimme. Unterwegs kamen mir Bedenken. War es klug, ihn womöglich heute zu verärgern, wenn er morgen über unsere Zukunft mitbestimmen konnte? Zweifelnd blieb ich stehen.

Da erinnerte ich mich daran, wie Jesus mich gebeten hatte, die Kaufleute durch das Tal des Barabbas zu führen. Hatte ich etwa heute weniger Vertrauen in den himmlischen Vater als vor wenigen Wochen? Hatte Er mich damals im Stich gelassen? Nein!

Festen Schrittes ging ich weiter, hinunter zum Fluss, an dem die Mühle lag.

Der Müller schien unangenehm überrascht, mich zu sehen. Er zögerte, als müsse er erst überlegen, ob er mich ins Haus lassen solle. Mein sicheres und ruhiges Auftreten zeigte Wirkung. Mit verlegener Geste bat er mich in den Wohnraum und schickte unfreundlich seine Frau und die Kinder hinaus.

Meine Stimme klang fest, als ich zu ihm sprach: „Was wirfst du meinem Bruder Naftali und meiner Familie vor? Welchen Grund hast du, uns unrein zu nennen?"

Noch bevor er antworten konnte, sahen wir einen römischen Soldaten auf die Mühle zureiten und hörten ihn laut nach dem Besitzer rufen. Dieser eilte geschäftig hinaus, ließ aber die Türe hinter sich geöffnet, sodass ich Zeuge der folgenden Begegnung sein konnte.

Der Römer schien ihm gut bekannt zu sein, denn sie wurden schnell handelseinig. Der Müller sollte eine größere Ladung Getreide für die römischen Soldaten mahlen. Dem Anschein nach waren beide mit dem ausgehandelten Preis zufrieden, denn der Römer und der Jude klopften sich lachend gegenseitig auf die Schulter. Kurze Zeit später ritt der Soldat davon, der Müller kam Hände reibend in das Haus zurück.

Das gute Geschäft hatte seine Laune merklich gebessert. Bei meinem Anblick verfinsterte sich sein Gesicht wieder. Da er keine Anstalten machte, meine Frage zu beantworten, wiederholte ich sie. Diesmal stieß er anklagend hervor: „Man erzählt im Ort, du hast einen Römer zum Freund und scheust dich nicht, diesen Ungläubigen zu umarmen. Sogar deine Geschwister kamen mit ihm in Berührung. Solange ihr nicht wieder rein seid, will ich deinen Bruder nicht im Hause haben – und dich auch nicht!"

Ich glaubte meinen Ohren nicht zu trauen. Hatte er nicht vor einigen Minuten ebenfalls hautnah Kontakt mit einem Römer? Wieso maß er mit zweierlei Maß? Wut stieg in mir auf, doch der Engel war da: ‚Selig sind die Barmherzigen …'

Es kostete mich große Anstrengung, mit ruhiger Stimme zu fragen: „Und was hast du eben gemacht? Hast nicht auch du einen Ungläubigen berührt?"

Er begehrte auf: „Das ist etwas anderes. Es war ein Geschäft und bei den Römern ist ein solches Gebaren üblich."

Der Engel in mir ließ seine Antwort nicht gelten, sondern sprach durch meinen Mund: „Du weißt, dass ich morgen beim Ältestenrat und dem Gremium der Handwerker vorgeladen bin. Ich werde auch diese Sache zur Sprache bringen. Denn, wenn ein Jude durch den Kontakt mit einem Römer unrein wird, so darf es keine Ausnahmen vom Gesetz geben. – Ich werde beantragen, dass wir Handwerker ab sofort keine Geschäfte mehr mit Römern machen."

Er war bleich geworden, denn nun erkannte er, welche Falle er sich selbst gestellt hatte.

„Jakobus, wir sollten das unter uns ausmachen. Du weißt, dass wir alle auf die Geschäfte mit den Römern angewiesen sind. Nur sie zahlen die hohen Preise, die keiner unserer Landsleute aufbringen kann. Vergiss, was ich zu deinem Bruder gesagt habe. Ich werde morgen auf deiner Seite sein, denn ich sehe, dass du ein kluger Geschäftsmann bist, dessen gute Beziehungen zu den Römern bestimmt für den ganzen Ort von Nutzen sein können. Schick ruhig deinen

Bruder wieder her. Und – nichts für ungut ..." Er verbeugte sich sogar vor mir.

Zuhause warteten schon wieder einige Frauen in der Werkstatt. Sie ließen Maß nehmen und bestellten neue Schuhe. Und – sie baten mich, auch ihnen die Geschichte vom eigenen Brunnen zu erzählen.

Naftali, der unverzüglich freudestrahlend wieder zu seinem Freund geeilt war, kehrte erst am Abend mit einem kleinen Sack Mehl als Geschenk des Müllers für unsere Familie zurück.

Nach dem Abendmahl, als die Geschwister im Bett lagen, erklärte ich meiner Mutter den Grund für dessen Großzügigkeit. „Ist es als Bestechung gedacht?" fragte sie.

Ich horchte nach innen und ließ meinen Engel antworten: „Es kann nur dann Bestechung sein, wenn wir bestechlich sind. Da wir es nicht sind, ist es ein Geschenk, das der himmlische Vater uns durch den Müller macht. Lass uns GOTT dafür danken."

Wieder fiel ihr ein passender Psalm ein.

Du kannst GOTT nicht im Verstand, sondern nur im Herzen finden

Eine Frage hatte ich noch an sie: „Warum kommen, seit ich zurück bin, nur Frauen in die Werkstatt?"

Sie antwortete: „Weil Frauen mehr Mut haben – und mehr auf ihr Herz hören. Den Männern steht ihr Verstand im Wege. Sie können zwar klug über den GOTT unserer Väter sprechen, kennen die Gesetze in- und auswendig, doch suchen die meisten deiner Geschlechtsgenossen GOTT nur im Verstand. Dein Vater fand durch die Berührung mit Jesus GOTT in seinem Herzen, ebenso wie dein Onkel Melioch und du. Dein Vater erzählte mir von der Ansprache des Jesus an den Baum, welche die Zuhörer nicht verstanden hatten, und von der Frage des Predigers, die er danach an deinen Vater richtete: ‚Verstehst *du* mich?' Erinnerst du dich noch an die Antwort, die dein Vater Jesus gab? ‚Gib ihnen Zeit.' – Ich bitte dich um dasselbe, mein Sohn. Du hast den himmlischen Vater *in* dir gefunden, in deinem Herzen. **Gib den anderen die Zeit, die GOTT braucht, um sie zu berühren."**

Es klopfte an der Türe. Meine Mutter öffnete und verneigte sich tief vor dem späten Besucher. Ich war sehr überrascht, als ihr der alte Rabbi ins Haus folgte. Auch ich begrüßte ihn voller Achtung, suchte dabei aber in seinem Gesicht den Grund des ungewöhnlichen Besuches zu erraten.

Sein Blick war liebevoll und das beruhigende Kopfschütteln, das er mir zur Begrüßung schenkte, zerstreute meine aufkommenden Bedenken.

Als wir uns gegenübersaßen, sprach er: „Jakobus, heute waren einige Frauen bei mir und berichteten mir von ihrem Besuch in deiner Werkstatt. Du erzählst ihnen Gleichnisse des Jesus?"

Mein Herz begann laut zu klopfen. Wollte er es mir verbieten?

Wieder schüttelte er lächelnd den Kopf. „Keine Angst. Ich schimpfe dich deswegen nicht. Im Gegenteil. Ich will dich bitten, morgen Vormittag für eine Stunde zu mir zu kommen, um den Kindern, die sich zur Schriftenlehre einfinden, dieselbe Geschichte zu erzählen. Ich hoffe, du kannst die Zeit erübrigen."

Der Blick meiner Mutter war voller Stolz auf mich gerichtet. Es war zwar üblich, dass der Rabbi ab und zu ehrenvolle Männer des Ortes zu diesem Unterricht einlud, damit sie ihre Lebensweisheiten an die Kinder weitergaben, doch war ich dazu nicht noch zu jung und zu unerfahren?

Erneut schien er meine Gedanken zu erraten, denn er fügte hinzu: „Du magst zwar jung an Jahren sein, doch bist du erfüllt von einer inneren Weisheit, die mancher Alte nicht besitzt."

Seine Worte erinnerten mich an die Antwort, die Jesus dem jungen Mann gab, dessen Vater sich auf das Gesetz des Mose, die Weisheit der Älteren zu achten, berufen hatte: ‚Wenn aber ein junger Mensch vor seinen Eltern die Stimme der Weisheit in sich vernimmt, ist er, trotz seines jugendlichen Alters, der Weisere.'

So neigte ich mein Haupt vor dem alten, weisen Rabbi und antwortete: „Herr, wenn ihr es mir zutraut – und erlaubt, will ich gerne den Kindern die Geschichte des Königs erzählen, der den fähigsten

Erben für sein Reich sucht." Freude überzog sein zerfurchtes Gesicht.

Erst nachdem er sich verabschiedet und das Haus verlassen hatte, wurde mir bewusst, welch großes Wagnis er damit einging. Er wusste bestimmt, dass viele Männer im Ort gegen mich waren und trotzdem – oder gerade deshalb? – ließ er mir eine solche Ehre zuteil werden. Ich sprach mit Mutter über meine Bedenken, und sie gab mir nach kurzer Überlegung zur Antwort: **„Auch er ist einer der Männer, die GOTT in ihrem Herzen gefunden haben. Und das gibt den Mut, über Grenzen, die andere setzen, hinwegzusteigen."**

Als ich an diesem Abend in meiner Kammer lag, gingen meine Gedanken zu Egregius und Veronika. Ob sie der Bitte des Jesus entsprochen und das Angebot des Claudius angenommen hatte? Wenn ja, waren sie schon in der großen Stadt angekommen? Wo hatten sie unterwegs die Nächte verbracht? War es schon ungewöhnlich für einen männlichen Juden, zusammen mit Römern in einer Herberge aufzutauchen, wie viel schwieriger würde es für eine junge Jüdin sein.

Ich versuchte, mit Veronika innerlich zu sprechen. Endlich sah ich sie vor mir. Sie trug dasselbe Gewand wie damals, als sie mit uns ging. Das Tuch, das sie in Joshuas Garten dem verzweifelten Jesus gereicht hatte, lag um ihre Schultern. Eine große Kraft, ein großes Vertrauen strömten von ihr zu mir.

Da schob sich eine andere Gestalt vor die ihre: Jesus. Er trug sein helles Gewand und ich hörte ihn sprechen, ohne dass sich sein Mund bewegte: ‚Vergesst nicht, Veronika und Jakobus: Der himmlische Vater sorgt für jedes Seiner Kinder. Habt Vertrauen.' Mit diesem Gedanken und einem großen Glücksgefühl schlief ich ein.

Die Botschaft des Jesus weitergeben

Am nächsten Vormittag betrat der erste männliche Dorfbewohner meine Werkstatt. Er holte einen reparierten Schuh ab und verhielt sich mir gegenüber freundlich und aufgeschlossen. Beiläufig erwähnte er, dass ihm seine Frau ein Märchen erzählt habe, in dem es um Liebe ging. Es gefiele ihm gut und er sei nicht abgeneigt, weitere Geschichten des Predigers zu hören.

Als ich ihm erzählte, dass ich vom Rabbi eingeladen sei, zu den Kindern zu sprechen, kam ihm die Idee, den Rabbi darum zu bitten, auch für die Erwachsenen eine Erzählstunde abzuhalten. Mein Herz war weit und bereit, die Botschaft des Jesus in unsere Dorfgemeinschaft zu bringen.

Dann war es soweit. Ich kleidete mich in saubere Gewänder, nahm meinen Bruder Naftali bei der Hand und begab mich zum Rabbi. Über zehn Kinder im Alter von acht bis zwölf Jahren trafen sich bei ihm. Was mich am meisten beeindruckte: Er hatte auch Mädchen unter seinen Schülern! Das war mir neu.

Ich sprach ihn darauf an, worauf er erklärte, dass ihn der Prediger Jesus bei seinem Besuch im Ort darum gebeten habe: „Jesus sagte zu mir: ‚Warum sollten nur männliche Kinder vom himmlischen Vater hören? Liebt GOTT nicht alle Seine Kinder gleich?' Das gab mir zu denken. Weißt du, Jakobus, manchmal ist man so im Alten gefangen, dass ein junger Mensch kommen muss, um einen neuen Weg zu zeigen. Jesus zeigte mir und dir einen neuen Weg. Es ist für uns eine Verpflichtung, ihn anderen zu weisen!"

Mit kindgerechten Worten erzählte ich nun die Geschichte vom König mit den drei Söhnen. Der Rabbi hörte ebenso gebannt zu wie die Jungen und Mädchen. Es war Mittag, als wir auseinander gingen. Beim Verabschieden erinnerte mich der alte Mann an seinen Segen: „Der GOTT unserer Väter, den Jesus unseren himmlischen Vater nennt, ist auf der Seite der Witwen und Waisen. Was ich für dich tun konnte, habe ich getan. Du hast mittlerweile mehr Männer auf deiner Seite, als du glaubst."

Voll inneren Friedens und Zuversicht ging ich mit Naftali an der Hand zum Elternhaus zurück. Unterwegs begegneten uns einige Frauen, die vom Markt zurückkamen. Sie lächelten uns freundlich an, strichen Naftali mitfühlend über den Kopf und schenkten ihm Obst. „Der Segen des GOTTES unserer Väter ruhe auf eurer Familie an allen kommenden Tagen", sprach eine von ihnen. Ich wusste, was sie damit meinte.

Wir gingen auf eine kleinere Gruppe Männer zu, die verstummten, als wir in Sicht- und Hörweite kamen. Mich beschlich das Gefühl, dass sie über mich gesprochen hatten. Doch auch sie blickten mir offen und ehrlich ins Gesicht und erwiderten unseren Gruß. Als ich mich später noch einmal nach ihnen umwandte, steckten sie schon wieder ihre Köpfe zusammen. Anscheinend waren wir im Moment das Gesprächsthema Nummer eins.

Zuhause wurden wir von Mutter und den beiden kleinen Schwestern erwartet. Der Tisch war gedeckt und während wir uns an den gesegneten Speisen stärkten, warfen die drei uns Brüdern immer wieder heimliche Blicke zu. Schweigend aß ich, denn meine Gedanken waren bei der elften Stunde dieses Tages.

Schließlich konnte sich meine Schwester Mira nicht mehr beherrschen. Sie blickte Naftali an und fragte: „Erzähl uns doch, was du beim Rabbi erlebt hast." Dieser Satz erinnerte mich daran, dass auch Mädchen unter seinen Schülern waren. Warum hatte Mutter meine Schwestern nicht mitgehen lassen? Ich stellte ihr die Frage.

Verlegen schlug sie den Blick zu Boden. „Sie waren dabei, von der Stunde an, als der Rabbi alle Mädchen dazu einlud – bis dein Vater starb und sich Melioch auf die Suche nach dir begab. Ruben war zu dieser Zeit jeden Tag bei uns und er verbot den Mädchen, zum Rabbi zu gehen. Er sagte: ‚Der Rabbi verstößt gegen das Gesetz.' Ich wagte nicht, ihm zu widersprechen."

Wieder kam Wut auf den Onkel in mir auf. Ich ballte die Fäuste und atmete schwer. Mutter stand auf, trat hinter mich und legte mir beruhigend ihre Hände auf die Schultern. Leise sprach sie: „Jakobus, wenn der Rat der Ältesten und der Handwerker heute gegen dich entscheidet, so bitte ich dich um eines: Pack deine Bündel und geh. Denn dann wird morgen früh Ruben da sein und sein Recht in Anspruch nehmen. Ich werde mich dem Gesetz beugen, deinen Geschwistern zuliebe. Doch ich weiß, dass *du* daran zu Grunde gehen würdest – oder es geschähe ein Unglück. Du hast mir vom Schuster Maniech erzählt, von seinem Angebot, dich zum Meister auszubilden. Du hast mir vom Obersten Claudius berichtet, von seiner Legitimation, für ihn zu arbeiten. Geh zu ihnen. Wenn du nicht mehr hier bist und wir keine Einkünfte haben, wird Ruben sehr schnell sehen, welche Last und Verantwortung er sich mit uns aufbürdet. Vielleicht hat er bald genug davon und ich kann dir einen Boten schicken, der dich zurückholt."

Während meine Mutter sprach, hatte sich mir der Magen zusammengekrampft. Hatte sie so wenig Vertrauen in mich? Lag ihr so wenig daran, mich im Hause zu haben? Am Schmerz in ihrem Blick erkannte ich, dass sie aus Liebe zu mir so gesprochen hatte.

Die Augen der Geschwister waren vor Schreck weit aufgerissen. Naftali stieß entsetzt hervor: „Jakobus, geh nicht, lass uns nicht allein mit Onkel Ruben."

Die Bitte meines Bruders gab mir Kraft zu antworten: „Nein, Mutter. Es wird nicht soweit kommen. Ruben würde, bevor er geht, alles zu Geld machen, was sich irgendwie verkaufen ließe: das Werkzeug, das Leder, Vaters Kleidung. Vielleicht würde er sogar das Haus veräußern und ihr stündet wirklich als Bettler auf der Straße. Der himmlische Vater wird dies nicht zulassen. Der Rabbi sagte zu mir: ‚Du hast mittlerweile mehr Männer auf deiner Seite, als du glaubst.' Mutter, wir wollen Vertrauen haben."

Ich nahm sie in den Arm, drückte sie liebevoll und sagte, zu den Schwestern gewandt: „Ich verspreche euch beiden, dass ich euch zur nächsten Schriftenlehre persönlich zum Rabbi bringe. Naftali hat gut aufgepasst heute und kann euch die Geschichte des Königs genauso gut erzählen wie ich. Ihr habt nichts versäumt."

Mein Vertrauen wird belohnt

Ich zog mein Arbeitsgewand an und begab mich in die Werkstatt, um die Zeit bis zur entscheidenden Stunde sinnvoll zu nutzen. Obwohl ich versuchte, mich ganz auf die Arbeit zu konzentrieren, verlangte die kleine Angst, die sich in mir gut versteckt hielt, nach Nahrung.

Doch bereits beim ersten Gedanken, der sie hätte wachsen lassen können, war mein Engel zur Stelle: ‚**Wenn GOTT für dich ist, wer will gegen dich sein? Sei wie Jesus, tu das, was du im Augen-**

blick tust, mit deiner ganzen Aufmerksamkeit, mit deiner ganzen Liebe und Sorgfalt.'

Ich war der liebevollen Stimme in mir so dankbar. Sie vertrieb den armseligen Rest meiner Angst und füllte mein Herz mit Vertrauen.

An diesem Nachmittag besuchte mich keiner aus dem Ort. Es schien, als wollten sie die Entscheidung des Rates abwarten.

Dann wurde es Zeit für mich. Ich ging zum Brunnen hinter dem Haus, um mich zu reinigen. Als ich mein Gesicht im ruhigen Wasser der Schüssel betrachtete, blickte mir ein fremder junger Mann entgegen. Seine ernsten Augen sahen das Bild staunend an: Ja, Mutter und der Rabbi hatten Recht. Aus dem Jungen war in den letzten Wochen ein Mann geworden.

Ich lächelte beim Gedanken an meinen Vater, der mich in der letzten Zeit unseres Zusammenseins gerne geneckt hatte, weil über meiner Oberlippe zarter Flaum gewachsen war. Daraus war nun ein kleiner Bart geworden.

Vater – er schien mir ganz nahe zu sein und mich an mein Versprechen zu erinnern: Alles, was er begonnen hatte, würde ich zu Ende bringen. Eine große Kraft durchströmte mich, als ich mein gutes Gewand anlegte und, das erste Mal seit meiner Rückkehr, das Amulett des armen Juden mit der zusammengerollten Schlange umhängte. Beim Abschied von Mutter legte sie mir ihre Hand segnend auf das Haupt und sprach leise:

„Noch nie hat man von einem Gott gehört,
der mit unserem zu vergleichen wäre.
Noch nie hat jemand einen Gott gesehen,
der so gewaltige Dinge tut
für alle, die auf ihn hoffen."[5]

Und sie fügte an: „Dein Vater wäre stolz auf dich, mein Sohn. So stolz, wie es der himmlische Vater ist."

---

[5] Jesaja 64,3 (abgewandelt).

Unterwegs fragte ich mich, woher meine Mutter ein solch großes Wissen der alten Schriften besaß. Ich hatte mir bisher nie Gedanken darüber gemacht, es als selbstverständlich angesehen. Ihr Vater war ein gottesfürchtiger Mann gewesen, der sich an die alten Gesetze gehalten hatte, deshalb war es unwahrscheinlich, dass er einer seiner Töchter die Schriften gelehrt hatte.

Da wurde es mir klar: Mein Vater, ihr Mann, hatte all sein Wissen mit ihr geteilt – und in ihr lebte nun seine Weisheit weiter. Eine große Dankbarkeit ihm gegenüber erfüllte mich.

Eben ging ich am Versammlungsplatz vorbei. Ich erinnerte mich noch so gut an jenen Nachmittag, da ich Jesus dort stehen sah. Als ich jetzt meine Augen schloss, schien ich die Stunde zurückholen zu können. Ich sah ihn ganz deutlich: Umgeben vom Kreis der Jünger, mit dem Gesicht an den Baum gelehnt, beide Arme an seinen Stamm gelegt.

Eine Sehnsucht war in mir, zu diesem Baum zu gehen, ihn auf dieselbe Art zu berühren, wie es damals der HERR getan hatte. Meine Beine setzten sich wie von selbst in Bewegung. Langsam schritt ich auf den Riesenbaum zu, stellte mich an die gleiche Stelle wie vor Wochen Jesus. Mit geschlossenen Augen stand ich da, hielt den Stamm umarmt und war dem Prediger so nahe. Die Worte, die er zum Baum gesprochen und die ich damals nicht verstanden hatte, tauchten klar und unverfälscht tief aus meinem Herzen auf: J e t z t durfte ich Satz für Satz verstehen!

Die Zeit war stehen geblieben – der Prediger so gegenwärtig. ‚Ja, ich danke dir, Baum. Du erinnerst mich daran, dass ich nichts anderes tun kann und zu tun habe, als der zu sein, der ich jetzt bin.'

Innerlich völlig ruhig setzte ich meinen Weg fort. Der nicht eingeplante Aufenthalt beim Senfbaum führte dazu, dass ich zwar pünktlich, aber als letzter den Versammlungsraum betrat. Alle Augen waren auf mich gerichtet.

Aufrecht und ruhig verneigte ich mich vor den Anwesenden. Mein Blick fand Onkel Melioch, der mir aufmunternd zunickte. Auch der Rabbi war zugegen. Der Müller, der in der ersten Reihe Platz genommen hatte, sah mich unsicher und flehentlich an.

Nachdem mir der Älteste und Vorsitzende der Handwerker meinen Platz zugewiesen hatte, sprach er unserer Familie mit gewählten Worten noch einmal das Mitgefühl der ganzen Dorfgemeinschaft aus. Danach berichtete er den Anwesenden in mir wohl gesonnener Weise von meiner Wanderschaft, der guten Arbeit, die ich geleistet hätte, und von der Legitimation, wobei er die Steuerbefreiung nicht eigens erwähnte. Er schloss mit der Bemerkung, dass er persönlich mir zutraue, für die Familie zu sorgen.

Einige Zeit lang herrschte Schweigen. Dann hörte man einen der Männer eine leise Bemerkung zu seinem Sitznachbarn machen. Der Älteste bat ihn, es doch für alle hörbar auszusprechen. Da wurde jener verlegen, kam aber der Aufforderung nach: „Ihr erinnert euch bestimmt an den Vorschlag, den Jakobus der Ältere bei unserer letzten Versammlung machte. Nun – wenn er gewusst hätte, dass seine Familie die erste ist, die es beträfe ..."

Leises, betretenes Gemurmel erhob sich. Verständnislos blickte ich von einem zum anderen. Ich wusste nicht, wovon sie sprachen.

Der Müller mischte sich ein: „Wie gut, dass wir anderen dagegen waren. Es ist ja fast so, als hätte der Schuster geahnt, welches Unglück auf ihn zukommt."

Ich verstand immer weniger. Melioch kam mir zu Hilfe. Er klärte mich auf: „Dein Vater machte bei unserer letzten Zusammenkunft den Vorschlag, eine Witwen- und Waisenkasse zur Unterstützung der Handwerkerfamilien einzurichten. Er wies darauf hin, dass bei den meisten Handwerkern in unserem Ort große Not entstünde, würde der Ernährer ausfallen."

Betroffen senkte Melioch nun sein Haupt, schluckte ein paar Mal und fuhr fort: „Er meinte, es würde nicht ihn betreffen, denn er hätte einen Sohn, der für die Familie sorgen könne, sollte ihm etwas zustoßen. – Ja, jetzt wo Laban es ausgesprochen hat, erinnere ich mich wieder daran. Mein Bruder machte den Vorschlag ganz uneigennützig, aus Sorge um andere – und doch wäre seine Familie nun die erste, die Unterstützung aus der Kasse bekäme."

Stimmen wurden laut, vermischten sich erregt. Einige Brocken konnte ich verstehen. Es ging wieder um das viele Geld, das wir angeblich besaßen. Und darum, dass mein Vater vorgeschlagen hatte, den zehnten Teil seines Einkommens in die Witwen- und Waisenkasse zu bezahlen – wenn auch die anderen dazu bereit wären.

Es mutete mir an, als atmeten die Handwerker auf, dass dieser Vorschlag nun wohl der Vergangenheit angehörte. Einzig der Rabbi lobte meinen verstorbenen Vater für seine Idee und bedauerte, dass sie nicht mehr umgesetzt worden war.

Melioch meldete sich noch einmal zu Wort: „Erinnert ihr euch nun auch daran, dass mein Bruder seinen Ältesten für fähig hielt, sein Nachfolger zu sein?"

Es wurde still im Raum. Die Männer nickten zustimmend mit den Köpfen. „Haben *wir* dann das Recht, seinem Wunsch entgegenzustehen?" fragte mein Onkel.

Einer nach dem anderen schüttelte das Haupt. Da stand der Älteste auf und sagte feierlich: „So wollen auch wir dem Sohn unseres gerechten Freundes Jakobus, den GOTT zu unseren Stammesvätern gerufen hat, unser Vertrauen aussprechen. Wir werden ihm sechs Monde lang Gelegenheit geben, sich zu bewähren, bevor wir endgültig entscheiden. – Jakobus, du bist als vollwertiges Mitglied in unsere Versammlung aufgenommen."

Alle erhoben sich, umarmten mich und wünschten mir GOTTES Segen.

Mein Vater war so nahe, ich konnte ihn beinahe neben mir spüren. Als die erste Freude in mir nachließ, war es mir, als erinnerte er mich an mein Versprechen: alles, was er begonnen hatte, zu einem guten Ende zu bringen.

So bat ich die Männer, mir zuzuhören. Zuerst bedankte ich mich für ihr Vertrauen. Wunderte es mich, dass die folgenden Worte wie von selbst kamen? Ich schrieb die Redegewandtheit dem Engel in mir zu: „Ich bitte euch, ihr Meister, den Vorschlag meines Vaters noch einmal abzuwägen. Ihr habt gesehen, wie schnell das Unheil eine Familie treffen kann. Wenn es euch geschehen wäre, wer würde für eure Frauen und Kinder sorgen? Ein jüngerer Bruder?"

Betroffen senkten sie die Köpfe. Sie wussten, dass ich von Ruben sprach, und es war keiner unter ihnen, der ihn achtete. Ich fuhr fort:

„Wäre es da nicht gut, sie versorgt zu wissen? Ihr seid bereit, dem römischen Kaiser den zehnten Teil zu geben. Und ihr wisst, dass damit fremde Soldaten bezahlt werden, die unser Land besetzt halten. Ich weiß, dass die Handwerker nicht alle Einnahmen versteuern. Wollte einer von uns das abstreiten, würde er lügen. Könnten wir nicht davon in eine Kasse einzahlen, um beim Tode eines Handwerkers die unverschuldete Not der hinterbliebenen Familie zu lindern?"

Betretenes Schweigen war die Antwort auf meine lange Rede. Schließlich meldete sich einer zu Wort: „Du hast gut reden. Du bist von den Römern von der Steuer befreit, doch auf uns lastet sie schwer." Endlich hatte es ein missgünstiger Mund ausgesprochen.

Mein Engel antwortete durch mich: „Es stimmt. Ich habe das große Glück, einflussreiche römische Freunde zu besitzen. Doch will ich dieses Glück teilen: Ich bin bereit, den *fünften* Teil meiner Einkünfte in eine Witwen- und Waisenkasse zu legen – wenn ihr anderen zum zehnten Teil bereit seid."

Noch während des letzten Wortes erschrak ich. Was versprach ich da? Wir würden das Geld dringend selbst brauchen.

Der alte, weise Rabbi meldete sich, im rechten Augenblick, zu Wort: „Ich erinnere euch an einen Psalm unserer Väter." Und er rezitierte dieselben Verse, mit denen er mich gesegnet hatte. Bei den Worten ‚und sorgt für die Witwen und Waisen' blickte er dankbar die einzelnen Handwerksmeister an und fügte zuletzt hinzu: „Im Namen unseres GOTTES preise ich euch für eure Großzügigkeit und eure Bereitschaft, Ihn bei der Hilfe für die Witwen und Waisen zu unterstützen."

Nun konnten sie nicht mehr anders, sie mussten zustimmen. In mir holten die letzten Worte das Vertrauen in den himmlischen Vater zurück, zumal der Engel in mir sprach: ‚Das, was euch übrig bleibt, wird genug sein. **Was braucht ihr mehr als genug?**'

Die Blicke, die mir die älteren Männer zuwarfen, waren sehr unterschiedlich. Einige betrachteten mich ärgerlich, doch die meisten voller Achtung. Mein Onkel Melioch schmunzelte in sich hinein, der Rabbi nickte mir augenzwinkernd zu. So ließ der Älteste abstimmen, und keiner der Männer wagte, dagegen zu stimmen. Melioch wurde dazu auserwählt, das Geld monatlich einzusammeln und zu verwalten; über die Verwendung würde von Fall zu Fall entschieden werden.

Bevor wir auseinander gingen, legte Melioch eine Hand auf meine Schulter und sprach: „Mein Bruder Jakobus wäre stolz auf dich, so stolz, wie ich es bin. Doch scheint mir, die Worte stammen nicht alle von dir."

Er erwartete darauf keine Antwort, sondern fuhr fort: „Es obliegt jetzt mir, meinem Bruder Ruben die traurige Nachricht zu bringen, dass er weiterhin für sich selbst sorgen muss. Ich glaube nicht, dass er sich zu euch wagt, doch wenn ja, hab keine Angst vor ihm. Er ist ein schwacher Mensch – und du bist stark."

Ich hatte keine Angst, vor nichts und niemandem!

„Ich habe mein Leben lang einem falschen GOTT gedient."

Melioch schritt in die entgegengesetzte Richtung, in die ich zu gehen hatte, denn sein Haus lag wegen der Geruchsbelästigung, die sein Gewerbe mit sich brachte, etwas außerhalb des Ortes. Die anderen Männer standen noch in einer Gruppe beisammen, warfen mir aber freundliche Blicke zu, als ich mich allein auf den Heimweg machte. Ich war froh, dass sich mir der Müller nicht anschloss. Nach all der Aufregung der letzten Stunden erfüllte mich eine große Dankbarkeit, der ich mich ohne Ablenkung hingeben wollte.

Doch schon nach wenigen Ellen hörte ich hinter mir hastige Schritte. Ein wenig unwillig drehte ich mich im Weitergehen um, da erkannte ich in der Dunkelheit den alten Rabbi, der versuchte, mich einzuholen. Ihn hatte ich gerne neben mir! So wartete ich, bis er schwer atmend neben mir stand. Er sah zu mir auf und wieder wurde mir bewusst, wie klein, alt und gebrechlich er geworden war – und wie groß, jung und stark ich selbst dastand.

Lächelnd sprach er zu mir: „Lass mich mit dir gehen. Wir beide haben denselben Weg."

Erstaunt blickte ich ihn an. Sein Haus lag am anderen Ende des Dorfes! Er bemerkte meine Verwunderung und fügte hinzu: „Gehst du nicht denselben Weg wie der Prediger Jesus?" Jetzt verstand ich ihn.

Er setzte sich wieder in Bewegung. Ein wenig tat er mir leid. Er würde später den ganzen Weg wieder zurückgehen müssen. Nach einigen schweigsamen Minuten legte er eine Hand auf meinen Arm und sagte: „Dein Vater könnte stolz auf dich sein. Du hast das, was er vorhatte, mit Erfolg zu Wege gebracht."

Schnell antwortete ich: „Mit eurer Hilfe, Rabbi."

Er lachte schelmisch. „Ja, manchmal muss man ein wenig nachhelfen."

Gerne hätte ich ihm gesagt, dass die größte Hilfe von meinem Engel kam, doch getraute ich es mich nicht. Vielleicht hielte er mich für vermessen, wenn ich so etwas behauptete?

Im Weitergehen spürte ich die fragenden Blicke, die er mir immer wieder von der Seite zuwarf. Wir kamen am Versammlungsplatz vorbei und ich verlangsamte unwillkürlich den Schritt, um einen Blick zum Senfbaum zu werfen.

Der alte Mann blieb nachdenklich stehen und bemerkte: „Ich werde niemals den Nachmittag vergessen, als Jesus am Baum stand und zu ihm sprach. Ich erinnere mich noch an jedes einzelne Wort."

Wie selbstverständlich schritten wir gemeinsam auf den Senfbaum zu. Als wir unter seiner Krone standen, die so dicht war, dass sie weder das Mond- noch das Sternenlicht hindurchließ, wandte sich der Rabbi mir zu:

„Auch du warst hier, zusammen mit deinem Vater und Melioch. Ich bemerkte euch erst, als die meisten Dorfbewohner enttäuscht oder wütend den Platz verlassen hatten. Du gingst auf den Prediger zu und er umarmte dich. Da trat auch ich näher heran, denn ich wollte hören, was er mit euch sprach. Erinnerst du dich? Er sprach zu dir: ‚Habe ich dir nicht gesagt, dass du mir nachfolgen wirst?' Damals verstand ich diesen Satz nicht, doch seit du zurück bist und ich sehe, wie sehr du dich verändert hast, weiß ich, was er damit meinte. – Ich wurde auch Zeuge der Heilung des Verkrüppelten. Als du danach mit deinem Vater gingst, heilte Jesus noch mehr Menschen und ich blieb so lange stehen, bis nur noch seine Jünger um ihn waren. Da wandte er sich mir zu und fragte: ‚Rabbi, darf ich heute Nacht Gast in eurem Hause sein?' Was soll ich dir sagen, Jakobus, du kennst den Prediger besser als ich. Wir sprachen die ganze Nacht. Nein – er sprach und ich hörte zu. Er erzählte von seinem himmlischen Vater, von dem einzigen Gesetz, das dieser uns Menschen gibt: Liebet einander! Und in dieser Nacht wurde mir klar, dass ich mein ganzes langes Leben lang einem anderen GOTT gedient hatte! Einem GOTT, den die Menschen gemacht hatten! Meine ganze Kraft steckte ich jahrzehntelang in die Gesetze, die man mich gelehrt hatte. Ich verkündete sie, ich überwachte ihre Einhaltung, ich drohte mit der Strafe GOTTES jedem, der gegen sie verstieß. Ich verurteilte die Menschen und legte ihnen Bußen auf, an denen sie fast zerbrachen – und alles im Glauben, für unseren GOTT zu handeln! Jakobus, in jener Nacht brach für mich eine alte Welt zusammen, eine Welt, die aus Verboten, Gesetzen und Strafen bestand. Wäre Jesus nicht gewesen, der mir die neue Welt gezeigt hätte, ich wäre in jener Nacht aus Verzweiflung gestorben."

Er stand an derselben Stelle wie damals der HERR, an derselben Stelle wie ich vor wenigen Stunden, hatte sein Gesicht an den Stamm gelegt und weinte.

Bei seiner Erzählung spürte ich den Schmerz der Schuld, den er noch einmal durchlitt. Behutsam drehte ich ihn zu mir um, legte ihm meine Hände auf Stirn und Herz und fragte leise: „Was fehlt Euch, Rabbi?"

Mit großen Augen blickte er mich erstaunt an, dann lächelte er erkennend und antwortete: „Nichts, Jakobus, außer einem besseren Gedächtnis. Ich hatte vergessen, wie Jesus mich in jener Nacht heilte. Denn ich fragte ihn verzweifelt, ob mir der himmlische Vater je verzeihen könne. Der Prediger antwortete mir: ‚Es gibt nichts, das der Vater im Himmel dir verzeihen müsste. Hast du nicht immer nach deinem Glauben gehandelt? Bist du nicht immer deinem Gewissen treu geblieben? Was also sollte GOTT dir verzeihen?' Ich schämte mich so vor ihm und fragte: ‚Und du, Jesus, kannst du mir verzeihen?' Lange schaute er mich an, überlegte sich seine Worte genau, bevor er mir antwortete: ‚Ich sehe keine Schuld in dir. Du hast nichts anderes getan als das, was ich tue: Du hast nach deiner Wahrheit gehandelt.' Doch ich konnte noch immer nicht meinen inneren Frieden finden. Zu mir selbst sprach ich: ‚Kann *ich* mir je verzeihen, den Menschen eine solche Last aufgebürdet zu haben?' Da sagte der HERR: ‚**Gehe nicht mit dir selbst ins Gericht. Schenke dir selbst das Verständnis, das der himmlische Vater mit jedem Seiner Kinder hat.** Und tue das Gleiche, was du früher getan hast: Sei deiner Wahrheit treu. Setze deine ganze Kraft ein, deine ganze Liebe, um sie den Menschen nahe zu bringen.' Danach stellte mir der Prediger dieselbe Frage wie du eben, legte mir auf dieselbe Art die Hände auf – und ich war heil. Ja, Jakobus, du gehst denselben Weg wie der Prediger. Und ich bin glücklich, dass du zurückgekommen bist und mir altem Mann hilfst, auch diesen Weg zu gehen."

Nun hatte ich keine Scheu mehr, ihm von meinem Engel zu erzählen. Staunend hörte er zu, unterbrach mich kein einziges Mal, als ich ihm berichtete, mit welchen Worten mir Jesus den Engel gezeigt hatte. Auch von meinem Weg durch das Tal des Barabbas mit den Kaufleuten und später mit Claudius, von meinen Erlebnissen bei Maniech und im Römerlager sprach ich.

Als ich endete, herrschte lange Schweigen zwischen uns. Schließlich stellte er mir eine Frage: „Und Jesus sagte wirklich, dass der himmlische Vater jedem Seiner Kinder einen Engel als Begleiter zur Seite stellt?"

Ich bestätigte es. Noch genauer wollte er es wissen: „Nicht nur Juden? Auch Römern?"

Als ich auch dies bejahte, wurde er sehr nachdenklich. Wieder vergingen lange Minuten, ehe er fortfuhr: „Dieser Jesus sagte auch mir, dass sein himmlischer Vater keinen Unterschied mache zwischen Männern und Frauen, Juden und Römern, Gläubigen und Ungläubigen, sondern dass Er alle ‚Seine Kinder' nennt. Damals konnte ich ihm nicht zustimmen. Doch ich höre von dir, dass er seiner Wahrheit treu ist, denn er macht Römer und Juden zu Freunden, erhebt Frauen und ruft sie in seine Nachfolge. Er bat auch mich, Mädchen zur Schriftenlehre einzuladen. Als er am nächsten Morgen weiterzog, ließ er mich sehr nachdenklich zurück. Er hatte mich berührt, hatte eine Liebe zu seinem himmlischen Vater in mir geweckt, die mich in den darauf folgenden Tagen zu Worten und Taten befähigte, die ich mir nie zugetraut hätte. Ich warf deinen Onkel Ruben aus meinem Haus, als er seine Nachbarn bei mir anzeigte, gegen GOTTES Gesetze verstoßen zu haben. Ich lud die Mädchen ein, die alten Schriften zu hören. Ich sprach Menschen, die sich als ‚unrein' bezeichneten, frei mit denselben Worten, die der HERR zu mir gesprochen hatte: ‚Ich sehe keine Schuld in dir.' Es gab nur wenige im Dorf, die mein Handeln guthießen, dein Vater und dein Onkel Melioch gehörten zu ihnen. Obwohl ich den Widerstand der meisten spürte, hatte ich eine Kraft in mir, die mir immer wieder die rechten Worte eingab, wenn ich auf Unverständnis stieß. Jetzt, wo du mir von dem Engel erzählst, den jeder Mensch an seiner Seite hat, weiß ich, dass *er* es ist, der mir immer wieder hilft. – So, wie vorhin bei der Versammlung."

Die lange Rede und wohl auch die Erinnerung an die zurückliegende Zeit hatten ihn ermüdet. Er sah so schwach und gebrechlich aus, dass ich mir Sorgen um ihn machte. So bot ich ihm an, ihn nach Hause zu bringen. Dankbar nickte er und stützte sich immer schwerer auf meinen Arm, je näher wir seinem Haus kamen. Beim Abschied blickte er mich nachdenklich an, bevor er sprach: „Jakobus, wir werden es nicht leicht haben. Melioch erzählte mir, dass Ruben ihm gegenüber gedroht habe, in die große Stadt zu gehen und den Schriftgelehrten von meiner gottesfrevlerischen Art zu berichten. Die Kraft, die ich nach der Begegnung mit Jesus in mir verspürte, schwindet. Ich bin alt und müde. Wenn ich dieselbe Kraft noch hätte, die ich einsetzte, um den Menschen die falschen Gesetze aufzuladen, würde ich alles tun, um ihnen die schwere Bürde wieder abzunehmen und sie das einzig wahre Gesetz des himmlischen Vaters zu lehren: Liebet einander, wie euch der Vater liebt!"

Wir trennten uns wie alte Freunde.

Ich *will* Ruben zu einem guten Menschen machen

Ich nahm mir vor, mit Onkel Ruben zu sprechen, ihm von meiner Wanderschaft mit Jesus zu erzählen. Bestimmt konnten ihn die Wunder überzeugen, deren Zeuge ich geworden war. Ich glaubte fest daran, setzte mein ganzes Vertrauen in den Engel, der an meiner Seite war. Er würde mir die richtigen Worte eingeben, um Ruben zu einem guten Menschen zu machen. Voller Zuversicht ging ich nach Hause.

Meine Mutter erwartete mich voller Ungeduld. Als sie meine glückliche Miene sah, fiel die Spannung von ihr ab. Ausgelassen tanzten wir beide durch den Raum. Naftali kam mit verschlafenem Gesicht zu uns und jubelte, als er die frohe Botschaft hörte. Wir setzten uns an den Tisch, entzündeten eine Kerze und die beiden gaben nicht eher Ruhe, bis ich ihnen jedes einzelne Wort der Unterredung mit dem Rat erzählt hatte. Sogar meiner Entscheidung, den *fünften* Teil meines Einkommens in die Unterstützungskasse zu zahlen, stimmte meine Mutter zu: „Das wird den Missgünstigen im Ort den Wind aus den Segeln nehmen."

Sie schickte Naftali zurück ins Bett. Als wir allein waren, erzählte ich ihr in knappen Worten von meiner Unterredung mit dem Rabbi. Die Drohung ihres jüngsten Schwagers beunruhigte sie. Meine Zuversicht, ein Gespräch mit ihm könne ihn umstimmen, konnte sie nicht teilen. Sie sagte: „Er wird sich zutiefst gedemütigt fühlen durch die Entscheidung des Rates. Sei vorsichtig in dem, was du zu ihm sagst."

Wir beschlossen den ereignisreichen Tag mit einem Dankgebet an unseren Vater im Himmel, der alles für uns zum Besten gewandt hatte.

Am nächsten Morgen begab ich mich gleich nach dem Morgenmahl auf den Weg zu Onkel Ruben. Nachts hatte ich mir die Worte zurechtgelegt, die ich ihm sagen wollte. Von der Liebe des Jesus, von den Wundern, die er wirkte, vom himmlischen Vater würde ich erzählen. Doch unterwegs kamen Zweifel auf, ob es mir gelingen würde, ihn umzustimmen.

Je näher ich seiner kleinen Unterkunft kam, desto unsicherer wurde ich. Ich versuchte mit meinem Engel zu sprechen, doch er antwortete nicht. Unschlüssig blieb ich vor der Türe stehen, da wurde sie von innen aufgerissen. Ein völlig außer sich geratener Ruben schoss auf mich zu und schrie mich an: „Du wagst es tatsächlich herzukommen? Willst du mich auch noch zum Gespött des Dorfes machen? Ich weiß nicht, wie es dir Nichtsnutz gelungen ist, den Rat auf deine Seite zu bringen. Wahrscheinlich hast du sie mit dem unreinen Geld der Römer bestochen. Doch das Gesetz ist auf meiner Seite! Der gerechte GOTT ist auf meiner Seite! Er wird alle Sünder bestrafen und den Gerechten zum Recht verhelfen! Noch heute werde ich in die große Stadt gehen und die Schriftgelehrten davon unterrichten, was in unserem Ort geschieht!"

Er hatte mir die Worte förmlich entgegengespuckt. Vor seinem Zorn war ich einige Schritte zurückgewichen. Bevor ich den Mund aufmachen konnte, schrie er weiter: „Ich werde es euch allen zeigen. Ihr werdet noch zu mir gekrochen kommen und um meine Hilfe betteln."

Wenn die Angst auftaucht, hat die Liebe keinen Platz mehr

Er wirbelte herum und stürmte ins Haus zurück. Mit hängenden Schultern blieb ich stehen. Ich fühlte mich von seinen Nachbarn beobachtet und wusste nicht, wie ich mich verhalten sollte. Schließlich wandte ich mich um und ging mit gesenktem Kopf nach Hause.

Kein einziges Wort hatte ich gesprochen. Wut kam in mir auf. Wieso hatte mir mein Engel nicht geholfen? Es war doch im Sinne des himmlischen Vaters, dass die Menschen von Seiner Liebe erfuhren! Wenn ich schon bereit war, für Ihn zu sprechen, durfte ich dann nicht Unterstützung von Ihm erwarten?

Ich blickte nicht mehr zu Boden, sondern angriffslustig zum Himmel empor. Nur nebenbei nahm ich wahr, dass ich den Morgengruß der Frauen, die auf dem Weg zum Brunnen waren, nicht erwiderte.

Erbost stürmte ich zuhause in die Werkstatt. Als meine Mutter kurze Zeit später eintrat und mich fragend ansah, fuhr ich sie unfreundlich an: „Hättest du nicht in eine andere Familie einheiraten können? Dann wäre uns großes Ungemach erspart geblieben!"

Ihr verletzter Blick reizte mich noch mehr. Als sie begann, einen ihrer salbungsvollen Psalme aufzusagen, rastete ich völlig aus: „Und wie fing alles an? Mit diesem Jesus. Wäre er nicht in unser Dorf gekommen, würde Vater jetzt noch leben."

Wortlos und mit bleichem Gesicht wandte sie sich um und verließ die Werkstatt.

Ich hätte mich ohrfeigen können. Was war nur in mich gefahren? Mit dem bestem Willen, alles in Ordnung zu bringen, war ich vor einer halben Stunde von hier weggegangen. Und nun? Ich hatte nicht nur meine geliebte Mutter verletzt, sondern mich auch gegen Jesus gewandt! Wie konnte das nur geschehen?

Verzweifelt schlug ich die Hände vor das Gesicht und weinte. Endlich, endlich hörte ich den Engel in mir sprechen: ‚Jakobus, hast du vergessen, was ich dir in der Scheune der Herberge sagte? **Wenn die Angst auftaucht, zieht sich die Liebe zurück – und wartet.** Die Worte deines Onkels haben dir Angst gemacht, so hatte die Liebe keinen Platz mehr in dir. Ohne Liebe verletzt der Mensch sich selbst und andere. Was macht dir Angst?'

Ich dachte über seine Worte nach. Er hatte Recht. Der Hass in Rubens Gesicht und seine Drohung, in die Stadt zu gehen, hatten mir Angst gemacht. Ich fragte meinen Engel: ‚Warum hast du mir nicht gegen Ruben geholfen?'

Die Antwort meines unsichtbaren Führers lautete: ‚**Kannst du jemals Hilfe von mir *gegen* einen anderen Menschen erwarten?**'

Beschämt senkte ich den Kopf. Da erinnerte er mich an den mir nun schon vertrauten Satz: ‚Selig sind die Barmherzigen, denn der Vater nennt sie Seine Söhne. So, wie der Vater dir gegenüber barmherzig ist und Verständnis hat für *deine* Angst und Schwäche, so sei auch du barmherzig und zeige Verständnis für Ruben.'

Im Augenblick konnte ich es nicht. Doch eines konnte ich: Unverzüglich hinüber zu meiner Mutter gehen und mich bei ihr entschuldigen.

Sie hatte verweinte Augen und das Herz tat mir weh, weil ich ihr solch ein Leid zugefügt hatte. Kein Vorwurf lag in ihrem Blick, als ich bedrückt vor ihr stand und um Verzeihung bat. Sie hieß mich am Tisch niederzusitzen und hörte sich an, wie ich die Begegnung mit Ruben und das Gespräch mit meinem Engel schilderte. Schließlich sagte sie: „Jakobus, du hast eben selbst erlebt, wie ungerecht ein Mensch aus Angst oder Verzweiflung handeln kann. **Wenn dein Engel von dir Barmherzigkeit gegenüber anderen verlangt, so setzt dies dein Verständnis für dich selbst voraus.** Hadere nicht länger mit deinem Verhalten, sondern sieh darin ein Lehrstück für deine Berufung."

Ihr Blick war bei diesen Worten in die Ferne gerichtet und, als ich sie um eine nähere Erklärung bat, schüttelte sie verwirrt den Kopf, als könne sie selbst nicht verstehen, was sie da eben gesagt hatte.

In diesem Moment war Jesus mir innerlich so nahe, dass es mir schien, als habe *er* die Worte gesprochen.

Mit geschlossenen Augen stand ich vor meiner Mutter und hatte tief in meinem Herzen das Gefühl, bedingungslos angenommen und geliebt zu sein. Alle Schuld, die mich vor wenigen Herzschlägen noch so gequält hatte, war von mir genommen. Die Angst vor Ruben war verschwunden; der Platz, den sie eingenommen hatte, war wieder mit Liebe und Vertrauen gefüllt.

Die Stimme meiner Mutter holte mich zurück: „Ich werde heute Nachmittag zu Ruben gehen und versuchen, mit ihm zu sprechen. Ich werde ihm danken für seine Bereitschaft, für uns zu sorgen, und ihn bitten, dir die vom Rat zugesagte Bewährungszeit zu schenken. Er ist der Bruder deines Vaters und Onkel Meliochs. Ein bisschen von den beiden wird doch auch in ihm sein."

Doch sehr überzeugt klang ihre Stimme dabei nicht.

Wir umarmten uns, bevor ich wieder hinüber in die Werkstatt ging, um die bestellten Schuhe zu fertigen und Reparaturen auszuführen.

Die innere Nähe zu Jesus hatte mein Gleichgewicht wiederhergestellt.

Ich saß am Platz meines Vaters, benutzte sein Werkzeug, und glaubte ihn ganz in meiner Nähe zu spüren. War ich mir bei einem Handgriff unsicher, so fragte ich ihn um Rat – und wusste wenig später, wie ich zu arbeiten hatte. Zwischendurch führte ich immer wieder ein Gespräch mit meinem Engel. Die Arbeit machte mir Freude und ging gut von der Hand. Einmal dachte ich an Jesus und seine Anhänger. Wo sie sich wohl heute befanden? Egal – wo auch immer sie waren: Jesus würde von seinem himmlischen Vater erzählen und gemeinsam mit den Jüngern Kranke heilen. Ein wenig Wehmut überkam mich. Wäre der schreckliche Unfall mit meinem Vater nicht geschehen, befände ich mich jetzt bei ihnen.

Bevor dieses Gefühl zu groß wurde, meldete sich mein Engel: ‚Vergiss nicht, Jakobus: Du bist zur rechten Zeit am rechten Ort. Wollte der himmlische Vater, dass du an der Seite des Jesus bist, so wärst du es auch. **Sei zufrieden, und halte dein Herz offen für die Begegnungen, die dir heute geschenkt werden.**'

Er hatte Recht. Was nützte es mir, versäumten Gelegenheiten nachzuweinen?

Ich erkenne, was Ruben fehlt

Gerade als ich zu dieser Erkenntnis gelangt war, betraten zwei Dorfbewohnerinnen die Werkstatt. Auch sie bestellten neues Schuhwerk und gingen nicht eher, bis ich ihnen von den Heilungen des HERRN erzählt hatte.

Eine sprach: „Ist es wirklich so einfach, wie du erzählst? Der Heiler legt seine Hände auf und fragt den Kranken, was ihm fehle? Und schon ist er gesund?"

Der Engel in mir öffnete meinen Mund und antwortete: „**Kommt die Krankheit nicht davon, dass dem Menschen etwas zum Gesundsein fehlt? Wenn er sich dessen klar wird, wenn er den**

Mangel erkennt und ausspricht und bereit ist, ihn abzustellen, muss er dann nicht wieder gesund werden?"

Nachdenklich gingen sie heim.

Auch mich hatte die Antwort grüblerisch gemacht. War Ruben krank? Ein gesunder Mann würde sich doch nicht so aufführen wie er heute Morgen! Was fehlte ihm?

Die Erzählung meiner Mutter fiel mir ein. Ruben hatte nie die Anerkennung seines Vaters erhalten. Er wurde immer mit seinen älteren Brüdern verglichen – und schnitt schlechter ab als sie. Als er sich auf Wanderschaft begab, tat er dies vielleicht in der Hoffnung, in der Ferne sein Glück zu machen und als angesehener Mann heimzukommen? Endlich von seiner Familie geachtet zu werden? Doch als dies misslang und er als Bittsteller zurückkam, wie musste er sich da gefühlt haben!

Ich hatte zwar nie bemerkt, dass meine Eltern ihn als minderwertig behandelt hatten, doch immer, wenn er bei uns zu Gast war, hielt er genau dies meinen Eltern vor. Wie konnte ich ihm helfen?

Plötzlich war die Antwort da: ‚Schenke ihm das, was ihm fehlt: Achtung. Es wird zwar seine Achtung vor sich selbst nicht ersetzen, doch kann ihm deine Achtung den richtigen Weg weisen.'

Ihn achten? Wofür? Mir fiel nichts ein, wofür ich ihm Ehrerbietung erweisen könnte. Er benahm sich unmöglich. Er handelte nicht zum Wohl unserer Familie, sondern nur zu seinem eigenen Vorteil.

Erneut sprach der Engel zu mir: ‚Woher willst *du* das denn wissen? Steckst du in seinen Schuhen? Du maßt dir an, seine Gedanken und Beweggründe zu kennen?'

Oh, dieser Engel an meiner Seite. Er las mir immer zur richtigen Zeit die Leviten. Ich fragte zurück: ‚Was kann ich tun?'

Seine Antwort lautete: ‚Im Moment nichts. Im Moment sitzt du hier an deiner Werkbank und fertigst Schuhe. Wenn die Zeit da ist, mit ihm zu reden, wird er vor dir stehen. Jeder Gedanke, den du dir vorher über dieses Gespräch machst, ist reine Zeit- und Kraftverschwendung. Denn du weißt doch vorher gar nicht, was *er* zu *dir* sagen wird. **Ich rate dir: Gehe mit offenem Herzen in jede Begegnung hinein. Denn nur aus deinem offenen Herzen heraus**

kann ich dir helfen – und die richtigen Worte, oder auch das richtige Schweigen, eingeben.'

Damit war alles gesagt. Ich widmete mich ganz der Arbeit, die meine Hände *jetzt* taten.

Beim Mittagsmahl war meine Mutter sehr schweigsam. Es schien, als wolle sie sich auf das Gespräch mit Ruben vorbereiten. Mein Verstand wollte ihr die Worte meines Engels weitergeben, doch mein Herz sprach: ‚Schweige. Im Moment ist nichts zu sagen.'

So begab ich mich wieder in die Werkstatt, von wo aus ich wenig später meine Mutter in Richtung Rubens Behausung gehen sah. Ich gab ihr den Segen des himmlischen Vaters mit.

Kurze Zeit später war sie wieder zurück. Sie betrat unverzüglich die Werkstatt und teilte mir verstört mit, dass Ruben das Dorf bereits am Vormittag verlassen habe. Nachbarn gegenüber habe er geäußert, einige Tage weg zu sein. Wörtlich habe er gesagt: ‚Doch ich kehre nicht allein zurück. Die Ungerechten im Ort werden schon ihren Lohn bekommen.'

Die Worte beunruhigten sie, mich brachten sie nicht durcheinander. Noch zu frisch war das Gespräch mit meinem Engel. Jetzt verstand ich auch, was er damit gemeint hatte: ‚Im Moment kannst du nichts tun', denn zu diesem Zeitpunkt war Ruben schon unterwegs gewesen.

Später kam Onkel Melioch. Ich freute mich darauf, ihn zu sehen. Er jedoch begab sich, ohne die Werkstatt zu betreten, sofort zu meiner Mutter. Das war nicht üblich, denn zuerst wurde der Mann im Hause begrüßt, bevor die Frau aufgesucht wurde – und der Mann im Hause war *ich*!

Nur ein Wort sprach mein Engel zum aufkommenden Ärger: ‚Vorsicht, Jakobus.'

Das genügte. Es gab eine Möglichkeit, meine Selbstachtung zu bewahren: Ich konnte aufstehen und zu den beiden hinübergehen.

Bevor ich noch die Türe zum Wohnraum öffnen konnte, hörte ich Meliochs aufgebrachte Stimme: „Er wird nicht so weit gehen, eure Familie auseinander zu reißen. Das wird er nicht wagen. Er hätte unsere ganze Sippe gegen sich, das muss er doch wissen!"

Überrascht blieb ich stehen. Was konnte das bedeuten? Bewusst forsch öffnete ich die Türe und trat ein. Meine Mutter stand da, hielt die Hände vor das Gesicht und weinte. Onkel Melioch hielt tröstend einen Arm um sie gelegt. Seine Miene verriet gleichzeitig Ärger und Besorgnis.

Meine Frage, worum es ginge, wurde nicht beantwortet. So sprach ich ärgerlich: „Ich bin der Herr im Hause, vergesst es nicht. Ich habe die Verantwortung für die Familie übernommen, also habe ich auch das Recht, alles zu erfahren, was uns bedroht."

Melioch überlegte kurz, und antwortete, als er das Kopfschütteln meiner Mutter sah: „Es ist zu früh, Jakobus, darüber zu reden. Es macht nur böses Blut, und vielleicht erweist sich mein Verdacht als ungerechtfertigt. Dann würden wir Ruben Unrecht tun. Doch ich verspreche dir: Du bist der Erste, der es erfährt, sollte sich meine Befürchtung bewahrheiten. Dann werden wir gemeinsam überlegen, was wir tun können. Ich nehme dich ernst, Jakobus, glaube mir. Und ich traue dir auch zu, das Rechte zu tun – wenn es etwas zu tun gibt."

Er sagte im Grunde dasselbe wie mein Engel. Doch warum hielt er sich dann selbst nicht daran? Irgendetwas beunruhigte ihn so, dass er diese Sorge an meine Mutter weitergegeben hatte.

Er schien den Gedanken zu erraten, denn er fügte hinzu: „Ich sehe jetzt, dass ich vorschnell gehandelt habe. Schwägerin, es wäre klüger gewesen, meine Bedenken für mich zu behalten. Im Moment können wir sowieso nichts tun. Doch seid gewiss, die meisten Dorfbewohner, der Rabbi, der Ältestenrat und die Vertretung der Handwerker stehen auf eurer Seite."

Der Engel sprach aus mir: ‚Und der himmlische Vater.'

Die beiden atmeten erleichtert auf. Anschließend begleitete mich Melioch hinüber in die Werkstatt. Er besah sich die Arbeit, die ich gerade tat, und jene, die noch auf mich wartete. Zufrieden meinte er, dass das Geschäft gut liefe. Ich erzählte ihm auch von meinem Entschluss, Schuhe auf Vorrat in verschiedenen Größen zu fertigen, sollte die Auftragslage einmal ruhiger sein. Anerkennend nickte er. „Ich habe dir schon einmal versprochen, dir römische Kunden zu schicken. Es wird dir an Aufträgen nicht mangeln. Du leistest sehr gute Arbeit und hast eine freundliche und trotzdem bestimmte Art, mit den Menschen umzugehen. Um dich ist mir nicht bange – solange Ruben nicht hinterhältige Methoden anwendet."

Seine zuversichtliche Miene wurde wieder sorgenvoll. Hastig verabschiedete er sich und kehrte an seine Arbeit zurück.

Jeder Mensch ist ein Tempel GOTTES

Die nächsten Tage vergingen wie im Fluge. Ich arbeitete in der Werkstatt, sprach zu den Menschen, die mich aufsuchten, um von Jesus zu hören, und besuchte am Sabbat zusammen mit Onkel Melioch und seinen Söhnen die Synagoge. In meinem Inneren nannte ich das Gebäude „Tempel GOTTES", in Erinnerung an eine Predigt, die Jesus auf dem Berg vor der großen Stadt gehalten hatte.

Kaum hatten wir unsere Plätze eingenommen, kam der alte Rabbi auf mich zu und zog mich zur Seite: „Jakobus, getraust du es dich, vor den Männern zu predigen?"

Ich erschrak. Gedanken wirbelten mir durch den Kopf. Worüber sollte ich sprechen? War ich nicht zu jung? Würde ich ernst genommen werden?

Der Rabbi schaute mich bittend an. Er fühlte wohl den inneren Kampf, den ich ausfocht, denn er sprach: „Hab Vertrauen in den Engel, den der himmlische Vater dir zur Seite gestellt hat!"

Im gleichen Moment war ich von einer großen Ruhe erfüllt. Das Vertrauen, das der Rabbi in die göttliche Führung hatte, war ansteckend. Ich nickte und ging an der Seite des alten Mannes nach vorn. Er begrüßte die Anwesenden, las aus den Heiligen Schriften vor und, als die Zeit der Predigt gekommen war, bat er mich, zu den versammelten Männern zu sprechen.

War das wirklich der fünfzehnjährige Schustergeselle, der da so selbstbewusst vor den viel älteren und angeseheneren Juden stand? Ich kannte mich selbst nicht in dieser Stunde. Noch einen Herzschlag vorher hatte ich nicht gewusst, worüber ich sprechen sollte. Der von mir mit großer Inbrunst erflehte Kontakt mit meinem Engel war bisher nicht zustande gekommen. Doch erinnerte ich mich noch gut an seine früher gesprochenen Worte: ‚Im Moment kannst du nichts tun. Wenn die Zeit da ist, wirst du das Richtige tun.'

Jetzt war die Zeit da. Ich holte tief Luft, öffnete den Mund und *es* sprach aus mir: „Angesehene Männer unseres Ortes, ich freue mich, dass der Rabbi mir Gelegenheit gibt, über die Zeit zu sprechen, in der ich mit dem Prediger und Heiler Jesus unterwegs war. Ich verbrachte einen Sabbat in seiner Gegenwart. Doch waren wir weder in einer Synagoge noch im Tempel!"

Erstauntes, vereinzelt auch empörtes Gemurmel erhob sich. Ruhig fuhr ich fort: „An jenem Sabbat wurde ich Zeuge, wie Jesus Aussätzige heilte. Eine unüberschaubare Menschenmenge erwartete ihn danach auf dem Berg vor der großen Stadt. Während seiner Ansprache wurde er von einem Pharisäer angeklagt, gegen das Gesetz GOTTES zu verstoßen, weil er am Ruhetag die Synagoge nicht aufgesucht, sondern stattdessen Sünder geheilt habe. Ein römischer Hauptmann verteidigte Jesus und so konnte, nachdem der Ankläger und die Gesetzeslehrer den Berg verlassen hatten, der Prediger weiter zu den Menschen sprechen. Das, was er sagte, hat viele Menschen bewegt und deshalb möchte ich es an euch weitergeben. Der Prediger erklärte, während er darauf wartete, dass Kranke zu ihm gebracht wurden: ‚Brüder, Schwestern. Ihr habt gehört, was der Pharisäer mir vorwarf. In seinen Augen sündige ich, weil ich GOTT nicht aufsuche. Er glaubt wie so viele, GOTT sei nur im Tempel und in den Synagogen zu finden. Er glaubt, die größte Nähe zu Ihm sei nur einigen wenigen Auserwählten vorbehalten. Doch wahrlich, ich sage euch: **Wer GOTT in der Welt sucht, wird Ihn fehlen. Wer GOTT in einem Gebäude sucht, wird Ihn nicht finden. Der einzige Ort, an dem der Mensch GOTT nahe sein kann, ist im eigenen Herzen. Wer GOTT in seinem Inneren gefunden hat, begegnet Ihm an jedem Ort.** So nenne ich nicht nur den Tempel in Jerusalem *Tempel GOTTES*, sondern jeden einzelnen von euch, der dem himmlischen Vater in seinem Herzen Platz gibt. So, wie ich den armseligsten Ort, an dem sich Menschen begegnen, die GOTT ihren Vater nennen, *Tempel GOTTES* nenne.' – In der Zwischenzeit waren viele Kranke zu Jesus gebracht worden. Bevor er und seine Jünger begannen, ihnen die Hände aufzulegen und sie zu heilen, sprach der HERR: ‚Wenn der Mensch zu einem Tempel GOTTES wird, ist GOTT in ihm gegenwärtig. Glaubt ihr nicht, dass GOTT in der Lage ist, den Tempel, den er bewohnt, hell und heil zu gestalten?' Dann heilten Jesus und einige seiner Anhänger viele Kranke."

Obwohl ich noch viel zu erzählen gehabt hätte, versiegte der Redestrom aus meinem Mund. Die Zuhörer dachten über die Worte nach. Da erhob einer von ihnen, der seit Jahren unter einer Krankheit litt, die Stimme: „Soll das heißen, wenn ein Mensch krank ist, braucht er nur GOTT in sich zu finden und er ist auf der Stelle gesund?"

Mein Verstand wusste darauf keine Antwort. Doch mein Engel gab sie: „Es ist nicht so leicht, GOTT in sich zu finden. **Wenn das Herz eines Menschen voller Angst ist oder voller Schuld, Hass, Neid oder Missgunst, findet GOTT keinen Platz darin.** Erst, wenn alle diese Gefühle aus dem Herzen entfernt sind, so, wie Unkraut aus einem Gemüsefeld, erst dann ist das Herz frei für die Liebe, erst dann kann GOTT darin Wohnung beziehen. Dann wird Er aus dem Inneren des Menschen herausstrahlen – und es wird für jeden sichtbar sein, dass jener Mensch ein Tempel für GOTT ist."

Der Rabbi kam mit ausgebreiteten Armen auf mich zu, umarmte mich väterlich und bedankte sich laut bei mir. Ein letztes Mal sprach es aus mir: „Dankt nicht mir, dankt dem himmlischen Vater, dass Er Jesus in unseren Ort geführt hat, damit wir durch ihn all diese Wahrheiten erfahren dürfen."

Melioch und meine Vettern nickten mir stolz und anerkennend zu, als ich mich wieder zu ihnen gesellte, um den Schlusssegen des Rabbi zu empfangen.

Danach standen wir draußen in Gruppen beisammen. Die meisten der Männer warfen mir zustimmende Blicke zu, nur einige wenige blickten missbilligend. Ich spürte eine Sicherheit in mir, die so leicht nicht zu erschüttern war.

Der alte Rabbi gesellte sich zu meinem Onkel und mir. Überrascht bemerkte ich, dass sich eine große Sorgenfalte zu den vielen Falten auf seiner Stirn gesellt hatte. Melioch sprach ihn an: „Mein erwachsener Neffe hat weise gesprochen, meint ihr nicht auch?"

Der alte Mann wiegte nachdenklich sein Haupt hin und her, bevor er antwortete: „Ich stimme den Ausführungen des Jesus ohne Einschränkung zu. Doch bin ich froh, dass dein Bruder Ruben diese Predigt heute nicht hörte. Wie ich ihn kenne, würde er es als Aufforderung deuten, am Sabbat die Synagogen nicht mehr aufzusuchen. – Wie ich erfahren habe, ist er in die Stadt gegangen, um Anklage gegen die Abtrünnigen des Ortes zu erheben? Wenn er dort ein offenes Ohr gefunden hat, wird er bald wieder zurück sein, um die Strafe seines gerechten GOTTES über die ‚Ungerechten' zu bringen."

Auch die Miene meines Onkels verriet nun Besorgnis. Ich wandte mich den älteren Männern zu und sprach: „Was immer Ruben gegen uns oder andere unseres Ortes vorbringen könnte, vergesst nicht: Wenn der himmlische Vater für uns ist, wer will dann gegen uns sein?"

Mit großer innerer Zuversicht ging ich nach Hause. Meine Mutter und die Geschwister warteten schon auf mich, um zu hören, was der Rabbi den Männern heute gepredigt hatte. Wie erstaunt und auch stolz war meine Mutter, als sie erfuhr, wer der heutige Prediger war.

Noch einmal erzählte ich von Jesus und merkte dabei, dass diesmal die Worte von mir kamen. Sie waren noch so frisch in meinem Gedächtnis, dass ich sie fast wörtlich wiedergeben konnte. Ich kam mir vor wie ein Schüler meines Engels. Ich fühlte ihn neben mir stehen wie einen Lehrer, der zufrieden lauscht, wenn sein Schützling das eben Gehörte fehlerfrei nachsagt. Eine große innere Freude erfüllte mich, obwohl ich bedauerte, dass die Frauen und Mädchen am Sabbat aus den Synagogen ausgeschlossen waren. Jesus predigte vor allen Menschen.

Als ich diesen Gedanken laut aussprach, antwortete meine Mutter erschrocken: „Lass das ja nicht Ruben hören. Er würde dich des Gottesfrevels bezichtigen."

Angst um Jesus

Den Rest des Tages verbrachten wir in der freien Natur. Wir spazierten am Fluss entlang, demselben Fluss, der an jener Herberge vorbeiströmte, in der ich Jeremiah und David kennen gelernt hatte.

Immer wieder waren meine Gedanken bei Jesus und den Männern und Frauen um ihn. Als ich mich von ihm verabschiedet hatte, waren es bestimmt über hundert, die ihm folgten. Waren es mittlerweile noch mehr? Doch erinnerte ich mich ebenso gut an die hasserfüllten Worte des Priesters in der Synagoge, die ich so fluchtartig verlassen hatte. Beim Gedanken daran tauchte in meinem Herzen wieder Angst auf, Angst um Jesus und seine Anhänger. Wo führte ihr Weg hin?

Meine Mutter, die schweigend neben mir schritt, warf mir fragende und besorgte Blicke zu. Schließlich sprach sie die Worte, mit denen Jesus heilte: „Jakobus, was fehlt dir?"

Mir schien, als hätte der HERR gesprochen. Ich blieb stehen, fühlte in mein Herz und konnte ihr dieselbe Antwort geben, die Veronika und ich von Jesus gehört hatten: „Vertrauen. Mir fehlt es an Vertrauen."

Mutter antwortete: „Schenke dem himmlischen Vater dein Vertrauen. Du weißt, dass Er für die Witwen und Waisen gut sorgt. Er wird uns nicht im Stich lassen."

Ich klärte sie nicht auf, dass meine Sorge nicht uns galt, sondern dem Heiler Jesus. Warum sollte ich sie damit belasten? Doch hatte ihre Antwort mir den richtigen Weg gezeigt. Ja, ich schenkte GOTT mein Vertrauen. Er würde nicht zulassen, dass irgendjemand den Menschen, die auf Ihn hofften, Schaden zufügte.

Der Traum vom Liebeslehen GOTTES

Auch an jenem Abend konnte ich voller Dankbarkeit den Tag beschließen. Ich fühlte mich GOTT und Jesus so nahe. Mein Herz war erfüllt von Zuversicht und Mut.

Nachts hatte ich einen Traum, der mir am Morgen noch so deutlich in Erinnerung war, dass ich das Gefühl hatte, es sei Wirklichkeit gewesen:

Jesus stand ganz allein unter unserem großen Senfbaum, genauso wie damals. Er hatte sein Gesicht an den Stamm gelegt und umarmte ihn. Ich näherte mich ihm langsam, voller Freude, ihn wieder zu sehen. Einige Schritte hinter ihm blieb ich abwartend stehen, um ihn in seiner inneren Zwiesprache nicht zu stören. Endlich ließ er den Baum los, wandte sich zu mir um und sah mich an. Ich kannte den Blick sehr gut, ein Blick, der mir sagte, dass Jesus von weit herkam. Dann erkannte er mich, lächelte mich liebevoll an, breitete weit seine Arme aus und nahm mich hinein in seine Liebe. Eine Ewigkeit standen wir da. Schließlich bat er mich mit einer Geste, neben ihm unter dem Baum Platz zu nehmen. Wir saßen uns gegenüber, ich war immer noch sprachlos vor Glück. Ohne dass der HERR den Mund bewegte, vernahm ich seine Worte:

‚Jakobus, höre gut zu, was ich dir jetzt sage. Du wirst es selbst noch oft zu Menschen sagen und es wird für viele ein Schlüssel sein, der ihnen den Weg zum Leben weist.

Wir kommen aus der Ewigkeit, um für eine Zeit lang Mensch zu sein. GOTT, der himmlische Vater, nennt uns Seine Kinder – und Er ist es, der uns keinen Augenblick auf dieser Welt allein lässt. Unser Leben verdanken wir Seiner Liebe. Er haucht uns Seine Liebe ein und mit dem ersten Atemzug, den ein Kind bei seiner Geburt tut, atmet es das Versprechen GOTTES ein, ihm alles zu geben, was es auf seiner Erdenwanderung braucht. Jedoch ist dieser Atem GOTTES nur geliehen, nur ein Lehen. Du bekommst von Ihm einen Kredit an Liebe. Du weißt, dass alles Geliehene eines Tages zurückzugeben ist. In der Zwischenzeit aber kannst du damit arbeiten. Verstehst du, Jakobus: GOTT gibt jedem Menschen Seine Liebe, damit dieser Zeit seines Lebens mit dieser Liebe arbeitet, sie vermehrt, ja – damit wuchert! Viele Menschen begehen den Fehler, den Kredit GOTTES zu verstecken, aus Angst, dieses Kapital zu verlieren. Jene stehen am Ende ihres Lebens leer da. Denn – nur die Zinsen des Lehens gehören ihnen, das Anfangskapital atmet GOTT nach dem letzten Atemzug des Menschen wieder ein. Wie reich sind dagegen diejenigen, die großzügig mit dem Lehen umgehen, die es vermehren, indem sie es verschenken. **Denn dies ist das Geheimnis der Liebe: Je mehr du davon verschenkst, umso größer ist der Gewinn.** Schließe keinen Menschen von deiner Liebe aus, denn das hieße, das Kapital, das dir GOTT gegeben hat, zu verstecken, so, wie Menschen einen Schatz verstecken, aus Angst, er könne ihnen gestohlen werden. Hat je ein Mensch Freude an einem vergrabenen Schatz gehabt? Er wird schlaflose Nächte durchwachen, denn die Angst, jemand könne ihn finden und stehlen, wird ihn daran hindern, sich an ihm zu erfreuen. – Vergiss nicht: GOTT überlässt jedem Menschen Seine Liebe – und Er fordert sie von jedem Menschen zurück. Mache den größten Gewinn damit, der dir möglich ist, und erinnere jeden Menschen, der atmet, daran: Denn, dass er atmet, ist der Beweis für das Liebeslehen des himmlischen Vaters.'

Jedes der Worte nahm mein Herz auf wie ein Schwamm, der begierig Wasser aufsaugt. Mein Atem – ein Lehen von GOTT? Die Liebe in mir – ein Kredit vom himmlischen Vater?

Immer noch ruhte der liebevolle Blick des HERRN auf mir. Mein Herz gab ihm zur Antwort: ‚Jesus, ich glaube, dir hat GOTT ein besonders großes Lehen gegeben, denn ich kenne keinen Menschen, der so großzügig damit umgehen würde wie du. Lehre mich, ebenso zu werden.'

Seine Antwort kam unverzüglich: ‚Mein kleiner Bruder, du kannst nie so *werden*, du kannst nur so *sein*! **Kein Mensch kann sich vornehmen, Liebe zu verschenken. Wenn er es nicht Hier und Jetzt tut, gehört er zu jenen, die den Schatz vergraben haben.**'

Nach diesen Worten wurde das Bild, das ich sah, unscharf. Es schien mir, als löse sich Jesus auf. Ich streckte ihm meine Hände entgegen, rief ihm bittend nach: ‚Bleib hier, HERR'."

Die Antwort kannte ich so gut: ‚Egal, ob 50 oder 5000 Schritte uns trennen, egal, ob ein Augenblick oder viele Jahre zwischen uns liegen, in unserer Liebe sind wir EINS!'

Als der Morgen dämmerte, erwachte ich voller Zuversicht. Ich spürte eine Liebe in mir, die nichts ausschloss. Selbst der Gedanke an

Ruben konnte daran nichts ändern. Ich freute mich auf ihn! Bei unserer nächsten Begegnung würde ich zu Wort kommen, würde ihm von meinem ‚Traum' erzählen! Und auch der Rabbi, die Frauen, die in die Werkstatt kämen, die Männer des Dorfes, sie alle sollten die Worte des Predigers hören!

Die ersten, mit denen ich das Erfahrene teilte, waren meine Familienangehörigen. Mit geschlossenen Augen saß Mutter da, mit offenem Mund hörte Naftali zu; die beiden Schwestern verstanden die Worte wohl noch nicht. Meine Mutter schwieg lange, bevor sie zu mir sprach: „Ich bin gesegnet, Jakobus. Es ist eine Gnade GOTTES, Mutter eines Sohnes zu sein, durch den Er spricht."

Erstaunt hörte ich ihre Worte. Jesus hatte zu mir gesprochen, wie kam sie nur darauf, dass es GOTT sei? Ihr Blick war wieder in die Ferne gerichtet ...

Viel Arbeit erwartete mich in der Werkstatt. Voller Freude begann ich sie. Wann würden endlich die ersten Kunden kommen, denen ich Jesus' Worte weitergeben konnte?

Meine Enttäuschung darüber, dass niemand kam, wurde immer größer. Hatte Jesus mir die Worte nicht geschenkt, damit ich sie allen Menschen weitergab? Wo waren dann die Menschen? Gerade noch rechtzeitig erinnerte mich mein Engel: ‚Es gibt eine Zeit zu reden und eine Zeit zu schweigen. **Was nützte es dir oder Jesus oder GOTT, wenn du zur falschen Zeit zu den falschen Menschen sprichst? Sie würden dich nicht verstehen!** Für GOTT zu sprechen, heißt, bereit zu sein – ohne dein ‚Ich will' und ohne jedes ‚Ich muss'. **Für GOTT zu handeln, heißt, ohne jede Erwartung und ohne jede Angst zu s e i n!**'

Ruben und die Anklage der Schriftgelehrten

Ich dachte noch über die Worte nach, als Melioch in die Werkstatt stürmte. Ohne einen Gruß stieß er hervor: „Ruben ist zurück! Und er hat seine Drohung wahr gemacht. Er ist nicht allein. Und weißt du, wer ihn begleitet? Zwei Schriftgelehrte aus der Stadt, in der wir die

Synagoge besuchten. Wir kennen beide: der eine ‚wusch' dich für viel Geld rein, der andere hielt die Hetzrede gegen Jesus. Sie gingen an meiner Gerberei vorbei, rümpften die Nase und blieben in größerem Abstand stehen. Ruben zeigte mit dem Finger auf unser Haus und gestikulierte wild. Dann setzten sie ihren Weg fort. Ich schlich hinter ihnen her und sah sie im Haus des Rabbi verschwinden. Der arme, alte Mann. Er wird ihnen nicht gewachsen sein."

Bei seinen Worten kam eine große Ruhe über mich. In mir hörte ich die Stimme: ‚Jetzt ist es Zeit zu sprechen.' Laut sprach ich diese Worte aus.

Mein Onkel sah mich erstaunt an, doch schien ihm meine Sicherheit gut zu tun. Ich sagte weiter: „Heute Nacht war ich mit Jesus beisammen. Der HERR sagte mir, was ich zu tun und zu sagen hätte. Lass uns zum Rabbi gehen."

Ich begab mich hinüber in meine Kammer, um mich umzukleiden. Die ganze Zeit war Jesus an der einen Seite, mein Engel an der anderen. Melioch unterrichtete währenddessen meine Mutter von der neuen Entwicklung der Dinge, doch klang seine Stimme wesentlich ruhiger als zuvor.

Es schien sich im Ort herumgesprochen zu haben, dass Ruben mit Verstärkung zurück war. Neugierige Blicke folgten uns. Mit großen Schritten gingen wir zum Haus des Rabbi.

Bereits auf der Straße konnten wir die laute Stimme des fremden Priesters hören. Einzelne Worte verstanden wir: Gottesfrevel, Gotteslästerei, Aufruf zur Abkehr von GOTT, Bestrafung, Verbannung. Der Zorn in seiner Stimme klang mir vertraut: Ebenso hatte er über Jesus gesprochen.

Nur kurz zögerte ich, bevor ich, ohne zu klopfen, das Haus betrat. Melioch folgte mir. Ich hörte sein erregtes Atmen und konnte den Schweiß riechen, der nicht nur von der Hitze des Tages kam. Wunderte es mich, dass ich so ruhig blieb? Nein – Jesus und der Engel schritten neben mir.

Die Männer im Raum wandten sich erstaunt um, als sich die Türe öffnete. Nun sprang mich der Hass in ihren Gesichtern an – und die

Angst des kleinen alten Rabbi, der in sich zusammengesunken und zitternd in einer Ecke seines eigenen Hauses stand.

Ruben stieß mit spitzem Finger in meine Richtung und schrie: „Das ist er, der den falschen GOTT in unser Dorf gebracht hat. Das ist Jakobus, der von diesem Jesus verdorben wurde. Mein armer Bruder Jakobus würde sich im Grab umdrehen, wenn er sehen müsste, wie sein verlorener Sohn seine Familie ins Verderben stürzt."

Wie ein Geier auf seine Beute stürzte er auf mich zu, packte mich am Obergewand und schüttelte mich wie einen Hund. Ich ließ es über mich ergehen. Es schien mir, als stünde ich neben mir und betrachte das Ganze. Ja, Ruben war krank! Krank vor Hass und Wut und Zorn auf alle, die glücklich waren. Ich erkannte ganz deutlich, dass er vor langer Zeit seinen Schatz vergraben hatte, aus Angst, ihn zu verlieren.

Melioch kam mir zu Hilfe. Er umfasste seinen Bruder von hinten und zog ihn von mir weg. Nun richtete sich der ganze Hass des tobenden Ruben auf seinen Bruder. Auch ihn klagte er mit sich überschlagender Stimme an: „Und dies ist mein Bruder Melioch. Auch ihn berührte dieser Jesus, auch er ist verdorben und verloren. Ich bin geschlagen mit diesen Verwandten, doch werde ich nicht eher ruhen, bis sie bestraft und verstoßen sind."

Erschrocken ließ ihn Melioch los. Ruben tobte und spuckte wie ein Besessener. Sogar die Schriftgelehrten betrachteten ihn mit Abscheu. Endlich kam er wieder zu sich. Er brauchte die beiden Männer aus der Stadt, sie wollte er nicht gegen sich aufbringen. Schwer atmend ließ er sich auf einen Stuhl sinken.

Ich warf einen schnellen Blick zum alten Rabbi, meinem Freund. Er war im Gesicht weiß wie ein Müller, hielt eine Hand auf sein Herz und bekam kaum Luft zum Atmen. Ich erschrak, doch dann fiel mir das Gespräch mit Jesus ein. Sollte der himmlische Vater beschlossen haben, Seinen Atem, Sein Liebeslehen jetzt von diesem alten Mann zurückzufordern, so wusste ich, dass dem Rabbi durch seine gelebte Nächstenliebe viele Zinsen blieben.

Ruhig ging ich auf ihn zu, stützte ihn und führte ihn zu einem Hokker. Dankbar drückte er meinen Arm.

Der fremde Priester sprach uns an: „Ich kenne euch. Vor über einer Woche besuchtet ihr unsere Synagoge. Fremde fallen auf. Und erst recht, wenn sie Hals über Kopf während der Predigt hinausstürmen." Er wies mit seinem Finger auf mich und fuhr mit einem scharfen Klang in der Stimme fort: „Was hat dich in die Flucht geschlagen? Dein schlechtes Gewissen? Die Wahrheit zu hören über den falschen Propheten?"

Bevor er weiterreden konnte, wusste ich, dass nun die Zeit des Sprechens für mich gekommen war. Ruhig antwortete ich ihm: „Habt *Ihr* Jesus kennen gelernt?"

Erbost über meine Frechheit, seine Rede zu unterbrechen, begehrte er auf: „Ich bin dem GOTT unserer Väter dankbar, dass Er mir die Begegnung mit dem Satansanhänger erspart hat."

Erstaunt fragte ich: „**Ihr nennt Euch gerecht und urteilt doch über einen Menschen, ohne ihn zu kennen?** *Ich* kenne ihn und weiß, dass er GOTT mehr liebt als sein eigenes Leben. Ich bezeuge, dass er die Menschen liebt, mehr als sein eigenes Leben. Wie könnt Ihr einen solchen Menschen als Satansanhänger bezeichnen?"

Er war bleich geworden. Nun mischte sich der andere Schriftgelehrte ein: „Auch ich kenne dich, junger Mann. Dein Onkel bat mich, dich von deiner Unreinheit zu befreien. Ich versuchte es, doch jetzt weiß ich, dass meine Kraft nicht ausreichte, dir zu helfen. Du bist besessen von einem bösen Geist, der dir nicht nur den Umgang mit Römern gebietet, sondern dich auch dazu anhält, die Gläubigen in deiner Umgebung von unserem gerechten GOTT abzubringen."

Melioch kam mir zu Hilfe: „Ihr tut meinem Neffen Unrecht! Er ist beliebt im ganzen Ort, er leistet gute Arbeit, er ist bereit, für seine Familie zu sorgen, nachdem sein Vater auf so tragische Weise ums Leben gekommen ist. Er hat eine Witwen- und Waisenkasse ins Leben gerufen, um Handwerkerfamilien zu unterstützen. Er repariert Schuhe für die Armen und verlangt nur einen Hungerlohn dafür. Ich kenne keinen Menschen, der in so jungen Jahren so zuverlässig und verständig wäre wie er. Lernt ihn kennen, bevor Ihr Euch ein so hartes Urteil bildet. Und vertraut nicht vorschnell allein den Worten, die mein Bruder Ruben aus verletztem Stolz heraus spricht."

Die Erklärung Meliochs wirkte beschwichtigend auf die fremden Besucher. Sie blickten zu Ruben, der mit hochrotem Kopf etwas abseits saß und sich nur mühsam beherrschte. Bevor er noch zu einer Gegenrede ansetzen konnte, sprach der Priester mit gemäßigter Stimme zu mir: „Davon hat uns dein Onkel Ruben nichts erzählt. So will ich dir jetzt die Möglichkeit geben, zu den Anklagepunkten, die er gegen dich vorbringt, Stellung zu beziehen: Er beschuldigt dich, als Anhänger des Gottesfrevlers Jesus mit diesem unterwegs gewesen zu sein. Ist das wahr?"

Ich antwortete: „Ich war mit dem Prediger Jesus unterwegs, doch ist dieser ..."

Er ließ mich nicht aussprechen, sondern fuhr fort: „Er klagt dich des Weiteren an, die falsche Botschaft dieses Jesus an deine Familie, an deine Kunden und – wie wir eben erst erfahren haben – sogar gestern als Prediger in der Synagoge allen Männern des Ortes weitergegeben zu haben. Lügt Ruben oder spricht er die Wahrheit?"

Ich wurde unsicher. Eine falsche Antwort konnte über unsere Zukunft entscheiden. Mein Mund sprach: „Die Worte des Predigers Jesus vermögen es, Menschen zu heilen. Sie zeigen einen Weg zum himmlischen Vater, der uns bisher versperrt war."

Bei meinen Worten wurde der Schriftgelehrte weiß wie die gekalkte Wand hinter ihm. Anklagend richtete er beide Arme zum Himmel, schloss die Augen und rief laut: „Oh gerechter GOTT unserer Väter. Hab Gnade mit diesem Verführten und Mitleid mit allen, die seinen sündigen Worten gelauscht haben."

Ich verstand ihn nicht. Was hatte ich denn gesagt, womit ich die Rache GOTTES verdient hätte?

Er wandte sich wieder mir zu. In seinem Blick war Traurigkeit, als er sagte: „Mein Sohn, du bist ebenso wie viele andere auf die falschen Worte dieses Menschen hereingefallen. Unter dem Deckmantel der Liebe will er eine Herrschaft aufrichten, die alle, die an ihn glauben, in das Verderben führen wird. Er spricht von Liebe und hat die Gier nach Macht in sich. Merkt ihr denn nicht, dass er die Menschen mit süßen Worten in *seine* Knechtschaft führt? Er hetzt euch gegen den GOTT der Väter auf, der unser Volk in die Freiheit geführt hat. Er hetzt euch gegen die Römer auf – und warum? Weil *er* selbst der Herrscher unseres Landes werden will!"

Erneut hatte er sich in einen Zorn hineingeredet. Innerlich immer noch ruhig, widersprach ich ihm: „Glaubt mir, Jesus spricht nicht nur von Liebe, er lebt sie auch! Er spricht nicht nur vom Barmherzigsein, er ist es. Er erzählt nicht nur von Friedfertigkeit, er zeigt den Menschen den Weg, mit früheren Feinden in Frieden und Freundschaft zu leben. Was ist daran verwerflich?"

Die Hinterlist des Ruben

Ruben sprang wieder auf und schrie: „Seht ihr nun, wie verblendet und verloren mein Neffe ist? Wie kann er der Familie meines Bruders vorstehen? Er wird sie alle in die Verdammnis führen!"

Der anklagende Priester ergriff das Wort: „Ich gebe dir Recht, Ruben. Und nicht nur Jakobus ist eine Gefahr für eure Gemeinde, auch der Rabbi. Durch sein Geständnis, die Worte des falschen Predigers in seiner Synagoge verkünden zu lassen, die Jugend des Ortes durch den verdorbenen Jakobus unterrichten zu lassen, ja sogar Mädchen in diese Verderbtheit zu locken, bleibt uns nichts anderes übrig, als ihn aus seinem Dienst für GOTT zu entlassen."

Der arme, alte Rabbi. Wie ein Häufchen Elend saß er auf dem Schemel, hielt die Augen geschlossen und weinte lautlos.

Bei seiner Verurteilung regte sich in mir der Widerspruch. Vorbei war es mit meiner Ruhe, das Herz klopfte bis zum Hals, das Blut rauschte laut in den Ohren. Ich spürte eine Wut in mir aufsteigen, und gleichzeitig das Gefühl der Hilflosigkeit. Egal, was ich sagen würde, sie verstünden mich nicht. Jedes weitere Wort wäre für sie ein zusätzlicher Beweis für meine Verblendung.

Warum half mir GOTT nicht? Warum sprach nicht der Engel aus mir? Hatte Jesus nicht gesagt, dass jeder Mensch einen Engel zur Seite habe? Warum dienten die Engel der beiden Priester nicht der gerechten Sache des Jesus und unterstützten mich? Mit geballten Fäusten stand ich da.

Der ältere Schriftgelehrte ergriff erneut das Wort: „Dein Onkel Melioch mag zwar Recht haben, dass du ein guter Handwerker bist und es verstehst, mit den Kunden umzugehen. Aus diesem Grund haben wohl auch euer Ältestenrat und die Handwerker eine Bewährungszeit eingeräumt. Doch gibst du selbst zu, ein Anhänger dieses Jesus zu sein. Allein aus diesem Grunde ist es unmöglich, dass du Oberhaupt deiner Familie wirst. Denn, wie ich sehe, bist du voll und ganz von dem Irrglauben dieses Menschen überzeugt und würdest somit deine Mutter und die Geschwister von unserem gerechten GOTT abbringen und in die Verdammnis führen. Wir berufen für heute Abend den Ältestenrat und die Handwerker noch einmal ein, um ihnen die Wahrheit über dich zu sagen. Wir bestehen darauf, dass dem Gesetz Genüge getan wird und dein Onkel Ruben die Verantwortung für euch übernimmt. Er ist ein gottesfürchtiger und gesetzestreuer Mann, der die Einhaltung der Gebote, die GOTT unserem Stammesvater Mose gab, garantiert. Halte dich bereit heute Abend, um die Entscheidung des Rates zu hören."

Bei jedem Wort, das er sprach, wuchs mein Unverständnis. Wie konnte der himmlische Vater diese Ungerechtigkeit zulassen? Hilflos blickte ich zu Melioch, der bleich neben mir stand.

Als würde dieser Schlag noch nicht genügen, sprang Ruben auf und stieß wieder mit dem Finger auf mich: „Habe ich dir nicht gesagt, dass unser gerechter GOTT die Ungerechten bestrafen wird? Ich bin nicht nur unserem GOTT in der Pflicht, sondern auch unserer verstorbenen jüngsten Schwester. Unsere Sippe hat kurz nach ihrem Tod deinen Eltern ihre beiden Kinder anvertraut, im guten Glauben, sie würden zu gottesfürchtigen Menschen erzogen. Mein Bruder Jakobus handelte danach, doch ich kann nicht zusehen, wie du sie verdirbst. Sollte der Rat gegen mich sein, werde ich die beiden zu mir nehmen."

Bei den ersten Worten bereits hörte ich das entsetzte Aufstöhnen des Melioch. Nun sagte er, fast unhörbar, zu Ruben: „Dass du so weit gehst, eine zusammengewachsene Familie auseinander zu reißen, hätte ich dir nicht zugetraut."

Mit lauter Stimme wandte er sich den fremden Priestern zu und sprach: „Bevor Ruben die beiden Kinder, die meinen verstorbenen Bruder Jakobus und dessen Frau als Eltern ansehen, zu sich nimmt in seine armselige Behausung, bitte ich darum, sie bei mir aufnehmen zu können."

Doch Ruben schrie aufgebracht: „Auch du bist vom falschen Glauben überzeugt."

Ich verstand nichts. Ratlos blickte ich von einem Onkel zum anderen. Plötzlich schien es mir, als würde ein Vorhang weggezogen, der viele Jahre die Erinnerung verborgen gehalten hatte. So lange ich zurückdenken konnte, waren Naftali und die ältere der beiden Schwestern in unserer Familie. Jetzt erkannte ich vor meinem geistigen Auge, dass ich Naftali nie als Säugling gesehen hatte. Ich strengte mein Gedächtnis an: Eines Tages waren zwei Geschwister dazugekommen. Ein neugeborenes Mädchen namens Mira und Naftali, der bereits sprechen konnte! Nie war ich bisher auf den Gedanken gekommen, die beiden könnten nicht meine leiblichen Geschwister sein! Meine Eltern liebten uns alle gleich, ebenso wie die als Nachzüglerin geborene Jevta.

All diese Gedanken tauchten blitzschnell in meinem Kopf auf – und doch schien es mir, als sei mein Gehirn gelähmt. Es weigerte sich, auf die Erkenntnis einzugehen. Wie betäubt stand ich da!

Melioch meldete sich erneut mit mühsam beherrschter Stimme zu Wort: „Bevor ihr eine solche Entscheidung fällt, seht euch die Familie des Jakobus an. Sprecht mit den Kindern, macht euch selbst ein Bild von meiner Schwägerin. Doch bitte ich euch, den Kindern gegenüber nicht zu erwähnen, dass sie nur angenommen sind. Unsere jüngste Schwester starb bei der Geburt ihres zweiten Kindes, der Erstgeborene war zu diesem Zeitpunkt noch nicht einmal drei Jahre alt. Ihr Mann, der von unserem Vater nie geachtet wurde, verließ kurz danach unseren Ort und kümmerte sich nicht mehr um sie. Die Kinder können sich nicht daran erinnern. Bildet euch selbst ein Urteil! Macht euch nicht zum Komplizen eines vor Missgunst kranken Mannes und ladet das Unrecht auf euch, eine heile Familie zu zerstören. Meine Schwägerin würde daran zerbrechen."

Der Synagogenvorstand ließ sich nicht umstimmen: „Dein Neffe Jakobus ist so überzeugt von dem, was er sagt und tut, dass wir zum Wohl der Kinder so handeln müssen."

Ruben stand immer noch dicht vor mir. Sein Gesicht heuchelte nun Mitgefühl, als er zu mir sprach: „Lass uns kurz nach draußen gehen und unter vier Augen sprechen. Vielleicht finden wir eine Lösung."

Immer noch wie betäubt folgte ich ihm. Er schloss die Türe sorgfältig hinter uns. Sein Blick wurde verschlagen – und siegesgewiss, als er leise sprach: „Es gibt eine Möglichkeit, dass eure Familie zusammenbleiben kann: Wenn du mich bittest, euer Vormund zu sein und mich als Familienoberhaupt anerkennst."

Langsam begann mein Gehirn wieder zu arbeiten. Ich schloss die Augen und sah meine Mutter vor mir, wie sie liebevoll die Kinder versorgte. Es *waren* meine Geschwister! Wie sehr hatte mich Naftali angefleht, alles zu tun, damit Ruben nicht ins Haus käme. Doch wenn ich weiterhin für mein Recht kämpfte und zu Jesus stand, würde Ruben Naftali und seine leibliche Schwester meiner Mutter entreißen und zu sich nehmen!

Allein der Gedanke daran verursachte mir Übelkeit. War es nicht das kleinere Übel, wenn ich Ruben akzeptierte und nicht mehr öffentlich für Jesus eintrat? So besaß ich wenigstens die Möglichkeit, meiner Familie zur Seite zu stehen. Bald würde ich erwachsen sein, dann konnte Ruben mich nicht mehr daran hindern, für uns zu sorgen.

Doch fiel mir auch der Satz meiner Mutter ein: ‚Wenn der Rat gegen dich entscheidet, so bitte ich dich zu gehen.' Die Angst, ich könnte daran zerbrechen oder mich gegen Ruben wenden, ließ sie so sprechen. Nein, ich würde stark genug sein und versuchen, Barmherzigkeit gegenüber dem Vormund zu üben.

‚Dem Vormund' – zum ersten Mal hatte ich Ruben so genannt!

Ich öffnete meine Augen und sah ihn fest an: „Ich sehe ein, dass du im Moment der Überlegene bist. Nur aus diesem Grund bitte ich dich, die Vormundschaft für unsere Familie zu übernehmen. Und ich verspreche dir, dich als Familienoberhaupt anzuerkennen."

Der Triumph in seiner Miene war grenzenlos. Mit großartiger Geste riss er die Türe auf, schritt erhobenen Hauptes in den Raum und verkündete: „Mein Neffe Jakobus bittet mich, die Vormundschaft für seine Familie zu übernehmen. Ich ersuche euch, als Vertreter der Priesterschaft, mir die Erlaubnis dafür zu erteilen."

Sprachlos starrte mich Melioch an, hilflos der alte Rabbi. Ich senkte den Blick und hörte, wie der Synagogenvorstand mit salbungsvoller Stimme sprach: „Wir danken dir, Ruben, dass du dem Gesetz genügst und die große Aufgabe übernimmst, der Familie deines verstorbenen Bruders Jakobus des Älteren nach dem Willen unseres gerechten Gottes vorzustehen."

Ruben wandte sich mit stolzgeschwellter Brust zu mir um. Seine Stimme klang höhnisch, als er sprach: „Als dein Vormund bitte ich die Priester, dich morgen früh in ihre Stadt mitzunehmen, damit sie dich von deiner Unreinheit befreien und so lange unterrichten, bis du die Botschaft dieses Jesus als falsch erkannt und dich von ihm losgesagt hast."

N e i n ! Er hatte mir eine Falle gestellt und ich war hineingetappt! Mit geballten Fäusten ging ich auf ihn los und schlug in sein verhasstes Gesicht. Melioch und die beiden Priester mussten alle Kraft aufwenden, um mich von ihm wegzubringen.

Als mich Onkel Melioch mit beiden Armen umfasst hielt, begann ich zu weinen. Wir waren verloren! Ich hatte uns verkauft und musste die Menschen, die so auf mich vertrauten, allein zurücklassen.

Für wie lange? So lange, bis ich Jesus verleugnet hätte!

Der fremde Priester sprach: „Somit erübrigt sich die Versammlung heute Abend." Und zum alten Rabbi gewandt fügte er an: „Der Priester hier wird dich ablösen und den gerechten GOTT verkünden."

Auf Rubens Bitte hin antwortete er: „Ich werde morgen früh wieder aufbrechen und zusammen mit deinem Neffen in meine Stadt zurückkehren. Du wirst verstehen, dass die Aufgabe, um die du uns bittest, mit Kosten verbunden ist. Wenn du uns den Jungen morgen übergibst, halte auch das Geld dafür bereit."

Ruben antwortete: „So wird das unreine Geld, das er von den Römern hat, einem guten Zweck dienen." Doch es war ihm deutlich anzuhören, dass er es lieber selbst behalten hätte.

Immer noch hielt mich Melioch umarmt. Mein Kopf lag kraftlos an seiner Schulter. Ein letztes Mal sprach uns der wortführende Priester an: „Ich erwarte von dir, dass du morgen um die dritte Stunde hier erscheinst. Und dich, Melioch, frage ich: Welchem GOTT dienst du? Überlege dir die Antwort genau. Deine Zukunft hängt davon ab."

Der schwache und der starke Mensch

Melioch zuckte zusammen. Ich hörte seine Zähne gegeneinander knirschen. Dann ließ er mich los, senkte den Kopf und sagte leise: „Ich bin ein treuer und ergebener Diener des GOTTES unserer Väter."

Der alte Rabbi schluchzte laut auf.

Da wandte sich der Schriftgelehrte diesem zu und fragte: „Und du? Du hast unserem GOTT Treue geschworen. Ein letztes Mal frage ich dich, welchem GOTT dienst du?"

Ein Ruck ging durch den schwachen Körper des Alten. Er erhob sich langsam, richtete sich zu seiner vollen Größe auf und antwortete: „Mein ganzes Leben lang glaubte ich, dem gerechten GOTT zu dienen. Doch seit ich mit Jesus gesprochen habe, weiß ich, dass ich nur *euch* diente: Euch und den Gesetzen, die *ihr* gemacht habt. Jesus lehrte mich das einzige Gesetz, das GOTT uns gibt: Liebet einander! Jeder, der dieses Gesetz befolgt, dient dem Einen GOTT! Lieber würde ich sterben, als *meinen* GOTT zu verleugnen!"

Die beiden Priester schnappten laut nach Luft. Die Antwort des Älteren kam unverzüglich: „Damit hast du selbst über deine Zukunft entschieden. Du wirst dich dafür zu verantworten haben."

Wie sehr bewunderte ich den alten Rabbi um seine Größe! Melioch schien es ebenso zu ergehen, doch schämte er sich zugleich seiner Schwäche noch mehr als zuvor.

Ich trat auf meinen alten Freund zu, verbeugte mich vor ihm und bat ihn um seinen Segen für meine Zukunft. Wie bei meinem ersten Besuch nach meiner Rückkehr kniete ich vor ihm nieder, ließ mir seine Hand auf den Scheitel legen und hörte seinen mit großer Ruhe und Sicherheit gesprochenen Segen:

> „Wie kann ein junger Mensch sein Leben meistern?
> Indem er tut, was du gesagt hast, Herr.
> Von Herzen frage ich nach deinem Willen;
> bewahre mich davor, ihn zu verfehlen!
> Was du gesagt hast, präge ich mir ein,
> weil ich vor dir nicht schuldig werden will.
> Ich muss dir immer wieder danken, Herr,
> weil du mich deinen Willen kennen lehrst.
> Was du nach deinem Recht entschieden hast,
> das sage ich mir immer wieder auf.
> Genau nach deinen Weisungen zu leben,
> erfreut mich ebenso wie großer Reichtum.
> Ich denke über deine Regeln nach,
> damit ich deinen Weg für mich erkenne.
> Herr, deine Ordnungen sind meine Freude;
> ich werde deine Worte nicht vergessen."[6]

Und er fügte hinzu: „Jakobus, mein Sohn, vergiss nie das Gesetz der Liebe, das uns Jesus lehrte."

Bis zu diesen letzten Worten hatten die anderen Männer im Raum geschwiegen, doch nun schrie der ältere Priester laut: „Er wagt es, den Namen des falschen Propheten gleichzeitig mit dem heiligen Wort der Psalmen in den Mund zu nehmen. Oh GOTT, er ist verloren!"

Nach diesem Satz zerriss er sein Obergewand und stürmte hinaus, gefolgt von seinem Begleiter.

---

[6] Psalm 119,II.

Ruben blickte siegessicher auf mich herab und fragte: „Nun, wer von uns dient dem richtigen GOTT? Wessen GOTT ist nun der Stärkere?" Dann ging er den anderen nach.

Immer noch kniete ich vor dem alten Rabbi. Seine Hand ruhte sanft auf meinem Scheitel. Eine große Ruhe und Kraft strömte in mich hinein. Ich fühlte mich Jesus so nahe; vor meinem inneren Auge konnte ich ihn vor mir stehen sehen. *Er* war es, der mir Kraft schenkte! Nicht einmal der voller Triumph hervorgestoßene Satz des Ruben vermochte es, mich aus der Verbindung mit dem HERRN zu reißen.

Mein Onkel Melioch war es, der mich in die Gegenwart der kleinen Kammer zurückholte. Er begann laut zu jammern: „Wie kann GOTT diese Ungerechtigkeit zulassen? Ist der himmlische Vater, von dem uns Jesus erzählte, wirklich ein anderer als der gerechte GOTT unserer Väter? Hängen wir vielleicht doch einem falschen GOTT an? Wenn es so ist, bin ich den Schriftgelehrten dankbar, dass sie mich dazu gebracht haben, diesem falschen GOTT abzuschwören. Wenn nicht, habe ich soeben meine Seele verkauft."

In diesem Moment öffnete sich die Türe wieder und Ruben steckte seinen Kopf herein. An Melioch gerichtet sprach er: „Was hast du hier noch verloren? Wenn du dich zu den Gerechten zählst, so lass die Ungerechten allein."

Melioch blickte traurig und hilflos von mir zum Rabbi. Leise flüsterte er uns zu: „Bitte versteht mich. Ich bin meiner Familie verpflichtet."

Mit gesenktem Kopf verließ er das Haus.

Lange blickten wir uns an: der alte Mann, der sich treu geblieben war, und der junge Mann, der morgen in die Stadt gehen sollte, um sich untreu zu werden. Wir brauchten keine Worte. Mit dem alten Psalm hatte der Rabbi mir alles gesagt, was ich wissen musste. Nein, ich würde den Synagogenvorstand nicht begleiten. Niemals könnte ich die Wahrheit des Jesus verleugnen. Er war mir immer noch nahe.

Der Rabbi fragte leise: „Was wirst du tun?"

Ich sah meinen Weg klar vor mir: „Ich werde noch heute Nacht weggehen. Mögen die Leute sagen, was sie wollen. Meine Mutter wird mich verstehen. Und meine Geschwister werden mir irgendwann verzeihen können. Ich werde einen Weg finden, meiner Familie *und* mir selbst treu zu bleiben. Wäret ihr vorhin nicht so stark gewesen, hätte ich nicht den Mut dazu. Doch sagt mir: Warum kann der himmlische Vater so etwas zulassen?"

Er überlegte lange, bevor er antwortete: „Frag nicht nach dem Warum. **Die Sichtweise von uns Menschen ist beschränkt.** Allein GOTT weiß, warum er Ruben dir als Familienoberhaupt vorzieht. Vielleicht ist das eine Möglichkeit, aus Ruben einen guten Menschen zu machen? **Verurteile niemanden, denn du kennst seine Beweggründe nicht.**"

Seine Worte erinnerten mich an die Sätze des Jesus, mit denen er Judas in Schutz genommen hatte. Hatte ich so schnell die Lektion vergessen? Beschämt erzählte ich dem Rabbi davon.

Er schwieg eine Weile, dann meinte er: „Wir dürfen auch Melioch nicht verurteilen. Wenn er Jesus nicht aus Schwäche verleugnet hätte, hätte ich nicht die Kraft aufgebracht, ihm treu zu bleiben. Erst als ich sah, wie groß die Verzweiflung und Schuld war, die Melioch auf sich lud, konnte ich stark sein. – Während Jesus in jener Nacht Gast in meinem Hause war, erzählte er mir etwas, das ich erst jetzt verstehe: Er sprach davon, dass er selbst oft erst durch die Schwäche anderer Menschen seine eigene Stärke spürt und zulassen kann."

Ich fragte den alten Mann: „Was wird nun aus Euch?"

Immer noch war eine große Stärke in seinem Blick und seiner Stimme: „Mach dir um mich keine Sorgen. Ich bin alt und GOTT wird mich das letzte Stück meines Weges führen. Ich glaube nicht, dass der Schriftgelehrte mich öffentlich beschuldigt und zu Wort kommen lässt. Er sah die Kraft in mir – und sie machte ihm Angst. Es ist wahrscheinlicher, dass sie mich einfach wegschicken. Ich habe noch eine Schwester, zu der ich gehen kann. Vielleicht werde ich in ihrem Ort dringender gebraucht? Jesus sagte noch etwas zu mir: ‚**Die Menschen leben nicht alle in derselben Welt. In Wirklichkeit leben sie in zwei Welten: der Welt der Angst oder der Welt der Liebe. Im Leben eines jeden Menschen kommt der Tag, an dem er sich entscheiden muss für eine dieser Welten. Wer sich**

dann für die Angst entscheidet, wird in ihr untergehen.' Als ich vorhin Melioch so verzweifelt sah, erinnerte ich mich an dieses Wort des Predigers. Ich hoffe, Melioch geht nicht in der Welt der Angst unter. – Geh jetzt und sprich mit deiner Familie. Ich bin in Gedanken bei euch in der Gewissheit, dass GOTT für euch sorgen wird. Vergiss nicht: Wenn GOTT für uns ist, wer will gegen uns sein?"

Wir umarmten uns und fühlten uns verbunden wie Vater und Sohn.

Wenig später war ich auf dem Nachhauseweg. Ich versuchte, Worte zu finden, mit denen ich meiner Familie alles erklären konnte, doch mein Verstand brachte nichts zu Wege. Dafür sprach mein Engel: ‚Sorge dich nicht. Du bist zur rechten Zeit am rechten Ort und wirst das Rechte tun. Verschließe dich niemandem. Erinnere dich: **Du kannst nicht einen einzigen Menschen aus deiner Liebe ausschließen, ohne dein Herz zuzusperren.** Aber – dann ist es auch nicht mehr für Jesus, für deine Mutter, für deine Geschwister offen.'

Der Vater hat andere Pläne

Ich wunderte mich ob der Ruhe, die in mir herrschte. Als ich mich unserem Haus näherte, kam mir Mutter schon entgegen. Ihr Blick war angstvoll und fragend auf mich gerichtet.

Ich legte ihr den Arm um die Schulter und führte sie in die Werkstatt. Zuerst wollte ich mit ihr allein sprechen. Wir saßen nebeneinander, voller Sorge hörte sie mir zu. „Mutter, der himmlische Vater hat andere Pläne als wir. Ruben hat damit gedroht, uns Mira und Naftali wegzunehmen, wenn ich auf der Verantwortung für unsere Familie bestehe."

Sie schlug die Hände vor das Gesicht und begann zu weinen. Ich sprach weiter: „Mach dir keine Sorgen. Ich habe ihn gebeten, Vormund für uns zu sein. Ich habe ihm versprochen, ihn als Familienvorstand anzuerkennen. Es war die einzige Möglichkeit, dass wir zusammenbleiben können. Er verlangt, dass ich morgen früh mit dem fremden Priester in die Stadt gehe, um dem falschen Glauben des Jesus abzuschwören. Ich werde es nicht tun. Ich werde heute

Nacht weggehen. Vielleicht zu Maniech, vielleicht ins Römerlager zu Claudius und Egregius, vielleicht finde ich auch wieder Anschluss an Jesus und seine Anhänger. Mein Engel sagt mir, dass ich zur rechten Zeit am rechten Ort bin. Er sagte es schon oft und es hat sich immer bewahrheitet. Unser alter Rabbi meint, aus Ruben könne vielleicht ein guter Mensch werden, wenn er in unsere Familie kommt. Du bist eine wunderbare Frau, vielleicht gelingt es dir, ihm einen Weg zu zeigen, sich und andere nicht mehr zu verurteilen, sondern zu lieben."

Mit jedem Satz, der aus mir gesprochen wurde, kam eine größere Ruhe über meine Mutter. Zuletzt blickte sie mich voller Zuversicht an: „Obwohl mein Verstand gegen die Entwicklung aufbegehrt, ist mein Herz ruhig. Ich weiß uns alle in der Fürsorge des GOTTES, von dem Jesus dir erzählt hat. Versuche, mit uns in Verbindung zu bleiben, und behalte das Vertrauen, das du in dir trägst. – Was ist mit Melioch?"

Es fiel mir schwer, ihr von seiner Schwäche zu berichten. Aber sie hatte Verständnis für ihren Schwager. Leise bemerkte sie: „Wie sehr wird er darunter leiden. Doch hat er so die Möglichkeit, hier zu bleiben und im Stillen zu wirken. Auch er ist zur rechten Zeit am rechten Ort."

Gemeinsam begaben wir uns hinüber in den Wohnraum. Sie rief die Geschwister herbei und begann, mit ruhiger Stimme zu berichten, dass ich noch in dieser Nacht wieder auf Wanderschaft gehen würde und Ruben für die Familie sorgen wolle.

Dem entsetzten Blick Naftalis wäre es beinahe gelungen, mich aus der Fassung zu bringen. Doch Mutter fand die richtigen Worte: „Jakobus bleibt so lange weg, bis er selbst wieder für uns sorgen kann. Bis dahin werden wir Onkel Rubens Fürsorge dankbar annehmen."

Der Junge begehrte auf: „Wir werden Onkel Ruben so schnell wie möglich aus dem Hause ekeln, dann kann Jakobus bald wieder zurückkommen." Mutter und ich warfen uns einen schnellen Blick zu. War es jetzt an der Zeit, den beiden angenommenen Kindern die Wahrheit zu sagen?

Nein, Mutter brachte es nicht über das Herz. Stattdessen sprach sie: „Erinnert ihr euch an die Geschichte des Königs, der seine drei Söhne ausschickte, damit sie lernen sollten, mit dem Feuer umzugehen? Schaut, Ruben ist einer dieser drei Söhne. Er ging vor langer Zeit aus dem Vaterhaus weg, weil er dachte, er bekäme weniger Liebe als seine Geschwister. Doch das stimmte nicht. Er verglich sich immer mit den anderen und bewertete sich selbst geringer. Er versuchte, das Schuhmacherhandwerk zu erlernen, doch glaubte er, euer Vater sei der Bessere. Er probierte das Handwerk des Gerbers, doch bewertete er sich schlechter als Melioch. Er wollte in der Fremde beweisen, dass er zu etwas nütze sei, doch auch das gelang ihm nicht. Als er mit leeren Händen zurückkam, wurde er im Dorf ausgelacht. So begann er, böse zu werden und nach Fehlern bei anderen zu suchen, die er umbarmherzig anklagt und verfolgt. Nun ist er bereit, für unsere Familie zu sorgen. Wollen wir ihm nicht die Möglichkeit dazu geben? Wenn wir uns alle bemühen, ihm freundlich und offen zu begegnen, geschieht vielleicht ein Wunder und wir können ihm helfen, die Flamme, die er selbst nicht mehr in sich trägt, an unserer Liebe neu zu entzünden."

Eine große Liebe und Weisheit sprach aus ihren Worten. Auch wenn die Jüngeren nicht alles verstanden hatten, der Klang ihrer Stimme nahm ihnen die Angst vor Ruben.

Doch noch war Naftali nicht beruhigt: „Und Jakobus? Warum muss er fort?"

Auch darauf wusste meine wunderbare Mutter eine Antwort: „Auch er ist einer der Söhne des Königs, den dieser in die Fremde schickt. Nur – er weiß mit der Flamme umzugehen. Er ist so wie der jüngste Königssohn, der die Wärme überall, wo er hinkommt, mit den anderen teilt. GOTT wird ihn an Orte führen, an denen es kalt und dunkel ist, damit es dort warm und hell werde. Auch wenn er eine Weile fort ist, in unseren Herzen ist er uns nah."

Die Chance für Ruben

Die Geschwister sahen mich mit großen Augen an. Wie lange würde ich sie allein lassen müssen?

Bevor Schwermut aufkommen konnte, erhob ich mich und ging in die Werkstatt, um die angefangene Arbeit zu beenden. Als ich auf die Reparaturen blickte, die noch zu machen waren, kamen mir die Worte meiner Mutter wieder in den Sinn. Also hatte auch Ruben das Schuhmacherhandwerk erlernt? Würde er in der Lage sein, die Werkstatt weiterzuführen und durch seine Arbeit für uns zu sorgen?

Mein Engel meldete sich: ‚Warum machst du dir Gedanken um Ruben? Glaubst du nicht, dass der himmlische Vater alles zum Besten wenden kann? Hast du vergessen, was Jesus predigt? Dass der Vater alle Seine Kinder gleich liebt? So, wie du zur rechten Zeit am rechten Ort bist, ist es auch Ruben. Habe Vertrauen.'

Zum ersten Mal sah ich in Ruben einen geliebten Sohn des himmlischen Vaters. Vor meinem inneren Auge erschien noch einmal das Bild der ersten Heilung, deren Zeuge ich geworden war: Der verkrüppelte junge Mann, zu dem Jesus sprach: ‚Ich sehe keine Schuld in dir.' Er hatte sich aufgerichtet, war Jesus entgegengewachsen und sah ihm mit einem Mal so ähnlich, als sei er sein Bruder!

Bei diesem Gedanken sah ich Ruben vor Jesus stehen und hörte den HERRN zu ihm sagen: ‚Ich sehe keine Schuld in dir.' Wenn Jesus ihn freisprach, wie konnte ich ihn dann verurteilen?

Plötzlich war eine innere Sicherheit in mir, dass Ruben in unserem Haus, in unserer Familie die Liebe und Achtung zu sich selbst und zu anderen Menschen finden würde. Ich war überzeugt, dass er ein guter Schuhmacher sein würde, und entschloss mich, ihm keine der noch wartenden Reparaturen wegzunehmen. *Er* würde sie reparieren! Langsam suchte ich mein Handwerkszeug zusammen, legte verschiedenartiges Leder dazu und schnürte mein Bündel.

Wie lange war ich zuhause gewesen? Nur eine einzige Woche – und doch hatte sich soviel bewegt! Ich konnte die Gleichnisse des Jesus an viele weitergeben und die von meinem Vater angeregte Witwen- und Waisenkasse ins Leben rufen! Mein Engel ergänzte: ‚… und du gibst Ruben die Möglichkeit, ein geachteter und geliebter Mann zu werden.'

Ich räumte die Werkstatt so weit auf, dass sich mein Nachfolger zurechtfinden und wohl fühlen konnte. Dann ging ich zu Mutter hinüber. Auch sie war dabei, ein Bündel zu schnüren. Als ich sah, dass sie mir Geld hineinlegte, trat ich hinzu und reichte es ihr zurück: „Gib es Onkel Ruben. Er hat die Verantwortung für die Familie übernommen und wird es die erste Zeit brauchen, bis er selbst Einnahmen aus der Werkstatt hat."

Überrascht sah sie mich an. Ich fuhr fort: „Erinnerst du dich noch, was Vater zu dir sagte, als du mir bei meiner ersten Wanderschaft Geld mitgeben wolltest? ‚Jakobus hat gesunde Hände und er hatte einen guten Lehrmeister. Er wird sich mit der Arbeit seiner Hände sein Brot verdienen und keinen Hunger leiden'. Ich vertraue auch auf dieser Wanderschaft darauf, Mutter."

Bei der Erinnerung an den damaligen Abschied traten uns beiden die Tränen in die Augen.

Später saßen wir – zum letzten Mal für wie lange? – gemeinsam am Mittagstisch. Mutter sprach das Dankgebet und teilte die einfache Speise unter uns auf. Ohne es auszusprechen, hatten wir beide den Gedanken, ob Ruben heute schon sein Recht einforderte. Doch dazu war er zu schwach. Er würde warten, bis er mich morgen dem Synagogenvorstand übergeben konnte.

Die Geschwister wirkten bedrückt und warfen mir immer wieder unsichere Blicke zu. Um sie aufzumuntern, erzählte ich ihnen von meinem Freund Simeon. Vielleicht würde ich ihn in seinem Vaterhaus aufsuchen und auch das junge Mädchen wieder sehen, das seine Frau werden sollte. Bald lauschten sie gebannt der Erzählung, wie Simeon und seine Zukünftige sich kennen gelernt hatten.

Naftali fragte: „Und hat Jesus ihren kleinen Bruder geheilt?"

Ich antwortete lächelnd: „Siehst du, Naftali, das werde ich dir nur beantworten können, wenn ich weggehe. Was glaubst du, was ich euch alles erzählen kann, wenn ich wieder zurück bin. Viele Abende lang könnt ihr dann zuhören, was sich in der großen Welt draußen zugetragen hat."

Die Aussicht darauf machte die Geschwister fröhlicher. Mutters Blick ruhte stolz und zuversichtlich auf mir.

Am Nachmittag ging ich ruhig durch das ganze Haus, um sicher zu sein, dass ich es in gutem und ordentlichem Zustand verlassen konnte. Ich stieg auch auf das Dach, um die Stelle auszubessern, die meinem Vater das Leben gekostet hatte. Er war mir so nahe ...

Ich spürte sein Einverständnis mit meinem Entschluss und auch das Vertrauen in seinen jüngsten Bruder Ruben. Ob er von dort, wo er jetzt weilte, in Rubens Herz sehen konnte?

Der Abschied von Zuhause

Gegen Abend trat ich ganz allein den Weg zu Vaters Grabstätte an. Ich setzte mich dort auf den Boden, legte meine Hände auf den Stein und hielt innere Zwiesprache. – Ja, es war gut ...

Als sich mir von hinten zwei Hände schwer auf die Schultern legten, wandte ich mich erschrocken um. Mein Onkel Melioch stand da, mit hängenden Schultern und niedergeschlagenem Blick.

Leise sprach er: „Ich komme eben aus deinem Elternhaus. Ich wollte dir sagen, dass du daran zerbrechen wirst, wenn du Jesus verleugnest, Jakobus. Da führte mich meine Schwägerin in deine Kammer und zeigte mir wortlos dein Handwerksbündel. Wäre ich ohne Familie, für die ich zu sorgen habe, ich würde mit dir heute Nacht weggehen und Jesus nachfolgen. So kann ich dich nur darum bitten, mir meine Schwäche zu verzeihen."

Er begann zu weinen. Ich erhob mich, legte meine Hände auf seine Schultern und sprach leise die heilenden Worte: „Melioch, ich sehe keine Schuld in dir. Erst deine Entscheidung gab dem alten Rabbi und mir die Kraft, stark zu sein. Ich danke dir, dass du hier bleibst und dich so um meine Familie kümmern kannst. Um eines bitte ich dich: Gib deinem Bruder Ruben die Möglichkeit zu beweisen, dass er ein guter Mensch ist. Meine Familie ist bereit dazu."

Es fiel ihm schwer zu nicken. „Dein Vater ist stolz auf dich, Jakobus. Dein leiblicher Vater ebenso wie dein himmlischer Vater. –

Wenn du Jesus wieder siehst oder Claudius oder Egregius, grüße sie von mir. Vielleicht haben auch sie Verständnis für meine Schwäche."
Doch er stand aufrecht vor mir, als wir uns nun umarmten und er mich wie seinen eigenen Sohn verabschiedete.

Das letzte gemeinsame Abendbrot segnete *ich*, teilte es aus, wie es Vater oft getan hatte, brachte danach die Geschwister auf ihr Schlaflager und legte ihnen segnend meine Hände auf. Alle drei waren in meinem Herzen meine geliebten Geschwister, ohne dass ich einen Unterschied machte.

Ich sprach keinen langen Psalm. Das, was ich ihnen sagen wollte, war in einem kurzen Satz gesagt. Ein Satz, der immer mehr zum Schlüssel meines Lebens wurde.

Zuerst sprach ich ihn zu Naftali. Ich blickte dabei tief in seine Augen, aus denen dicke Tränen quollen: „Naftali, mein Bruder, vergiss nie, in keinem Augenblick, was auch kommen mag: **Wenn unser himmlischer Vater für uns ist, wer will dann gegen uns sein?"** Wir umarmten uns lange. Ich musste mich mit Gewalt von ihm freimachen, so fest hielt er mich umklammert.

Danach wandte ich mich unserer Schwester Mira zu, um ihr dasselbe zu sagen. Als letzte war die kleine Jevta an der Reihe. Sie war die Jüngste und nahm es am gelassensten. Bevor ich aus der Kammer ging, sagte ich mit fester Stimme, obwohl auch mein Herz schmerzte: „Ich verspreche euch, sobald es geht, zurückzukommen. Vergesst nicht, in Onkel Ruben den Bruder unseres Vaters zu sehen, der aus Pflichterfüllung zu uns kommt, um für uns zu sorgen. Folgt unserer Mutter und, wenn ihr Kummer habt, sprecht mit Onkel Melioch darüber. – Ich denke oft an euch und halte die Augen offen, denn ich weiß, dass auf jeden von euch ein wunderbares Geschenk wartet. Ich werde es finden und mitbringen."

Leise ging ich hinaus und schloss die Türe hinter mir. Es war noch früher Abend, so entschied ich, einige Stunden zu ruhen, bevor ich in der Dunkelheit der Nacht das Dorf verlassen konnte. Obwohl ich nicht genau wusste, wohin mein Weg führte, ahnte ich doch, dass es ein langer und mühsamer Weg sein würde. Meine Mutter versprach, mich rechtzeitig zu wecken, doch das war nicht nötig.

Es mochte gegen Mitternacht gewesen sein, als ich reisefertig vor ihr stand. Der Abschied fiel uns beiden schwer, auch wenn wir auf GOTT vertrauten. Als ich vor Wochen das erste Mal auf Wanderschaft gegangen war, wusste ich meine Familie gut versorgt. Doch heute?

Ich merkte, wie viel Kraft es mich gekostet hatte, beim Abschied von den Geschwistern stark zu bleiben. Jetzt stand ich vor meiner Mutter – und fühlte meine Schwäche. Ich musste Mutter mit Ruben allein lassen. Mit diesem Mann, der die Rache GOTTES mehr fürchtete als alles andere und die Angst davor morgen früh mit in unser Haus bringen würde.

Mein Verstand begann, meinen Entschluss in Frage zu stellen. Mutter sah mir den inneren Kampf an und machte uns beiden Mut. Sie sprach den alten Psalm:

> „Wir hoffen auf den Herrn,
> er hilft uns und beschützt uns.
> Wir vertrauen ihm, denn auf ihn ist Verlass.
> Herr, lass uns deine Güte sehen,
> wie wir es von dir erhoffen."[7]

Wie ein Dieb schlich ich aus dem Vaterhaus, verließ rasch die Straße und ging auf Nebenwegen aus dem Dorf. Kein einziges Mal drehte ich mich um ...

In der Dunkelheit schritt ich denselben Weg, den ich vor einem Monat an der Seite des HERRN gegangen war. Ich begegnete niemandem, es schien mir, als sei ich der einzige Mensch auf der Welt. Wie sagte meine Mutter zu den Geschwistern? ‚Auch Jakobus ist einer dieser Söhne des Königs. Doch er weiß mit der Flamme umzugehen.'

Hatte ich sie denn bei mir? Eine große Sehnsucht nach Jesus und Claudius erfasste mich und ließ meine Schritte schneller werden.

---

[7] Psalm 33,20-22.

Nach Stunden kam ich an die Stelle, an der auch Jesus Rast gemacht hatte. Ich trat unter den Baum, nahm die mit Wasser gefüllte Ziegenblase, sprach laut den Segen und trank mit geschlossenen Augen.

In Gedanken sah ich Jesus vor mir, lächelnd erinnerte er mich daran: ‚Egal, ob 50 oder 5000 Schritte zwischen uns sind, in unserer Liebe sind wir eins.' An diesem Ort hier hatte uns der HERR erklärt, dass der Weg das Ziel ist. Wenn ich seine Worte nur verstehen könnte!

Zügig ging ich weiter. Bis zum Morgengrauen wollte ich unser Dorf so weit wie möglich hinter mir gelassen haben. Ruben würde toben, wenn er erfuhr, dass ich mich seinem Willen widersetzt hatte. Wie schlimm musste es für ihn sein, diesen Ungehorsam den fremden Priestern zu gestehen. Ich war mir nicht sicher, ob er mich suchen ließ. Vielleicht war er auch ganz froh, mich los zu sein.

Bei der ersten Dämmerung verließ ich die Straße und setzte den Weg über die Felder fort. Die Aussätzigen fielen mir ein. Ja, wie ein Ausgestoßener war ich auf dem Weg zu Jesus.

Ab und zu begegnete ich einem Bauern, der mich fragend ansah. Ich grüßte jedes Mal achtungsvoll und erklärte, dass ich ein Schustergeselle auf Wanderschaft sei. Einer von ihnen bot mir an, einige Tage bei ihm zu bleiben, um seiner Familie Schuhwerk zu fertigen. Doch eine Kraft zog mich vorwärts, obwohl mein Verstand das Angebot annehmen wollte. Es wäre eine gute Gelegenheit gewesen unterzutauchen. Ich ging weiter …

Wiedersehen mit Simeon

Am späten Nachmittag erreichte ich die Stadt, in der Simeon zuhause war. Jetzt erst gestand ich mir den Grund für meine Eile ein. Die Aussicht, ihn wieder zu sehen, mit ihm über den HERRN zu sprechen, hatte mich vorwärts getrieben.

Langsam ging ich um die Stadt herum, denn ich mied immer noch die stark benutzte Hauptstraße. Auf Nebenwegen erreichte ich schließlich das prachtvolle Haus des Kaufmanns Zebedäus. Das Tor war geschlossen, doch die Freude auf ein Wiedersehen mit meinem Freund Simeon war größer als meine Schüchternheit. Der Diener, der auf mein Klopfen öffnete und dem ich mein Anliegen vorbrachte, bat mich zu warten. Kurze Zeit später wurde das Tor aufgerissen und Simeon stürmte auf mich zu. Wie groß war unsere Freude! Er betrachtete es als selbstverständlich, mich als Gast in seinem Elternhaus willkommen zu heißen.

Als er mich in das Gästehaus führte, wurde die Sehnsucht nach Jesus und seinen Anhängern noch größer. Wie sehr hatten wir den Abend unserer Ankunft genossen, wie ausgelassen war unser gemeinschaftliches Bad gewesen. Doch erinnerte ich mich auch an den Schustermeister Anäus, der mich noch am selben Abend zu sich nach Hause mitgenommen hatte. An den Aufenthalt bei ihm hatte ich keine so angenehmen Erinnerungen …

Kaum hatte ich mich ein wenig erfrischt, holte mich Simeon hinüber in das große Wohnhaus der Kaufmannsfamilie. Erneut war ich überwältigt von dem Reichtum und Prunk, der hier herrschte. Es war noch Zeit bis zum gemeinsamen Abendmahl, die mein Freund nutzte, mich in sein luxuriöses Zimmer zu führen. Erst jetzt wurde mir richtig klar, wie groß der Unterschied zwischen dem Leben, das Simeon zuhause führte und gewohnt war, und seinem Dasein als Jünger des Jesus gewesen war. Und doch hatte er nie geklagt, sondern ebenso wie ich die Älteren bedient.

Auch jetzt schickte er die Dienstboten hinaus und bot mir selbst frisches Obst und Säfte an. Ich sah seinen fragenden Blick, aber in dieser Stunde konnte ich noch nicht über das Geschehene reden. Er verstand und begann über sich zu erzählen: „Mein lieber Freund, Jesus hat uns zu Brüdern gemacht. Nur wenige Tage liegen zwischen unserem Abschied von Jesus und unserem Wiedersehen heute. Und doch spüre ich, dass es dir derweil nicht leicht ergangen ist. Erzähle mir davon, wenn du darüber sprechen kannst. – Zuerst aber höre, wie es mir in der Zwischenzeit erging. Du weißt um meine Zweifel und meine Traurigkeit, als ich mich von Jesus trennte. Du fuhrst mit Egregius und deinem Onkel in der Kutsche an ihm und den Anhängern vorbei und ich sah, wie der HERR dich segnete. Dann wandte er sich zu mir um und winkte mir noch einmal zu. Wir beide kamen am selben Tag zu ihm und nun trennten wir uns am selben Tag von ihm. Das Schicksal machte uns zu Zwillingen. Wie schön, dich wieder an meiner Seite zu haben. Ich sage nicht zu dir: ‚Sei mein Gast, solange du willst.' Ich sage zu dir: ‚Mein Heim ist dein Zuhause.'"

Überwältigt von der Liebe, die aus seinen Worten sprach, begann ich zu weinen. Mitfühlend legte er den Arm um mich und setzte seine Erzählung fort: „Vielleicht kann ich dich ein wenig aufmuntern, wenn ich dich an meinem Glück teilhaben lasse. – Ich ging damals in die entgegengesetzte Richtung, in die große Stadt hinein. Judas hatte mir auf Geheiß des Jesus einen größeren Geldbetrag ausgehändigt, damit ich die Heimreise antreten konnte. Zuerst besuchte ich noch einmal meine künftige Schwiegerfamilie. Ich hatte ja schon mehrere Tage in ihrem Haus verbracht und war von ihnen bereits als Sohn aufgenommen – obwohl ich glaube, der Vater meiner Verlobten freut sich mehr an der Aussicht auf die gute Partie, die seine älteste Tochter macht, als an mir. Bin ich doch körperlich eher ein Schwächling denn ein kräftiger Mann, den er sich wohl als Schwiegersohn vorgestellt hatte. Doch wiegt meine Herkunft das Äußere scheinbar auf. – Die Familie war froh, dass ich mich endgültig entschieden hatte. Wie glücklich war erst meine geliebte Sarai! Ich weiß, sie hätte es auch verstanden, wenn ich mich für die Gefolgschaft des Predigers entschieden hätte. So verabschiedete ich mich als künftiger Schwiegersohn von der Familie und versprach, die vom Gesetz geforderte Verlobungszeit einzuhalten. Ich war überzeugt, dass mein Vater mit meiner Wahl einverstanden sein würde. Mit dem Geld bezahlte ich Kaufleute, die mit Fuhrwerken in unsere Stadt weiterzogen und mich mitnahmen. Anfangs war noch eine Trauer in mir, um die versäumte Zeit neben Jesus. Seine Worte, dass es meine Aufgabe sei, die Wahrheit, die er predigt und lebt, in meiner Familie zu künden, waren es schließlich, die mir meinen inneren Frieden zurückgaben. – Wie groß war die Freude meiner Eltern, mich wieder in ihre Arme schließen zu können! So groß, dass sie ohne jede Widerrede mit der Wahl meiner künftigen Frau einverstanden waren! Die Vorbereitungen für unsere Vermählung sind schon im Gange. Bis heute wusste ich nicht, wer mein Zeuge sein würde. Jetzt weiß ich es: Darf ich dich bitten, mir zur Seite zu stehen, wenn ich den Schritt vom Sohn zum Ehemann wage?"

Das große Glück, das aus seinen Augen strahlte, wirkte ansteckend. Überwältigt nickte ich. Dann fiel mir ein, dass es noch längere Zeit in Anspruch nehmen würde, bis der Festtag da sei. Von Seiten der Familie des Simeon waren verschiedene Zeremonien einzuhalten: Reisen des Zebedäus zu Sarais Eltern, das Aushandeln des Brautpreises, die Zustimmung der Priesterschaft ...

Bei diesem Gedanken schwand meine Freude. Nein, der Priesterschaft konnte ich in nächster Zeit nicht begegnen. Ich sah, dass es jetzt an der Zeit war, Simeon mein Herz auszuschütten.

Er hatte mich in den letzten Minuten genau beobachtet und an meinem Gesicht abgelesen, dass mich ein großer Kummer plagte. Fragend und mit bekümmerter Miene hielt er den Kopf geneigt.

Ich begann zu erzählen: angefangen von der Heimreise mit Egregius und Melioch, über die Flucht aus der Synagoge, die Ankunft zuhause, meine Trauer über den Verlust meines Vaters, die erste Begeisterung angesichts des Interesses der Dorfbewohner an der Botschaft des Jesus, die Schwierigkeiten mit Ruben und zuletzt die Flucht vor der Selbstverleugnung.

Mitfühlend und ohne mich zu unterbrechen, hatte mein Freund zugehört. Ich sah die Betroffenheit in seinem Gesicht, und es tat mir so leid, ihm mit meiner Geschichte die Freude geschmälert zu haben.

HERR, lehre mich zu lieben

Um meine Erzählung nicht so trostlos zu beenden, erwähnte ich das Interesse, das meine Geschwister für Sarais kleinen Bruder hatten. Konnte Jesus ihn heilen?

Simeon nickte lächelnd: „Ja, doch vergingen noch einige Tage, bis seine Mutter soweit war, den Sinn der Krankheit ihres Sohnes zu verstehen. Erst nach ihrer eigenen Heilung war der Kleine bereit, aufzustehen und gesund zu sein."

Ich schloss die Augen, um mich besser erinnern zu können. Ja, jetzt sah ich es wieder vor mir: Mein Namensvetter Jakobus hatte mit ihr gesprochen. Sie hatte ihn gebeten, ihren Sohn zu heilen, damit sie endlich wieder glücklich sein könne. Und er antwortete: ‚Ich kann deinen Sohn nicht heilen, solange du deinen Frieden von dieser Heilung abhängig machst. Schenke ihm deine Liebe, doch schenke sie auch dir selbst. Erinnere dich, wie viel Grund zur Dankbarkeit du in deinem Leben hast. Dann zeige deinem Sohn eine Welt, für die es sich lohnt zu leben. Und sei ihm Vorbild, dass das Himmelreich im eigenen Inneren zu finden ist – oder die Hölle.'

Als wäre es gestern gewesen, hörte ich die Worte in meinem Inneren. Gemeinsam mit Simeon hatte ich sie gleichzeitig nachgesprochen. So hatte Sarais Mutter verstanden? So hatte sie die Liebe zu sich gefunden und lebte sie?

Simeon bestätigte es: „Drei lange, quälende Tage trugen Sarai und ich den Jungen immer wieder zu Jesus auf den Berg, begleitet von der klagenden, verzweifelten Mutter. Drei Tage lang ging sie von einem Heilenden zum anderen. Und bekam von jedem dasselbe gesagt: ‚Solange du dich nicht selbst lieben kannst, sondern dein Glück von der Gesundheit deines Sohnes abhängig machst, kann ich ihn nicht heilen.' Dabei ging es ihm von Tag zu Tag schlechter. Am vierten Tag ließ sie ihn bei Sarai zuhause und ging mit mir allein auf den Berg. Sie war am Ende. Ich musste sie stützen. Mein Mitleid mit ihr war so groß, dass ich sie zu Jesus führte. Er blickte sie lange an, bevor auch er die heilenden Worte sprach: ‚Frau, was fehlt dir?' Zum ersten Mal antwortete sie nicht ‚Heile meinen Sohn', wie sie es die Tage zuvor zu den anderen gesagt hatte. Diesmal sprach sie: ‚HERR, es fehlt mir die Liebe zu mir selbst.' Und Jesus legte ihr seine Hände auf und fragte: ‚**Was hast du nur für ein Bild von dir, dass es dir so schwer fällt, dich zu lieben? Siehst du nicht, wie wunderbar dich GOTT geschaffen hat?** Siehst du nicht, welch Wunderwerk des himmlischen Vaters du bist? Du bist blind für das, was GOTT in dir sieht! Öffne deine Augen und dein Herz für dich selbst und beginne, GOTT für dein Da-Sein zu danken! Du wirst an dir so viele Gründe zur Dankbarkeit entdecken, dass sich in dir der Himmel ausbreitet – ein Himmel, der so weit ist, dass du darin auch deinen Sohn glücklich und gesund sehen kannst.' – Oh Jakobus, ich verstand damals nicht alles, was der HERR sagte, doch die Frau richtete sich auf, nickte und ging wie in Gedanken von uns weg. Jesus bat mich, sie nach Hause zu bringen. Sie sprach den ganzen Weg bis in ihr Haus kein Wort. Doch konnte ich beobachten, wie sie ganz bewusst über ihr Haar strich, ihre Füße bei jedem Schritt betrachtete, ihre Hände streichelte. Sie blickte zu den Wolken empor, bückte sich, um Blumen zu besehen, beobachtete einen Vogel. Ich sah, wie sie mit jedem Schritt leichter ging, aufrechter. Als wir bei ihrem Heim ankamen, wandte sie sich mir zu und sprach: ‚Simeon, ich habe geschlafen, so lange Zeit – und einen Alptraum geträumt. Ich sah überall und zu jeder Zeit das Unglück auf mich warten, um mich zu packen. Mein Mann hat es aufgegeben, mir das Schöne im Leben zu zeigen. Nur Sarai versuchte es ab und zu noch, doch glaubte ich ihr nicht. Die Krankheit unseres Jüngsten ist der schlimmste Alpdruck, der mich je quälte. Doch Jesus hat Recht: In Wirklichkeit ist es meine Undankbarkeit für das, was ich habe. Auf dem Berg sah ich heute zum ersten Mal das unsagbare Elend der vielen anderen Menschen. Bis heute sah ich nur mein eigenes Leid. Jesus spricht wahr. – Was immer meinem Sohn fehlt, ich selbst habe für mich Grund dankbar zu sein. Und was immer mein Sohn braucht, ich kann es ihm nur geben, wenn ich den Himmel in mir trage.' – In diesem Moment öffnete sich die Türe ihres Hauses und Sarai kam heraus. Ihr Blick war voller Unverständnis – und voller Freude. Sie trat beiseite und machte Platz: Da stürmte ihr jüngster Bruder heraus, lachend und mit ungestümer Lebensfreude stürzte er auf uns zu. Jakobus, in jenem Moment verstand ich, was Jesus der Frau geschenkt hatte: Den Blick auf das wundervolle Leben."

Während er von den Wundern berichtete, leuchteten seine Augen. Die letzten Worte berührten mich besonders stark. Da kam mir Ruben in den Sinn. Konnte es sein, dass ihm dasselbe fehlte wie der Mutter des Jungen? Der Blick auf das wundervolle Leben? Warum nur war es mir nicht gelungen, mit ihm über die Botschaft des Jesus zu sprechen?

Warum wird ein Mensch krank?

Plötzlich überkam mich eine große Furcht. Konnte es sein, dass erst einer aus meiner Familie schwer krank werden musste, um Ruben den Weg zum wunderbaren Leben zu zeigen? Dieser Gedanke war so schrecklich, dass ich entsetzt die Hände vor das Gesicht schlug.

Simeon fragte betroffen nach dem Grund für meine Bestürzung. Es gelang mir nur schwer, es in Worte zu fassen. Doch er atmete erleichtert auf und fuhr fort: „Ich kann dich verstehen, denn nicht nur dir kam dieser Gedanke. Als wir nach der Heilung voller Freude zusammensaßen und feierten, begann die Mutter des Jungen plötzlich laut zu klagen und sich gegen die Brust zu schlagen. Sarai gelang es nur mit Mühe, den Grund der Verzweiflung zu erfragen. Denk dir, die Frau machte sich bittere Vorwürfe, durch ihr undankbares Verhalten die Krankheit ihres Sohnes verursacht zu haben und für sein wochenlanges Leiden verantwortlich gewesen zu sein. Der Junge verstand sie nicht und fragte: ‚Mutter, warum weinst du? Ich hatte keine schlimme Zeit. Das einzig Schlimme war, dass ich, wenn immer ich dich anschaute, einen schwarzen Schatten um dich und Vater sah. Sarai dagegen war licht und hell. Wenn ich die Augen geschlossen hielt, erblickte ich viele Menschen in hellen Gewändern um mich. Sie umsorgten mich und erzählten von einer schönen Gegend, in der alle Menschen glücklich sind. In unserem Haus dagegen wurde es immer dunkler. Ich hatte gar keine Lust mehr, hier zu bleiben. Heute früh, als ihr, Simeon und du, allein weggegangen wart, nahm mich einer der hellen Männer mit auf den Berg und ich sah, wie dich der leuchtende Mann berührte und das Dunkle langsam von dir wegfloss. Als ich wieder zuhause war, machte ich die Augen auf und hatte großen Hunger.' – Die Familie hatte ungläubig zugehört. Hatte es nur für uns so ausgesehen, als würde der Kleine leiden? Ich erinnerte mich an meine eigene Krankheit. Weißt du noch, Jakobus, wie ich zu Jesus kam? Ich war dem Tode näher als dem Leben. Auch ich sah in unserem Hause nur noch Dunkelheit, doch litt ich große körperliche Schmerzen. Deshalb fiel es mir schwer, den Jungen zu verstehen. – Seine Erklärung heiterte die Stimmung bei seinen Eltern wieder auf.

Für mich gab es nun keinen Grund mehr, länger bei ihnen zu bleiben. So wurde die kleine Feier gleichzeitig ein Abschiedsfest für mich. Ich war traurig, ebenso Sarai. Immer wieder blickten wir uns heimlich an. Bis zu diesem Tag hatten wir nicht über unsere gegenseitige Zuneigung gesprochen und jetzt wagte ich es nicht mehr. So verließ ich am Nachmittag das Haus und ging traurig auf den Berg vor der Stadt. Ich konnte mich gar nicht richtig auf Jesus freuen, immer sah ich Sarais traurige Augen vor mir. An diesem Tag schien die Sonne, viele Menschen bevölkerten den Berg und wurden Zeugen davon, wie Jesus und zehn seiner Anhänger die Kranken heilten. Am Tag zuvor war ein großes Unwetter niedergegangen, sodass auch heute noch der Boden aufgeweicht war. Doch das hielt die Menschen nicht davon ab, den Worten des Predigers zu lauschen und die Heilungen zu sehen. Zwischen den einfachen Leuten sah ich wieder mehrere Pharisäer und Schriftgelehrte. Sie machten auf mich einen lauernden Eindruck und passten nicht dorthin. Die anderen Menschen spürten es wohl ebenso wie ich, denn sie hielten Abstand zu ihnen. Langsam ging ich zur Gruppe der Jünger und ließ mich im Schatten eines Baumes nieder. Ich hielt den Kopf gesenkt und war in Gedanken immer noch bei Sarai. Einmal setzte sich einer der jungen Männer, die sich uns damals in dem Dorf angeschlossen hatten, zu mir und fragte nach dem Zustand des Jungen und seiner Mutter. Er hatte uns wohl die letzten Tage beobachtet. Eine unverhohlene Bewunderung für Jesus sprach aus ihm. Er stellte fest, dass keiner der anderen Jünger, die ebenfalls heilten, imstande gewesen sei, der Frau zu helfen. Ich versuchte ihm zu erklären, dass die Unglückliche vorher nicht dazu bereit war, doch er verstand mich nicht. Er sagte: ‚Jesus ist der größte Heiler. Er vermag alles. Sieh nur, jeden Tag kommen mehr und mehr Kranke. Immer mehr Menschen sprechen davon, ihn zu ihrem König zu machen. Mit ihm als Herrscher gäbe es keine Kranken mehr! Ein Volk ohne Krankheit ist unbesiegbar! Judas sprach gestern zu einigen, ich stand zufällig daneben. Er meint, Jesus müsse endlich seine wahre Stärke zeigen, nicht nur den Schwachen und Armen, sondern gerade denen, die an der Macht sind. Weißt du, was er noch sagte? ‚Vielleicht muss man den HERRN zu seinem

Glück zwingen.' – Jakobus, der junge Mann fragte mich nach meiner Meinung. Erinnerst du dich daran, dass die Jünger schon einmal davon sprachen, Jesus wolle König werden? Du konntest es dir damals nicht vorstellen, in der Zwischenzeit glaube ich es auch nicht mehr."

Unser Gespräch wurde unterbrochen. Ein Hausdiener bat uns zum Abendmahl. Simeon führte mich zu seinen Eltern und nannte mich seinen Bruder, der einige Tage sein Gast sein würde. Sie erinnerten sich an mich und begrüßten mich freundlich. Simeon bestand darauf, dass ich an seiner rechten Seite Platz nahm. Obwohl erlesene Speisen aufgetragen wurden, bedauerte ich die Unterbrechung unseres Gespräches. Simeon saß auf demselben Platz, an dem an jenem Abend Jesus gesessen war. Ich erinnerte mich genau ...

Zebedäus unterbrach meine Gedanken und fragte, wie es mir in der Zwischenzeit ergangen sei. Simeon, der meine Verlegenheit sofort bemerkte, kam mir zu Hilfe. Doch er verschwieg den Grund meiner erneuten Wanderschaft. Als er auf seine bevorstehende Heirat zu sprechen kam und seinen Eltern erklärte, dass er mich als seinen Zeugen wolle, blickten sie mich erstaunt an. Sein Vater wandte, zu mir gerichtet, ein: „Du wirst dich beim Synagogenvorstand bekannt machen müssen, da du hier fremd bist. Wahrscheinlich verlangen sie ein Zeugnis deines örtlichen Rabbis. Doch wird dies für dich ja kein Problem darstellen."

Nun war ich wieder genau da, wo meine Schwierigkeiten auf mich lauerten. Verlegen suchte ich nach einer Antwort. Erneut antwortete Simeon für mich: „Jakobus hat im Moment eine Meinungsverschiedenheit mit den Gesetzeslehrern. Die Botschaft des Jesus ist bei ihnen nicht sehr beliebt. Wir werden einen Weg finden, um das Zeugnis herumzukommen."

Ungehalten begehrte sein Vater auf: „Du weißt, wie sehr wir auf das Wohlwollen der Priesterschaft angewiesen sind. Ich kann es mir nicht erlauben, sie gegen mich aufzubringen. Ich will nicht wissen, was vorgefallen ist, Jakobus, doch wenn du gegen die Gesetze verstoßen hast, muss ich dich bitten, unser Haus zu verlassen."

Simeon sprang bei den letzten Worten auf und rief erregt: „Wenn du meinen Bruder Jakobus aus dem Haus weist, weil er Jesus treu bleibt, so musst du auch mich wegschicken. – Doch das wird nicht nötig sein. Ich werde mit Jakobus mitgehen. Vater, du hast dich nur wenige Tage verstellt und mir weisgemacht, meine Wahrheit zu respektieren. Bevor ich mich wieder verleugne und noch einmal so krank werde, wie ich es schon einmal war, gehe ich."

Seine Mutter war bleich geworden. Als Simeon mich hochziehen wollte, stand sie auf und sprach mit mühsam beherrschter Stimme: „Simeon, du hast mir versprochen, heute Abend eine Geschichte von Jesus zu erzählen. Ich erwarte von dir, dass du dieses Versprechen einlöst."

Auch Zebedäus war über die Drohung seines Sohnes erschrocken. Mit gesenktem Kopf saß er da. Ich fasste meinen Freund am Ärmel und zog ihn auf den Stuhl zurück. Seine Augen waren geschlossen, sein Kopf ein wenig zur Seite geneigt.

Ich kannte diese Geste so gut ...

Endlich ging sein Atem wieder ruhiger. Langsam, als käme er von weit her, öffnete er die Augen und begann mit fester Stimme zu erzählen:

Die Geschichte von den drei Heilerinnen

„Am Abend jenes Tages, an dem Sarais Mutter und ihr Bruder geheilt wurden, sprach Jesus, nachdem die meisten Menschen den Berg verlassen hatten, zu seinen Jüngern. Es waren nun schon weit über hundert und der HERR saß in unserer Mitte. Einer von ihnen hatte ihm eine Frage gestellt: ‚**Woher kommt das Leid der Menschen? Ist es eine Strafe GOTTES?**' Jesus überlegte kurz, bevor er zu sprechen begann: ‚Meine Mutter erzählte mir, als ich noch ein Kind war, eine schöne Geschichte:

Es war einmal eine weise, alte Frau. Sie trug ein großes Wissen über das Menschsein in sich und gab es an ihre drei Töchter weiter. Als es für sie an der Zeit war, die Welt zu verlassen, hinterließ sie jeder von ihnen einen Krug mit Lebenswasser, das jeden, der davon trank, zu einem glücklichen, gesunden Menschen machte.

Kurze Zeit später erfuhr die Älteste, dass im Nachbarort eine schlimme Krankheit ausgebrochen sei, die den Menschen alles Glück raube. Sie nahm ihren Krug und machte sich unverzüglich auf den Weg, um zu helfen. Wie überrascht war sie, als sie dort ankam und sah, dass die Menschen sich selbst gar nicht als krank bezeichneten, sondern ihr voller Überzeugung erklärten, es seien nur die äußeren Umstände, die ihnen Schmerzen verursachten.

In dem Ort lebte ein Heiler, der ihnen mit allerlei Mitteln half, ihre Leiden zu ertragen. Dafür nahm er von den Menschen viel Geld. Sie mussten hart dafür arbeiten, durch die viele Arbeit wurden ihre Schmerzen noch größer und so gingen dem Heiler die Einkünfte nicht aus.

Tagelang versuchte die junge Frau, den Menschen die Augen zu öffnen, doch musste sie für ihre Unterkunft teuer bezahlen. Als ihr das Geld ausging und sie noch keinem einzigen Menschen hatte helfen können, kam der Heiler auf sie zu. Auch ihm erklärte sie, woher die Krankheiten der Menschen kämen, und er machte ihr Mut, noch länger zu bleiben, um sie davon zu überzeugen. Damit sie den Unterhalt für sich aufbringen könne, sei er bereit, ihr den Krug mit dem Lebenswasser abzukaufen. Sie willigte ein und versuchte weiter verzweifelt, die Menschen aufzuklären. Doch es kostete ihr zuviel Kraft – und bald war sie ebenso schwach und krank wie die anderen. Sie litt große Schmerzen und bat um einen Schluck aus ihrem Krug, aber der Heiler gab ihr stattdessen für teures Geld ein Pulver. Als sie schließlich die Aussichtslosigkeit ihres Unterfangens erkannte, war sie zu kraftlos, um nach Hause zu gehen.

Die mittlere der Schwestern machte sich große Sorgen um sie und reiste ihr nach. Auch sie trug einen Krug mit Lebenswasser bei sich. Als sie in den Ort kam und all die kranken und schwachen Menschen sah, erschrak sie zutiefst. Doch noch schmerzhafter war das Wiedersehen mit ihrer älteren Schwester. Ihr Mitleid mit ihr war so groß, dass sie im armseligen Zimmer, in dem die Kranke hauste, zusammenbrach und nicht aufhören konnte, zu klagen und zu jammern. Den Krug stellte sie in die Ecke. Nach einigen Tagen war das Lebenswasser verdunstet.

Zuletzt machte sich die jüngste der Schwestern auf den Weg, um zu helfen. Als sie unterwegs müde wurde, erinnerte sie sich daran, was ihre Mutter gesagt hatte: ‚**Du kannst andere nur heilen, wenn du selbst heil bist. Du kannst andere nur stärken, wenn du selbst stark bist. Du kannst andere nur glücklich machen, wenn du selbst glücklich bist.**' So nahm sie einen großen Schluck aus dem Krug. Wie erstaunt war sie, als sie gewahrte, dass das Wasser dadurch nicht weniger geworden war.

Endlich erreichte sie das Dorf. Die Menschen, denen sie begegnete, blickten ihr aus glanzlosen Augen entgegen. Ohne viele Worte reichte sie ihnen den Krug. Die erste Frage, die ihr gestellt wurde, war: ‚Was verlangst du dafür?' Die Antwort, dass es ein Geschenk sei, brachte ihr ungläubige Blicke ein.

Da kam der Heiler hinzu und wollte ihr das Wasser abkaufen. Sie hielt ihm freundlich den Krug entgegen und bot ihm einen Schluck daraus an. Wütend wandte er sich ab und ging weg. Endlich fand sie ihre beiden Schwestern, reichte ihnen, ohne zu zögern, den Krug und flößte ihnen das Lebenswasser ein.

Als die Dorfbewohner sahen, dass Glück und Gesundheit ein Geschenk waren, das man nicht kaufen, sondern nur annehmen und durch Teilen vermehren konnte, kehrte beides bald in die Häuser zurück. – Habe ich damit eure Frage beantwortet, woher die Krankheiten kommen? *Eine* Ursache ist es, dass die Menschen vom Heimweg ins Vaterhaus abkommen, weil sie nur dem Geld oder der Anerkennung hinterherrennen und dabei ihre Gesundheit und ihr Glück verlieren. Eine weitere Ursache ist es, aus Mitleid am Leiden anderer krank zu werden. Diese beiden Gründe verursachen große Schmerzen, und das ist gut so. Denn anders würdet ihr gar nicht erkennen, dass ihr vom richtigen Weg abgekommen seid. Doch gibt es noch eine dritte Ursache für Krankheit. Manchmal ist ein Mensch bereit, krank zu werden, um einen anderen, den er liebt, wieder auf den richtigen Weg zu bringen. Dieser Kranke leidet nicht unter den Schmerzen, denn die Liebe wiegt sie um ein Vielfaches auf.' –

Als Jesus hier angekommen war, blickte er auf mich und fragte: ‚Simeon, welcher Art war deine Krankheit?' Ich antwortete leise:

‚HERR, ich war zu schwach, meinen Weg zu gehen, und das verursachte mir große Schmerzen. Doch habe ich auch die anderen Krankheiten kennen gelernt. Die Frau, die ich heute zu dir brachte, wurde krank, weil sie im Leben nur das Schlimme sah. Und in ihrem kleinen Sohn erkenne ich nun einen Menschen, der ihr durch seine Krankheit den Weg zu dir zeigen konnte. Er erzählte nach seiner Heilung, dass er keine Schmerzen verspürt habe, auch wenn es für uns alle so ausgesehen hatte.'

Jeder, der zuhörte, dachte über das Gesprochene nach. Ich glaube, jeder erkannte sich in der Geschichte wieder. Schließlich sprach Jesus: ‚Vergesst nicht: Jeder Mensch bekommt von unserem himmlischen Vater alles, was er braucht, um seinen Weg zu gehen. Und auf dem Weg eines jeden liegen Gesundheit und Zufriedenheit. Sobald er aber vom rechten Weg abkommt, wird es unwegsam und schwierig. **Wann immer ihr Schmerzen erleidet, wann immer ihr von einer Krankheit geplagt seid, denkt darüber nach, welchen Namen sie trägt: Irrweg, Mitleid oder Krugträger!'"**

Hier endete Simeon. Zebedäus und seine Frau waren ebenso bewegt wie ich. Simeons Vater sagte mit gesenktem Haupt zu seinem Sohn: „Auch wenn du für deine Krankheit den Irrweg verantwortlich machst, in den ich dich getrieben habe, für mich bist du Krugträger. Erst durch die Geschichte, die du eben erzählt hast, verstehe ich die Schmerzen, unter denen ich seit Jahren leide. Auch ich machte die Umstände, die Reisen in ferne Länder, den Ärger mit den Händlern – und zuletzt deine Krankheit – dafür verantwortlich. Seit du zurückgekommen bist und mir und allen anderen im Haus deine Liebe schenkst, nehmen die Beschwerden beständig ab. Simeon, du besitzt diesen Krug mit Lebenswasser. Du hast ihn von Jesus bekommen. Bitte bleib hier, damit auch wir anderen ganz gesund werden."

Simeon entgegnete: „Auch du hast einen solchen Krug, Vater. Und sollte der Inhalt mittlerweile verdunstet sein, fülle ich ihn dir gerne wieder auf."

Daraufhin erhob er sich, schritt zur Wand und brachte den größten der kostbaren Krüge, die im Raum zur Zierde aufgestellt waren. Lachend wuchtete der schmächtige Simeon das schwere Gefäß direkt vor seinen Vater. Dieser stand gerührt auf, umarmte ihn und sprach, zu mir gewandt: „Jakobus, wenn dich Simeon seinen Bruder nennt, nenne ich dich meinen Sohn. Sei willkommen im Hause deines Vaters und sei gewiss, dass du von mir alle Unterstützung bekommst, die du brauchst."

Bewegt erhob ich mich, trat auf ihn zu und verneigte mich vor ihm. Da schloss er auch mich in seine Arme. Hatte ich einen Augenblick vorher noch nicht gewusst, wie mein Weg weitergehen würde, nun sah ich ihn klar vor mir: „Zebedäus, ich danke dir für deine väterliche Liebe. Doch werde ich deine Gastfreundschaft nur für eine Nacht in Anspruch nehmen. Es gibt noch so viel, was ich von Jesus hören und lernen kann, dass ich keine Zeit verlieren möchte. Ich werde Simeon die eben erzählte Geschichte nicht schuldig bleiben. Wenn ich zu euch zurückkomme, schenke ich ihm und euch eine andere dafür."

Die Menschen, die mich Sohn und Bruder nannten, verstanden mich.

Zebedäus bat seinen Sohn und mich, wieder Platz zu nehmen. Zu mir gewandt sprach er: „Bitte erzähl nun du mir selbst, was vorgefallen ist und was dir den Zorn der Priester eingebracht hat."

Jetzt konnte ich darüber sprechen. Sein Blick war offen und verständnisvoll. Als ich von Ruben erzählte, erkannte ich eine zunehmende Wut in seinem Gesicht. Doch er unterbrach mich nicht, sondern hörte meine Geschichte bis zum Schluss schweigend an.

Seine Frau war es, die als erste sprach: „Jakobus, wie stolz kann deine Mutter auf dich sein, obwohl ihr Herz wohl vor Schmerzen weint, weil dich die Umstände wieder in die Ferne treiben. Ich würde sie gerne kennen lernen, sie muss eine starke Frau sein und ich traue ihr zu, aus Ruben mit Liebe und Verständnis einen Mann zu machen, welcher der Bruderschaft deines verstorbenen Vaters würdig ist."

Zebedäus fügte an: „Du hast Recht gehandelt, Jakobus. Durch dein Weggehen bekommt dein Onkel Ruben die Möglichkeit, über sein beleidigtes, enges Denken und Handeln hinauszuwachsen. Vergiss nicht: Du bist in unserem Hause jederzeit willkommen."

Erinnerungen an die Zeit mit Jesus

Simeon bestand darauf, dass ich diese eine Nacht in seinem Zimmer verbrachte. So kam es, dass wenig später ein Diener neben dem Schlaflager des jungen Kaufmanns ein zweites für mich vorbereitete. Meine Bündel wurden aus dem Gästehaus geholt; die verstaubte Kleidung, die ich zum Abendmahl abgelegt und gegen saubere getauscht hatte, war mittlerweile gereinigt.

Noch einige Stunden verbrachten Simeon und ich in angeregter Unterhaltung. Ich erzählte ihm von meinem Aufenthalt im Römerlager, berichtete vom alten Obersten, von meinen römischen Freunden Claudius, Egregius, Tantus, Parcus und von der Heilung des verunglückten Felix.

Hier unterbrach er mich und warf ein: „Ich erinnere mich: Es war am dritten Tage nach deinem Weggehen. Es regnete in Strömen und trotzdem bestand Sarais Mutter darauf, mit mir zusammen den kleinen Jungen auf den Berg zu tragen. Er hatte hohes Fieber und warf sich auf der Bahre unruhig hin und her. Sie machte dieselbe enttäuschende Erfahrung wie die Tage zuvor: Der Jünger, zu dem sie ging, konnte ihren Sohn nicht heilen. Wir waren auf dem Rückweg und suchten ein wenig Schutz unter dem Dach einer Scheune. Da galoppierte ein römischer Soldat bergan, der ein zweites Pferd am Zügel mit sich zog. Es dauerte nicht lange, bis er wieder an uns vorbeiritt, diesmal gefolgt von einem Mann, der große Mühe hatte, sich auf dem Pferd zu halten. Ich dachte bei mir: ‚Warum tut der Mensch sich das an?' Es sah lächerlich aus und war doch gefährlich für ihn. Jetzt weiß ich, dass es Jesus war, der nicht auf seine eigene Sicherheit achtete, ja – der sich sogar der Lächerlichkeit preisgab, um zu helfen. Jakobus – wenn Jesus damals etwas geschehen wäre, wo würden wir jetzt sein?"

Ich wusste darauf keine Antwort, doch mein Engel sprach sie aus meinem Mund: „Simeon, es gibt für einen jeden Menschen auf der Welt einen wunderbaren Plan, den der himmlische Vater mit ihm hat. Seit ich dies weiß, ist meine Sorge um morgen nicht nur für mich, sondern auch für die Menschen, die mir anvertraut sind, viel kleiner geworden. Ich habe einen wunderbaren Satz, der mir immer dann hilft, wenn ich zweifle: ‚**Wenn GOTT für mich ist, wer will gegen mich sein?**' Erinnerst du dich an die Gelegenheiten, bei denen Jesus ihn sprach?"

Er überlegte kurz, dann nickte er: „Ja, ich hörte den HERRN öfters diese Worte gebrauchen, doch erst jetzt durch deine Erzählung komme ich auf den Gedanken, er gelte auch für mich."

Eine Frage brannte mir noch auf dem Herzen: „Simeon, weißt du, wie es Veronika ergeht?"

Ruhig antwortete er: „Ich habe von Jesus gelernt, nur das weiterzuerzählen, was ich mit eigenen Augen gesehen und mit eigenen Ohren gehört habe. Ich sah sie das letzte Mal, als sie sich von Jesus und uns verabschiedete. Was die Leute über sie erzählen, interessiert mich nicht. Ich selbst begegnete ihr hier, seit ich zurück bin, kein einziges Mal."

Meine Sorge um sie wollte wachsen. Doch mein Engel erinnerte mich: ‚Wenn GOTT für sie ist, wer will gegen sie sein?'

Wir hingen beide unseren Gedanken nach. Noch während ich innerlich mit dem Vater im Himmel sprach und mich für den heutigen Tag bedankte, übermannte mich die Müdigkeit. Simeon musste mich zugedeckt haben.

Alte Schulden begleichen

Der nächste Morgen brachte herrliches Wetter, das in mir die Freude auf das Weitergehen noch verstärkte. Gemeinsam mit Simeon sprach ich das Morgengebet. Danach saßen wir mit seiner Mutter bei einem ausgiebigen Frühstück. Zebedäus ließ sich entschuldigen. Er hatte bereits Besuch eines Händlers, der bei ihm Ware kaufte.

Neben meinen Bündeln lag Reiseproviant für mehrere Tage bereit. Ich gedachte der Worte des HERRN: ‚Nehmt nur soviel mit, wie ihr für den heutigen Tag braucht. Der morgige Tag sorgt für sich selbst'. So bedankte ich mich bei Simeons Mutter für die Speisen, packte aber nur einen Teil davon in eines meiner Bündel und ging, begleitet von den beiden, zu Zebedäus.

An seiner Seite befand sich ein älterer jüdischer Händler. Aufmerksam beobachtete er unseren liebevollen Abschied. Zebedäus legte mir seine Hand auf den Scheitel und sprach einen ‚Vatersegen':

> „Der Herr zeigt dir den richtigen Weg.
> Er leitet dich auf gerader Bahn,
> damit deine Feinde schweigen müssen.
> Er gibt dich nicht ihrer Willkür preis!
> Die Zeugen, die dich belasten sollen,
> Lügner sind sie, die das Recht zerstören!
>
> **Vertrau auf den Herrn,
> sei stark und fasse Mut,
> vertrau auf den Herrn!**"[8]

Wir umarmten uns wie Vater und Sohn, eine starke Liebe strömte zwischen uns. Auch seine Frau verabschiedete mich wie ihr eigenes Kind. Tränen standen in ihren Augen. Simeon sah mich nur schweigend an. So vieles las ich in seinem Blick. Wie sehr beneidete er mich darum, wieder auf dem Weg zu Jesus zu sein.

Ich wandte mich ab um zu gehen, da hielt mich der fremde Händler zurück: „Wohin führt deine Wanderschaft?"

Ich nannte den Namen der großen Stadt, auf deren Berg Jesus gewirkt hatte. Seine Antwort lautete: „Dann kannst du gerne auf meinem Fuhrwerk mitfahren. Ich habe denselben Weg wie du."

Die Familie des Zebedäus sah mich erfreut an. Mein Verstand dachte kurz über die Möglichkeit des bequemen und sicheren Reisens nach, doch mein Herz gab eine andere Antwort: In einer inneren Schau erblickte ich den Bauernhof des Joshua, sah seine Frau und meine stümperhafte Schusterarbeit. Bevor ich nicht diese „Schuld" beglichen hatte, würde ich Jesus nicht unter die Augen treten.

---

[8] Psalm 27,11 (abgewandelt).

So erklärte ich dem Fremden, dass ich unterwegs für einige Tage Halt bei einem mir bekannten Bauern machen würde, um ein Versprechen einzulösen.

Da bot er mir an, mich wenigstens bis zu dessen Hof mitzunehmen. Jetzt konnte ich aus ganzem Herzen zusagen. Kurze Zeit später verließ ich, bequem auf der Ladefläche des Wagens sitzend, die Heimatstadt des Simeon, der mich seinen Bruder nannte.

Ich genoss die Fahrt. Obwohl wir auf der Hauptstraße unterwegs waren, hatte ich keine Angst davor, entdeckt zu werden. Einmal kamen uns römische Soldaten entgegen. Schnell erhob ich mich und blickte einem jeden von ihnen freundlich ins Gesicht, in der Hoffnung, einen meiner römischen Freunde zu erkennen. Doch die Männer waren mir fremd und erwiderten meinen offenen Blick eher ungehalten.

Der Händler hatte sich zu mir umgewandt und sprach tadelnd: „Du solltest die Römer nicht so provozierend anschauen, sonst kann es passieren, dass du eine schmerzhafte Antwort darauf erhältst. Sie sind unsere Feinde, vergiss es nicht."

Würde er verstehen, dass meine besten Freunde Römer waren? Ich behielt es lieber für mich und verschwand wieder zwischen seiner Ladung.

Obwohl der Maulesel sich nur gemächlich vorwärts bewegte, erreichten wir beim höchsten Stand der Sonne die Felder des Bauern Joshua. Ich bedankte mich beim Händler und stieg an der Wegkreuzung zum Bauernhof ab.

Langsam und in Erinnerung an Jesus und Veronika schritt ich auf das Haus zu. Die Knechte und Mägde waren vom Feld zurück, um die größte Hitze vorübergehen zu lassen. Sie lagerten unter den Bäumen und blickten mir neugierig entgegen. Einige erkannten mich und erwiderten meinen Gruß. Ohne mich weiter bei ihnen aufzuhalten, ging ich zum größten Gebäude und klopfte an der Türe.

Es dauerte nicht lange, da öffnete mir die Hausmagd. Es war dieselbe, der Petrus so zuvorkommend die Wassereimer getragen hatte, um das Dienen zu lernen. Auch sie erinnerte sich an mich und bat mich ins Haus. Nachdem ich den Staub von meiner Kleidung und von den Sandalen geschüttelt hatte, folgte ich ihr.

Der Neid auf das schöne Leben der anderen

Die Freude des Joshua und seiner Frau war ehrlich. Meine anfängliche Befangenheit löste sich sehr schnell auf. Ich sprach den Bauern auf sein vor wenigen Wochen gemachtes Angebot an, wiederzukommen und meine Handwerkskunst noch einmal zu zeigen.

Seine Frau errötete bei meinen Worten, ging nach nebenan und kehrte mit den von mir gefertigten und so schnell entzwei gegangenen Sandalen zurück.

Mit niedergeschlagenem Blick sprach sie: „Ich habe dir Unrecht getan, Geselle. Jesus klärte mich auf und es tut mir heute noch leid, dich so behandelt zu haben. Ich hatte in der Zwischenzeit Gelegenheit, über alles nachzudenken. Heute bin ich dir sehr dankbar, dass du mir zuliebe doch schmale Riemchen gearbeitet und mir nicht widersprochen hast. Denn nur dadurch, dass sie bereits in der ersten Stunde gerissen sind, wurde mir etwas klar: Ich trug einen Neid auf die Stadtfrauen in mir. Ich bedauerte mich um mein einfaches Leben. Die eleganten Sandalen, die ich an ihnen gesehen hatte, machten mir den Unterschied noch deutlicher. Wie unzufrieden war ich, ohne es mir selbst einzugestehen! Als ich die eleganten Sandalen anzog, redete ich mir ein, sie würden ebenso gut zu mir passen wie zu den Frauen, die ich so beneidete. Doch schon nach wenigen Schritten spürte ich, dass sie für meine derben Füße nicht geeignet waren. Als die Riemchen rissen, konnte ich noch nicht die Wahrheit zugeben, sondern brauchte einen Schuldigen für meine schlechte Laune. Leider warst du das. – Auch als Jesus uns am nächsten Tag erklärte, dass das Leder schuld daran gewesen sei, war ich nicht in der Lage, mich bei dir zu entschuldigen. Ich bin meinem Mann dankbar, dass er es damals für mich tat. Erst seit einigen Tagen kann ich mir gegenüber ehrlich sein. – Jakobus, wenn ich dich richtig verstehe, bist du zurückgekommen, um noch einmal ein Paar Sandalen für mich zu fertigen?"

Ich nickte und antwortete: „Ja, und diesmal habe ich das richtige Leder dabei, um die eleganten Sandalen zu arbeiten."

Sie schüttelte den Kopf und sprach: „Nein, Jakobus, jetzt weiß ich: Auch wenn du das beste Leder dazu verwendest, es werden nie die passenden Schuhe für mich sein. Ich bitte dich, aus deinem guten Leder strapazierfähige Sandalen für eine Bauernfrau zu machen, an denen sie Tag für Tag und für lange Zeit ihre Freude hat."

Joshua hatte schweigend und erstaunt zugehört. Anscheinend hatte seine Frau mit ihm nie über ihre Unzufriedenheit gesprochen.

Sie wandte sich deshalb ihm zu und sagte leise: „Ja, ich war verdrießlich und unglücklich, weil ich das schöne Leben der Stadtfrauen mit meinem einfachen Leben verglich. Kannst du dir vorstellen, dass die unbequemen Riemchensandalen mich von dieser falschen Vorstellung befreiten? Nun erkenne ich wieder, wie gesegnet wir auf dem Lande sind, sehe die Fruchtbarkeit und den Reichtum unserer Felder. Ich kann dem jungen Schustergesellen gar nicht genug danken für das, was ich durch seine Arbeit erkennen durfte."

Joshua nahm mir meine beiden Bündel aus der Hand und wollte mich in die Gästekammer führen. Ich sah es als große Ehre für mich an, denn er bot mir dasselbe Zimmer an, das er Jesus damals geben wollte. Dieser hatte darauf bestanden, dass an seiner Stelle Veronika und ihre beiden Freundinnen darin nächtigten. Und trotzdem hielt ich Joshua zurück und bat ihn, in der Scheune übernachten zu dürfen. Erkannte er in meinem bittenden Blick, dass ich glaubte, dort dem HERRN näher zu sein?

Er nickte langsam, reichte mir die Bündel zurück und bat die Hausmagd, mir in der Scheune ein Lager zu richten. Für die Schusterarbeit könne ich mir einen Platz im Hof suchen. Ob ich seiner Familie die Freude mache, mit ihnen gemeinsam im Hause zu speisen?

Diesen Wunsch schlug ich ihm nicht ab.

Dann stand ich allein in der Scheune. Es war mittlerweile später Nachmittag. Auf dem Hof war es ruhig, denn die meisten Mägde und

Knechte arbeiteten wieder auf den Feldern. Langsam schritt ich durch den Raum. Jesus' Gegenwart war so groß: Wenn ich die Augen schloss, meinte ich, ihn auf mich zukommen zu spüren. Ich freute mich auf die Nacht ...

Sorge dich nicht um Dinge, die nicht in deiner Reichweite liegen

Um keine Zeit zu vergeuden, begab ich mich noch einmal hinüber zur Bäuerin. Mit meinen Händen nahm ich Maß, suchte mir einen Platz an der Hauswand und richtete mir dort mit einfachsten Mitteln einen Arbeitsplatz ein. Mit sicherer und geübter Hand schnitt ich das Leder zu und begann voll innerer Ruhe und Freude mit meiner Arbeit.

Immer wieder ging mein Blick zu der Bank unter den Bäumen, auf der Jesus zusammen mit Veronika und mir gesessen war. Während meine Hände das Werk taten, tauchten in meinem Herzen all die Geschehnisse jener Tage auf. – Veronika, wo mochte sie sich im Moment befinden? Wie erging es ihr? War sie in der Fürsorge des Claudius? Oder hatten ihre Eltern sie im Hause eingesperrt? Musste sie womöglich, ebenso wie mir angedroht, eine Umerziehung bei den Schriftgelehrten über sich ergehen lassen?

Bevor meine Gedanken in die Sackgasse der Angst einbiegen konnten, meldete sich mein innerer Engel: ‚Jakobus, was sorgst du dich um Dinge, die im Augenblick gar nicht in deiner Reichweite liegen? Hast du vergessen, was Jesus zum Baum sagte? Dass du nur das tun kannst, was du im Moment tust! Tue es mit deiner ganzen Aufmerksamkeit – und du wirst dir später niemals einen Vorwurf machen, du hättest es besser vermocht!'

Ja, mein Engel hatte wieder einmal Recht. Schuldbewusst senkte ich meinen Kopf tief über die Arbeit. Sie war anstrengend, denn das Leder war fest. Es war bestens geeignet, der Bäuerin für lange Zeit Freude an gutem Schuhwerk zu schenken. Nun ließ ich mich nicht mehr aus der Gegenwart bringen.

Du bist nur für dich selbst verantwortlich

Am Abend, als die Knechte und Mägde vom Feld zurückkehrten und im Freien ihre Mahlzeit einnahmen, holte mich Joshua ins Haus, um gemeinsam mit seiner Familie zu speisen.

Ich sah, dass sie dasselbe aßen wie das Gesinde. Nur einem einzigen Gedanken gelang es, das einfache Mahl mit dem Festessen im Hause des Zebedäus zu vergleichen, dann warf ich ihn schnell aus dem Kopf. Es kam nicht darauf an, was auf dem Tisch angerichtet war, es kam nicht darauf an, ob der Tisch in einem reichen oder einfachen Hause stand, sondern allein darauf, ob GOTT und mit Ihm die Liebe Gast im Hause waren.

Maniechs Worte kamen mir in den Sinn: ‚Danke, Jakobus, dass du GOTT in unsere Familie zurückholst.'

Weder Simeon noch Zebedäus noch Joshua hatten vor dem Essen ein lautes Dankgebet gesprochen. Gestern war mir dies nicht weiter aufgefallen. Ich wunderte mich nicht, als mein Engel nun zu mir sprach: ‚Hast *du* es denn getan? Du bist nur für dich selbst verantwortlich. Deshalb steht es dir nicht zu, über andere ein Urteil zu fällen. Kennst du denn ihre inneren Gedanken? Wenn es dich stört, dass nicht laut gebetet wird, warum tust *du* es dann nicht?'

Wieder hatte er Recht. Doch brachte ich den Mut dazu auf? Verlegen räusperte ich mich, gab mir einen Ruck und sprach, zum Bauern gewandt: „Joshua, erlaubt Ihr mir, ein Gebet zu sprechen, wie ich es bei Jesus gelernt habe?"

Er legte das Brot, das er in den Händen hielt, beiseite und antwortete freundlich: „Natürlich. Wir haben es uns angewöhnt, dass jeder für sich leise GOTT dankt, denn keiner von uns findet die richtigen Worte. Sprich du sie, vielleicht können wir sie uns merken."

Vor Freude über seine Bitte stieg mir die Röte in das Gesicht. Alle Augen richteten sich auf mich, als ich mit fester Stimme zu beten begann:

„Vater im Himmel. Ich danke Dir für uns alle, dass Du uns in so großer Fülle alles schenkst, was wir für unser Leben brauchen: das Dach über dem Kopf; Wasser, Milch, Brot und Käse als Nahrung,

Wein zur Stärkung; Freunde, die sich um uns sorgen; Fremde, die uns freundlich anlächeln; einen Engel, der uns führt und schützt. All diese Geschenke sind von Dir gesegnet – ebenso wie Du jeden von uns segnest.

Mutter Erde, ich danke dir für uns alle für die Gaben, die du wachsen und reifen lässt. Ihr Pflanzen und Tiere, ich danke euch für uns alle, dass ihr euren Daseinszweck erfüllt und euch hingebt, um uns als Nahrung zu dienen.

Joshua, ich danke dir, dass du mich Gast in deinem Hause und an deinem Tische sein lässt."

Aufmerksam hatten die anderen gelauscht und beobachteten neugierig, wie ich mit einer weit ausladenden Kreisbewegung die Speisen segnete. Joshua sprach leise: „Du sprichst wie der HERR. Du warst ein guter Schüler."

Ja – Jesus war mir nahe. Jetzt schien es mir, als hätte *er* mich vorhin dazu aufgefordert, dieses Gebet zu sprechen – ebenso wie er es vor Wochen im Hause des Schustermeisters Maniech getan hatte. Zufrieden und dankbar begann ich zu essen.

Maniech – würde ich auch ihn auf meiner Wanderschaft wiedersehen? Mein Engel gab unverzüglich die Antwort: ‚Was denkst du über Dinge nach, auf die du im Moment gar keinen Einfluss hast? **Was nützen dir alle Pläne, wenn du nicht weißt, was der himmlische Vater morgen mit dir vorhat?** Freue dich an dem, was du in diesem Augenblick geschenkt bekommst. Genieße es, doch halte es nicht fest. Habe auch keine Angst, du könntest morgen leer ausgehen. Erinnere dich, was Jesus sagte: **Nur wenn du frei von Angst und festen Vorstellungen bist, kann GOTT dir das geben, was du brauchst.**'

Tief über meine Speisen gebeugt hatte ich seiner Strafpredigt gelauscht. Strafpredigt? Nein, die Worte kamen so liebevoll direkt aus meinem Herzen, dass ich sie nicht als Rüge auffassen konnte. Ich erinnerte mich an das, was ich gestern Simeon erklären durfte: ‚GOTT hat für jeden einzelnen von uns einen wunderbaren Plan.' Im Augenblick sah er vor, mich mit nahrhaften Speisen zu beschenken. Hungrig und dankbar füllte ich meinen Magen.

Joshua forderte mich auf, ihnen von meinen Erlebnissen neben Jesus zu erzählen, doch ich war müde und bat um Verständnis, mich zum Schlafen zurückziehen zu dürfen. Er ließ mich erst nach meiner Zusicherung gehen, am morgigen Abend gesprächiger zu sein.

Die Magd und Simon, der Fels

Dann war ich endlich allein. Die Hausmagd hatte mir in einer Ecke der Scheune eine Schlafstätte gerichtet. Es drängte mich, an derselben Stelle zu liegen, an der Jesus damals genächtigt hatte. So zog ich den Strohsack dorthin.

Mit geschlossenen Augen lag ich da, stellte mir das liebevolle Gesicht des HERRN vor und war ihm sehr nahe. Plötzlich hörte ich neben mir ein verlegenes Räuspern. Erschrocken fuhr ich hoch und sah die Hausmagd neben mir stehen. Sie trug einen Krug mit Wasser und entschuldigte sich: „Ich wollte dich nicht erschrecken. Ich dachte nur, vielleicht bekommst du Durst in der Nacht."

Freundlich nahm ich den Krug entgegen, bedankte mich bei ihr und wünschte ihr eine Gute Nacht. Doch sie blieb unschlüssig stehen und nestelte verlegen an ihrem Gewand herum. Schließlich fragte ich sie: „Hast du etwas auf dem Herzen?"

Sie wurde rot im Gesicht und antwortete leise mit niedergeschlagenem Blick: „Wie geht es Simon, der mir beim Wassertragen half?"

Simon? Überrascht widersprach ich: „Es war Petrus, der dir damals die Eimer getragen hatte."

Nun blickte sie mir direkt in die Augen und meinte überrascht: „So kennst du gar nicht seinen richtigen Namen? Er nannte ihn mir. Ich würde gerne mit dir über diesen Jünger des Jesus sprechen."

Meine Müdigkeit war wie weggeblasen. Neugierig rückte ich ein Stück auf dem Lager zur Seite und bot ihr mit einer einladenden Geste an, neben mir Platz zu nehmen. Sie wandte sich unschlüssig zum Scheunentor um, bevor sie meiner Aufforderung nachkam.

Dann begann sie zu erzählen: „Dieser Petrus, wie ihr ihn nennt, hat mich anfangs abgestoßen und zutiefst erschreckt. Du erinnerst dich:

Er war zur Arbeit auf dem Hof eingeteilt und, wann immer ich ihm begegnete, blickte er finster drein. Ich wunderte mich, dass Jesus einen solch mürrischen Menschen in seiner Gefolgschaft duldete. Dann kam jener Mittag, an dem ich am Brunnen Wasser schöpfte und diesen unfreundlichen Mann wie einen wilden Stier auf mich zustürmen sah. Vor Schreck ließ ich den Eimer fallen, weil ich dachte, er wolle mich schlagen. Vielleicht hatte ich seinen Unmut erweckt, ohne es zu wissen? Ich duckte mich, doch wie erstaunt war ich, als die Schläge ausblieben und ich stattdessen die Geräusche des Wasserschöpfens hörte! Ich konnte es nicht glauben: Der unfreundliche Fremde tat meine Mägdearbeit! Und nicht nur einmal! Wie peinlich war es für mich, wie peinlich musste es erst für ihn sein! Ich verstand nicht, weshalb er es tat, und wagte auch nicht, ihn zu fragen. Ich blickte nur in sein Gesicht – und erkannte einen völlig anderen Menschen: Er strahlte vor Freude und Glück! Als ich mich schließlich bei ihm bedanken wollte, schüttelte er den Kopf und unterbrach mich mit den Worten: ‚Ich danke *dir*, dass *du* mir die Möglichkeit gibst zu dienen, so wie der HERR es tut.' Seine Antwort machte mir Mut, ihn nach seinem Namen zu fragen. Er sprach: ‚Ich bin Simon. Doch der HERR nennt mich Kefa oder Petrus, der Fels. Er zeigt mir mit diesem Namen, dass ich unbeugsam und starr wie ein Fels bin. Er tadelt mich deswegen nicht, wenn er mich auch manchmal bittet, meinen Starrkopf ein wenig nachgiebiger zu machen. Ich verstand Jesus bis vorhin nicht. Denn ich selbst sehe mich nicht als starr, sondern als standfest. Jetzt, da ich dir dienen durfte, spüre ich eine innere Freude, wie ich sie noch nie empfand. Ich danke dir dafür.' So sprach dieser Petrus, und weil ich ihn seit jener Stunde nicht mehr hart wie einen Felsbrocken sehe, sondern hilfsbereit und demütig, nenne ich ihn bei mir *Simon*. – Jakobus, wenn du ihn jemals wieder siehst, sag ihm bitte, wie gerne ich an ihn denke – und dass er für mich Simon ist. Es tut mir leid, dass ich ihn anfangs verkannt – und verurteilt habe."

Vom Hause her ertönte ein ungeduldiger Ruf. Sie erhob sich hastig und eilte nach draußen. Lange noch dachte ich über ihre Erzählung nach. So war es also auch Petrus ähnlich ergangen, wie er selbst den Jünger Judas behandelt hatte? Wie er wohl darauf reagieren würde, wenn er erfahren würde, dass ein anderer Mensch ihn nach dem äußeren Augenschein beurteilt und als böse und wild empfunden hatte?

Ein Satz des Jesus fiel mir ein: ‚Es steht euch nicht zu, über andere zu urteilen. Ihr kennt deren Beweggründe nicht.' Vielleicht stand es im Plan des himmlischen Vaters, dass ich morgen Abend die Geschichte des von Judas versteckten Geldes erzählen durfte?

Noch einmal dachte ich über den Mann nach, den Jesus „Fels" nannte. Er war für mich der Stärkste unter den Jüngern, sein Wort galt viel. Trotzdem schadete ihm die Starrköpfigkeit oft mehr, als sie ihm oder anderen nützte. Doch der Mann arbeitete an sich. Er war der Erste unter den Jüngern, der den HERRN gebeten hatte, ihn das Heilen zu lehren – und der bereit war, dafür zu dienen. Und – er hatte sich als Erster bei Judas für den schlimmen Verdacht der Unterschlagung entschuldigt. Leicht fiel ihm der Wandel vom Fels zum fließenden Wasser der Liebesquelle bestimmt nicht. Das zeigte auch die Art, wie er Claudius nach der Durchquerung des Tales des Barabbas angefeindet hatte.

Hinter meinen geschlossenen Augen sah ich noch mehr Szenen mit Petrus – und immer war Jesus verständnisvoll geblieben. Wenn der HERR so großes Verständnis für die Schwächen anderer Menschen hatte, hieß das nicht, dass er selbst in sich diese Schwächen kennen gelernt, an ihnen gearbeitet, sie überwunden hatte? Ich konnte es mir schwerlich vorstellen, in meinen Augen war der HERR vollkommen und ohne jede Schwäche.

Nein – zweimal hatte ich seine Angst erlebt. Doch machte nicht gerade diese menschliche Schwäche uns anderen Mut? Wenn es Jesus gelungen war, ein solch liebevoller, verständnisvoller und heilender Mensch zu sein, warum sollte es dann nicht auch uns gelingen?

Als ich bei diesem letzten Gedankengang angekommen war, erkannte ich ganz klar und ohne jeden Zweifel: Das war der Grund, weshalb ich jetzt wieder auf dem Weg zu Jesus war. Er war mein großes Vorbild. So wie *er* wollte ich gerne werden. Und wenn mir jemand den Weg dahin zeigen konnte, dann *er*!

Ein großes Glücksgefühl durchströmte mich. Mein Weg lag klar und offen vor mir …

Mittlerweile hatte ein starker Regen eingesetzt. Es war nun vollständig dunkel draußen und es drängte mich danach, mich vom kühlen Nass, das direkt aus den Himmeln kam, reinigen zu lassen.

Im Schutz der Dunkelheit sprang ich nackt hinter die Scheune und ließ den Rest dessen, was mich noch aus den letzten Tagen, die ich zuhause verbracht hatte, belastete, von mir abregnen. Es tat so gut, ich fühlte mich wie neugeboren – und bereit, dem HERRN zu begegnen. Wenig später schenkte mir GOTT den Schlaf der Gerechten.

Der „besessene" Knecht

Am nächsten Morgen regnete es immer noch sehr stark. Es hatte den Anschein, als würde das Wetter den ganzen Tag so bleiben. So sah ich mich gezwungen, mir in der Scheune einen Arbeitsplatz herzurichten. Die Hausmagd stellte mir vertraut lächelnd ein nahrhaftes Frühstück bereit. Ich setzte meine Arbeit fort.

Immer wieder schlich einer der Knechte an der angelehnten Scheunentüre vorbei und warf einen neugierigen Blick auf mich. Bei diesem schlechten Wetter schickte Joshua sein Gesinde nicht auf die Felder, sondern teilte ihnen auf dem Hof Arbeiten zu.

Gegen Mittag kamen nach und nach die Mägde und Knechte zu mir herein. Sie grüßten mich freundlich, stellten mit einfachen Mitteln einen Tisch auf und baten auch mich kurze Zeit später, an ihrem Mittagsmahl teilzunehmen. Erfreut unterbrach ich die Arbeit und gesellte mich zu ihnen. Anscheinend war Joshua davon unterrichtet, denn er ließ mich nicht hinüber ins Haus holen.

Alle, bis auf einen jüngeren Knecht, blickten mich erwartungsvoll an. Der eine bediente sich bereits an den Speisen und begann mit trotzigem Blick zu essen. Was wollten sie von mir? Ich wusste es und trotzdem war es mir unangenehm, so im Mittelpunkt zu stehen.

Eine ältere Magd sprach es schließlich aus: „Jakobus, dürfen wir dich bitten, das Tischgebet zu sprechen? Du warst an der Seite des Predigers und kennst die rechten Worte."

Der junge Mann biss demonstrativ in sein Brot und warf mir dabei einen provozierenden Blick zu. Mein Engel machte mir Mut. Er öffnete meinen Mund und sprach Gebet und Segen mit ähnlichen Worten wie gestern Abend im Hause des Joshua.

Andächtig hatten die anderen gelauscht – bis auf den einen. Kaum hatte ich das letzte Wort gesprochen, rief er mir mit ungehaltener Stimme zu: „Ich will dir sagen, junger Geselle, *wer* der Einzige ist, dem ich für das, was ich esse, danke: Ich selbst! Denn bin nicht *ich* es, der mit seinen Händen schwere Arbeit verrichtet und dadurch das Essen verdient? Ist es nicht unsere eigene Leistung, wenn die Früchte auf dem Feld gedeihen durch meine und eure Arbeit? Haben wir nicht selbst diese Scheune aufgebaut und so das Recht auf das Dach über dem Kopf? Und die Tiere? *Wir* versorgen sie und haben das Recht auf den Nutzen aus ihnen. Und einen Engel an meiner Seite? *Ich* habe noch keinen gesehen. Zeig ihn mir oder hör auf, so törichte Sachen zu erzählen."

Ich war völlig überrumpelt von der Feindseligkeit, die mir da entgegenschlug. Was musste er für ein schlechter Mensch sein, wenn er für die Geschenke, die der himmlische Vater und unsere Erde uns gaben, nicht dankte?

Ich hatte noch nicht zu Ende gedacht, da hörte ich die Stimme des Engels in mir: ‚Verurteile niemanden, du kennst seine Beweggründe nicht.' Dann öffnete er meinen Mund und antwortete mit meiner Stimme, die – entgegen der Ablehnung, die ich immer noch in meinem Herzen spürte – verständnisvoll und ruhig klang: „Freund, ich verstehe dich. Du hast *auch* Recht. Du arbeitest schwer, Tag für Tag. Du kümmerst dich um die Früchte auf dem Feld, um die Tiere im Stall, um die Gebäude auf dem Hof. Doch sag mir: Wer gibt dir die Kraft dazu? Wem hast du es zu verdanken, einen gesunden, kräftigen Körper zu besitzen, der dir erst die Möglichkeit dazu gibt? Wem ist es zu verdanken, dass es regnet, wenn die Erde dürstet, dass die Sonne scheint, wenn die Früchte und das Getreide Wärme brauchen? Erinnerst du dich an die vielen Kranken, die hierher gebracht worden waren, damit Jesus und Veronika sie heilten? Wäre deine Rede ebenso ausgefallen, wenn du einer von ihnen wärst? Wenn du GOTT schon nicht für das danken kannst, was auf dem Tisch steht, weil du glaubst, du hättest es dir mit deiner eigenen Leistung verdient, so danke GOTT wenigstens für das Geschenk, gesund und kräftig zu sein. Sonst könnte es geschehen, dass du schmerzhaft daran erinnert wirst."

War sein Blick anfangs noch angriffslustig auf mich gerichtet, veränderte er sich nun. Eine große Furcht, fast so, als hätte ich einen Fluch über ihn ausgesprochen, überzog sein Gesicht wie ein dunkler Schatten. Er sprang auf und stürmte nach draußen.

Betroffen senkten die anderen die Köpfe über ihre Speisen und aßen schweigend. Noch einmal ließ ich mir die Worte, die eben durch meinen Mund gesprochen worden waren, durch den Sinn gehen. Die Erinnerung an eine Begebenheit im Römerlager tauchte auf: Der römische Soldat Felix hatte mich bedroht – und mein Freund Egregius hatte ihn daraufhin mit einer Drohung in die Flucht geschlagen. Ich hatte damals Egregius dafür verurteilt, doch erinnerte ich mich auch noch an die Antwort, die er mir gegeben hatte: ‚Mancher Mensch kennt nur die Sprache der Angst und Gewalt. Ich habe nichts anderes getan, als in seiner Sprache mit ihm zu reden. Manchmal geht es nicht anders.' Nun hatte *ich* einem anderen Menschen ebenso Angst eingejagt. Ich? *Es* sprach aus mir.

Betretenes Schweigen herrschte am Tisch und fast schien es mir, als seien die Mägde und Knechte froh, nach dem Mahl wieder an ihre Arbeit gehen zu können. Die ältere Magd, die mich zum Gebet aufgefordert hatte, blieb verlegen vor mir stehen und sagte entschuldigend: „Es tut mir leid. Der junge Knecht hetzt gegen Jesus und seine Männer, seit sie weitergezogen sind. Dabei sah ich ihn so oft um den Heiler herumschleichen. Ich sprach sogar mit Jesus darüber, doch antwortete mir dieser: ‚Frau, er muss von selbst zu mir kommen – und er wird kommen, wenn der Schmerz in ihm größer geworden ist als die Angst. Und glaube mir – **die Angst ist ein guter Nährboden für den Schmerz.**' Ich verstehe immer noch nicht, was er damit meinte, doch sehe ich, wie der Schmerz des jungen Mannes sich mit jedem Tag vergrößert. Nur – jetzt ist Jesus nicht mehr da, um ihn zu heilen."

Nach diesen Worten folgte sie den anderen.

Immer noch regnete es in Strömen. Ich machte mich wieder an die Schusterarbeit. Meine Gedanken weilten bei dem jungen Knecht. Was hatte ihn nur so gegen Jesus aufgebracht? Warum konnte er keine Dankbarkeit gegenüber dem himmlischen Vater empfinden?

Wegen der tief hängenden Regenwolken war es dämmrig in der Scheune. Aus diesem Grund verlegte ich meinen Platz an die offene Türe und entzündete eine Öllampe. Fest in meine Arbeit versunken bemerkte ich lange nicht, dass sich mir ein Mann genähert hatte, der nun abwartend und eng an die Wand der Scheune gepresst neben dem Eingang stand. Erst als ich mich erhob und ihm einen Schritt entgegentrat, erkannte ich in ihm den undankbaren jungen Knecht.

Immer noch war in seinem Gesichtsausdruck Angst zu erkennen – und ein tiefer Schmerz. Er tat mir leid; so ging ich langsam auf ihn zu. Er blieb in sich zusammengesunken stehen und blickte mich furchtsam an. Ohne zu überlegen, legte ich ihm meine rechte Hand auf die Stirn, die linke auf die Mitte seiner Brust und fragte leise: „Bruder, was fehlt dir?"

Er wich nicht zurück, er wich meinem Blick nicht aus. Das erste Mal seit Wochen erlebte ich wieder das Verschmelzen mit einem anderen Menschen. Doch es war das allererste Mal, dass ich Zeuge wurde, wie sich Angst und Liebe begegneten ...

Die Liebe GOTTES vertreibt den Satan der Angst

Ich spürte so deutlich die Liebe und Wärme aus meinem Herzen direkt in meine Hände strömen. Doch da, wo sie auflagen, fühlte es sich an, als würden sie kalten Fels berühren. Ja, es schien mir, als wolle die Kälte vom jungen Knecht auf mich übergehen.

Ratlos blickte ich ihn an und erschrak: Aus seinen weit aufgerissenen Augen starrte mich nun ein Hass an, der mir die Kopfhaare aufstellte. Ich wollte vor Entsetzen meine Hände von ihm nehmen, doch schienen sie wie festgewachsen an seiner Stirn und Brust. Angst wollte sich meiner bemächtigen, da sprach der Engel in mir: ‚Wenn GOTT für dich ist, wer will gegen dich sein?'

Und durch meinen Mund wiederholte er die Frage an den jungen Mann: „Bruder, was fehlt dir?" Ich hatte keinen Blick von ihm gelassen. So ähnlich wie ich musste sich ein Kaninchen fühlen, wenn es vor der züngelnden Schlange saß.

Da veränderte sich seine Miene. Es kam mir vor, als würde sich der Hass zurückziehen und einer großen Angst Platz machen. Gehetzt stieß er hervor: „Spürst du denn nicht, dass ich besessen bin von einem bösen Geist, der mich gefangen hält und mir jeden Augenblick die Hölle zeigt?"

Mein inneres Erschrecken vergrößerte sich noch mehr. Ich hatte schon von besessenen Menschen gehört, doch war ich bisher nie einem begegnet. Die Jünger um Jesus sprachen zwar von Heilungen des HERRN, die dieser an von Dämonen Besetzten vorgenommen hatte, doch war ich selbst nie Zeuge davon gewesen.

Wie sollte ich mich verhalten? Am liebsten wäre ich davongestürmt, aber meine Hände gehorchten mir nicht und ließen nicht los. Im Gegenteil: Ich spürte, dass Liebe und Wärme noch stärker durch sie flossen. Und noch etwas anderes fühlte ich: Der Körper, den sie berührten, schien nicht mehr so kalt zu sein.

Die Angst in mir wurde geringer. Ich öffnete den Mund und *es* sprach: „Du hast meine Frage nicht beantwortet, Bruder. Ich fragte dich, was dir fehlt, und du nanntest mir etwas, wovon du glaubst, es zu haben. **Ich werde dir sagen, was dir fehlt: Der Glaube daran, dass GOTT, unser himmlischer Vater, dich liebt wie einen Sohn. Dass Er für dich sorgt wie für ein geliebtes Kind.**"

Noch einmal veränderte sich sein Blick. Die Angst verschwand und ein großer Schmerz nahm von ihm Besitz. Tränen stürzten aus seinen Augen. Genau in diesem Augenblick zog sich die Kälte, die von ihm ausgegangen war, ganz zurück und ich spürte die Wärme und Liebe aus mir ungehindert auf ihn übergehen. Ein starker Weinkrampf schüttelte seinen ganzen Körper. Jetzt konnte ich die Hände von ihm lösen und ihn umarmen. Lange hielt ich ihn fest, dann führte ich ihn behutsam in die Scheune hinein, direkt auf den Schlafplatz, an dem ich mich Jesus am nächsten fühlte. Wir saßen nebeneinander; endlich konnte er über seine Angst, die ihm die Hölle auf Erden bereitete, sprechen:

„Jakobus, wie kannst du sagen, dass GOTT mich liebt? Wieso glaubst du, dass Er für mich sorgt? Seit ich zurückdenken kann, bin ich gezwungen, für mich selbst zu sorgen. Meine Eltern verhalten sich bis heute wie Sklaven. Nicht nur dem Bauern gegenüber, sondern auch GOTT gegenüber. Äußerlich bin ich frei, doch innerlich bin ich ebenso Sklave wie sie. Du sagst, mir fehlt es am Glauben an GOTT? Mein Glaube ist es, dass ich für mich und jene, die mir anvertraut sind, selbst sorgen muss. Und meine größte Angst ist es, dies eines Tages nicht mehr zu können. Du hast mir damit gedroht, dass GOTT mir meine Kraft und Gesundheit nimmt. Das ist die größte Angst, die ich habe. Was wird dann aus mir? Was wird aus meinen alten Eltern, um die ich mich auch noch zu kümmern habe? Hat GOTT jemals für sie gesorgt? Sorgt Er jetzt für sie?"

Der Engel sprach aus mir: „Ja, Bruder, Er sorgt für sie durch dich. Er gibt dir Gesundheit und Kraft, damit du ein freies Leben führen und diese Aufgabe erfüllen kannst. Und solltest du es einmal nicht mehr können, wird GOTT einen anderen Weg finden, für euch zu sorgen."

Seine Antwort lautete: „Ich würde es so gerne glauben. Doch der Dämon, der mich besetzt hält, spricht das Gegenteil. Seit Jesus hier war, wird die Stimme des Bösen immer stärker, immer lauter. Ich kann ihm nicht entfliehen, immer und überall lauert er, macht mir Angst, zeigt mir Schwäche, Krankheit, Tod. Als der Prediger hier war, fühlte ich mich von ihm angezogen. Ich sah so viele, die er heilte. Doch der Dämon in mir hielt mich davon ab, zu ihm zu gehen, indem er sprach: ‚Er wird nicht nur mich töten, sondern auch dich, denn du gibst mir Wohnung. Vergiss nicht, aus dir heraus kann ich auch andere beeinflussen.' Ich wagte es nicht, mich Jesus anzuvertrauen. Als er weitergezogen war, packte mich der Dämon mit jedem Tag noch stärker, sodass ich in den letzten Tagen lieber gestorben wäre, als dieses Leben weiterzuführen. Dann bist du zurückgekommen und hast heute Mittag vom himmlischen Vater gesprochen. Der

Böse in mir ist aufgestanden und hat sich dir entgegengestellt. Ich habe es vorhin genau gespürt. Du hast gegen ihn gekämpft und er hat sich zurückgezogen. Jedes Mal nämlich, wenn er sich zurückzieht, kommt dieser große Schmerz in mir auf. So lebe ich – zwischen Hass, Angst und Schmerz. Und du sagst, dass GOTT mich wie einen Sohn liebt? Ich kann es nicht glauben."

Der Engel sprach weiter aus mir: „Ich fühlte die Kälte, die in dir steckt, und sie wollte mir Angst machen. Doch mein Engel, den ich dir leider nicht zeigen kann, weil ich ihn selbst nicht sehe, sprach zu mir: ‚**Wenn GOTT für dich ist, wer will gegen dich sein?**' Das gab mir die Kraft, vor dir stehen zu bleiben. Und nun sehe ich es ganz klar: Du bist nicht besessen von einem Dämon, es ist deine eigene Angst, die dich so gefangen hält. Wenn du doch glauben könntest, dass GOTT auch für *dich* ist und dich liebt, hätten Angst und Hass in dir keinen Platz mehr. Überleg' nur: **Wenn du in deinem Herzen, das seit so langer Zeit gefüllt ist mit Angst, Platz schaffst für die Liebe des himmlischen Vaters, wo sollte dann das Böse noch wohnen können?**"

Das Bild, das in seinem Inneren bei meinen Worten entstand, gefiel ihm. Seine Gesichtszüge wurden gelöster, während er sich jetzt selbst die linke Hand auf das Herz legte und in sich hineinfühlte. Mit geschlossenen Augen saß er vor mir und lächelte. Noch einmal kam ein Schatten über sein Gesicht. Mit zweifelnder Stimme fragte er: „Und wenn die Angst wiederkommen will?"

Diesmal konnte ich die Antwort ohne die Hilfe meines Engels geben: „Dann sprich den Satz: ‚Wenn GOTT für mich ist, wer will gegen mich sein?' Sag mir, wer könnte stärker sein als Jener, der dich und mich und alles geschaffen hat, von dem alle Lebenskraft kommt? Was könnte stärker sein als die Liebe?"

Eine große Kraft lag in meiner Stimme – und nun auch in *seinem* Blick. Langsam sprach er: „Jakobus, ich hatte allen Mut verloren, als Jesus weitergezogen war. Wenn einer mir helfen könne, dann er, glaubte ich. Nun hast du mich geheilt. Du hast mir die Angst genommen, von einem Dämon besessen zu sein – und schenkst mir stattdessen die Gewissheit, dass GOTT in meinem Herzen wohnt.

Ich fühle eine Liebe und Freiheit in mir wie nie zuvor in meinem Leben. Wer hat dich das gelehrt?"

Verlegen antwortete ich: „Nicht ich habe dich geheilt, sondern GOTT, der zu mir durch meinen Engel spricht. Jesus öffnete mein Ohr für diesen Engel, bevor er von mir Vertrauen forderte und mich durch das Tal des Barabbas schickte. Der HERR sagte zu mir, dass jeder Mensch einen solchen Engel zur Seite hat."

Ungläubig fragte der Knecht: „Ich auch? So zeige mir doch bitte, wie ich ihn hören kann."

Darauf wusste ich keine Antwort. Auch mein Engel schwieg. So mutmaßte ich: „Vielleicht ist es einfach noch nicht die rechte Zeit für dich. Oder er sagt etwas zu dir, das du nicht hören willst – und deshalb nicht hören kannst."

Mit schräg gestelltem Kopf überlegte er. Dann kam die Erleuchtung: „Du hast Recht. Seit ich Jesus gesehen und gehört habe – denn ich suchte seine Nähe und konnte einiges von seiner Botschaft hören, taucht immer wieder eine leise Stimme in mir auf: ‚Folge dem HERRN nach. Er kann dir den Weg in die Freiheit zeigen.' Doch die Stimme der Angst ist lauter und schreit die Worte, die in mir eine so große Wärme entfachen, einfach nieder. Jetzt höre ich den Wunsch, Jesus zu folgen, noch viel deutlicher. Aber das hieße, meine Sicherheit aufzugeben. Ich habe keine Ersparnisse, um auf Wanderschaft zu gehen."

Darauf wusste ich Antwort, dieselbe, die mir mein Vater vor Wochen gegeben hatte: „Du hast gesunde Hände, einen gesunden Verstand, du bist jung und kräftig."

Und er selbst fügte mit sicherer Stimme an: „Wie sagtest du vorhin? ‚Wenn GOTT für mich ist, wer will gegen mich sein?' – Jakobus, die anderen sprechen davon, dass du wieder auf dem Weg zu Jesus bist. Darf ich mich dir anschließen? Es könnte sein, dass die Angst wieder zurückkommt und Platz in meinem Herzen begehrt. Dann täte es gut, dich an meiner Seite zu haben."

Ich erinnerte mich voller Dankbarkeit an die Worte meines Engels, die er gestern Abend zu mir gesprochen hatte: ‚Was nützen dir alle Pläne, wenn du nicht weißt, was der himmlische Vater morgen mit dir vorhat?' Von einem Augenblick auf den anderen stellte Er mir einen Freund zur Seite, der sich mir auf meiner Nachfolge zu Jesus anschloss.

Der Blick des jungen Knechts war immer noch fragend auf mich gerichtet. Als ich zustimmend nickte, strahlte er über das ganze Gesicht und sprudelte heraus: „Wie lange bist du noch hier? Ich werde Joshua bitten, mir sofort die schwersten Arbeiten zuzuweisen, damit ich noch ein wenig Geld verdienen kann, das meine Eltern die nächste Zeit unterstützt. Denn alles, was ich vom Bauern an Lohn bekam, gab ich meinen Eltern oder trug es zu Wirten, Glücksspielern und Huren. Wenn dann der Rausch vorüber war, kehrte die Angst jedes Mal umso stärker zurück. Die Ruhe, die mir deine Hände und deine Worte vermittelt haben, spüre ich zum ersten Mal in meinem Leben. Bitte, lehre mich zu denken, wie du denkst."

Jetzt, wo er es aussprach, wurde mir erst richtig bewusst, wie sehr mein Denken, Fühlen und Handeln durch die Personen Jesus und Claudius geprägt waren – durch das Vertrauen in den himmlischen Vater, das sie mir vorlebten.

Die Antwort, die ich ihm auf seine Frage gab, stellte ihn zufrieden: „Ich werde weiterziehen, wenn die Sandalen für die Bauernfrau fertig sind. Wenn der himmlische Vater nichts anderes mit mir plant, wird dies in zwei Tagen sein."

Als sich der junge Knecht nun bei mir mit einer Umarmung bedankte und sich von mir verabschiedete, fragte ich ihn nach seinem Namen. Er antwortete: „Mein Vater wählte für mich den Namen Isaak. Ich hasste diesen Namen bis heute, denn ich wollte kein Schlachtopfer für einen GOTT sein, der von seinen Dienern solch grausame Beweise für Folgsamkeit und Unterwürfigkeit fordert. Zum ersten Mal kommt mir jetzt der Gedanke, dass sich hierauf vielleicht meine große Angst vor GOTT – und vor dem Leben begründet. Jetzt sehe ich die Geschichte mit unserem Stammesvater Abraham und seinem Sohn Isaak anders: GOTT sah in Isaak seinen geliebten Sohn, Er hätte nie zugelassen, dass ihm etwas Schlimmes widerfährt. Jesus – und nun auch du – ihr habt mir diesen anderen GOTT gezeigt. Was habe ich zu verlieren, wenn ich mich auf den Weg mache, Ihn zu finden?"

Das Zauberwort gegen die Angst

Während er sich auf die Suche nach Joshua begab, setzte ich meine Handwerksarbeit fort. Zuerst wollten meine Gedanken an dem eben Erlebten hängen bleiben, doch mein Engel zog mich unverzüglich in die Gegenwart. Ich war zufrieden mit der Arbeit, die ich tat, und bereits am späten Nachmittag war der erste Schuh fertig.

Durch den Regen rannte ich hinüber in das Bauernhaus und bat die Magd, ihrer Herrin das fertige Werk zur Anprobe vorzulegen. Ich selbst blieb unter der Türe stehen. Nicht lange, denn Joshua kam über den Hof mit ausgebreiteten Armen auf mich zu und nötigte mich, ihm in das Innere des Gebäudes zu folgen. Er drückte mich mit sanfter Gewalt im großen Wohnraum auf die Bank und setzte sich neben mich.

Seine Miene drückte Ratlosigkeit aus, als er mich fragte: „Was hast du nur mit meinem Jungknecht Isaak gemacht?"

Ich wurde unsicher, denn ich wusste nicht, ob seine Frage als Lob oder als Tadel gemeint war. Da sprach er weiter: „Ich mag diesen jungen Mann. Er ist fleißig und willig, doch in den letzten Monaten veränderte er sich immer mehr zum Unguten. Niemand wollte mehr an seiner Seite arbeiten. Sie sagen, er habe das Böse in sich. Ich mochte es anfangs nicht glauben und versuchte einmal, mit ihm darüber zu sprechen. Er konnte mir keine Antwort geben, doch der Blick aus seinen Augen schien das, was die anderen behaupteten, zu bestätigen. Ich bat auch Jesus um seine Meinung, worauf dieser erklärte: ‚Er ist nicht von einem Dämon besessen, sondern von einer großen Angst besetzt. Sogar vor mir fürchtet er sich, doch seine größte Angst hat er vor GOTT.' Ich verstand ihn nicht. – Die letzten Wochen wurde es zunehmend schlimmer mit Isaak, sodass ich mir schon überlegte, ihn wegzuschicken. Heute Nachmittag kommt er plötzlich auf mich zugestürmt und bittet mich, ihm sofort die schwerste Arbeit zu geben, die ich hätte. Er sagte: ‚Ich werde heute und morgen die Arbeit für vier Männer verrichten, und bitte Euch, mir dafür den Lohn zu geben. Danach verlasse ich Euch für eine Zeit lang, um mit Jakobus dem Prediger Jesus nachzufolgen. Das Geld benötige ich für meine Eltern.' Ich erkenne ihn fast nicht mehr, so verwandelt ist er. Eine große innere Ruhe und Stärke gehen von ihm aus. Während er sprach, fühlte ich Jesus so nahe, als stünde er neben uns. Ja, Jakobus, der Heiler will, dass Isaak mit dir geht. Ich habe dem jungen Knecht schwere Arbeit zugewiesen und ich werde ihn angemessen dafür bezahlen. Darüber hinaus verspreche ich, für seine Eltern zu sorgen. – Doch nun sag mir, wie du dieses Wunder der Verwandlung vollbracht hast."

Seine Erzählung machte mich glücklich! Strahlend antwortete ich ihm: „Ich habe Isaak ein Zauberwort genannt, das Wunder wirkt. Der HERR hat es mir gegeben und ich teile es mit jedem, der es möchte: **Wenn GOTT für mich ist, wer will gegen mich sein?**"

Joshua schloss seine Augen, überlegte eine Weile und sagte, mehr zu sich selbst als zu mir: „Ja, du hast Recht. Das ist ein Zauberwort. Ich danke dir, dass du es auch mir verraten hast. – Einen Tag, nachdem Jesus unseren Hof verlassen hatte, kamen einige Schriftgelehrte aus der Stadt und stellten eine Menge Fragen über den Prediger und seine Anhänger. Ich konnte sie beschwichtigen und verleugnete die vielen Heilungen, die Jesus und Veronika gewirkt hatten. Ich erzählte ihnen, Jesus von früher her zu kennen und ihn und seine Freunde für eine Woche als Feldarbeiter angeheuert zu haben. Sie drohten mir wiederzukommen, falls meine Worte nicht der Wahrheit entsprächen. In den letzten Tagen wollte Angst in mir aufkommen. Du schenkst mir die rechten Worte zur rechten Zeit. – Ich habe dich gestern gebeten, uns heute nach dem Abendmahl von deiner Wanderschaft mit Jesus zu berichten. Jetzt weiß ich, dass es auch für meine Knechte und Mägde wichtig ist, dir zuzuhören. Deshalb werde ich Isaak beauftragen, in der Scheune für uns alle Platz zu richten. Jeder auf dem Hof, egal ob Herr oder Knecht, soll von Jesus hören."

Im gleichen Augenblick kam die Frau des Bauern herein. Sie lächelte mich freundlich an und gab mir die fertige Sandale zurück mit den

Worten: „Genauso habe ich mir die neuen Schuhe vorgestellt, Jakobus. Erinnerst du dich an diese Worte? Ich bin klüger geworden, seit ich sie das erste Mal sprach – und GOTT dankbar, dass du zu uns zurückgekommen bist. Jetzt kann ich dir bestätigen, dass du ein Meister deines Faches bist. Ich freue mich darauf, die Schuhe zu tragen."

Konnte das Glück, das mir heute in diesem Hause widerfahren war, noch größer werden? Ja, denn der Bauer begleitete mich hinüber zur Scheune und rief unterwegs Isaak zu sich, der im strömenden Regen, mit entblößtem Oberkörper, ganz allein schwere Olivenölkrüge über den Hof zu einem bereitstehenden Fuhrwerk schleppte. Nicht nur der Regen, auch der Schweiß rann in Strömen von seinem Körper, doch er sang bei der Arbeit!

Joshua wies ihn mit freundlicher Stimme an, in der Scheune Sitzplätze für dreißig Menschen vorzubereiten. Der Jungknecht fragte enttäuscht, warum er nicht die schwere Arbeit weitermachen könne. Als der Bauer ihm entgegnete, dass er dafür die gleiche Bezahlung bekäme, begann er unverzüglich mit der ihm neu zugeteilten Arbeit.

Ich setzte mich wieder an meinen Platz, nahm das Leder und begann mit dem Zuschneiden des zweiten Schuhes. Isaak fing an, ein neues Lied zu singen. Wie überrascht und erfreut war ich, darin einen Lobgesang Davids zu erkennen, den auch meine Mutter uns Kindern beigebracht hatte. Und so übertönten bald zwei kräftige Stimmen die Geräusche in der Scheune:

> „Du, Herr, bist mein Hirt; darum kenne ich keine Not.
> Du bringst mich auf saftige Weiden,
> lässt mich ruhen am frischen Wasser
> und gibst mir neue Kraft.
> Auf sicheren Wegen leitest du mich,
> dafür bürgst du mit deinem Namen.
> Und geht es auch durchs dunkle Tal –
> ich habe keine Angst!
> Du, Herr, bist bei mir; du schützt mich und führst mich,
> das macht mir Mut.
> Vor den Augen meiner Feinde deckst du mir deinen Tisch;

du salbst meinen Kopf mit Öl und füllst mir den Becher randvoll.
Deine Güte und Liebe umgeben mich an allen kommenden Tagen;
in deinem Haus darf ich nun bleiben
mein Leben lang."[9]

Als wir endeten, fragte ich erstaunt, woher *er* das Lied kenne. Er antwortete: „Die Hausmagd singt es oft. Wie sehr regte es mich auf, wie oft verfluchte ich sie deswegen. Und heute singe *ich* es – zum ersten Mal."

Es wurde Zeit für das Abendmahl. Wie am Mittag kamen die Knechte und Mägde in die Scheune. Der Tisch war diesmal wie für ein Festmahl gedeckt. Die Familie des Bauern gesellte sich hinzu, doch es waren immer noch über zehn Plätze neben Joshua und den Seinen frei.

Der Hausherr bat mich, das Dank- und Segensgebet zu sprechen. Mein Blick fiel auf Isaak, der sich nach der schweißtreibenden Arbeit gewaschen hatte und nun, wie für einen Stadtgang sauber gekleidet, mir gegenüber saß. Ich erhob mich und sprach zu Joshua: „Erlaubt, dass mein Freund Isaak und ich statt eines gesprochenen Gebetes ein Lied Davids singen."

Überrascht nickte der Bauer. Alle Augen richteten sich auf den Jungknecht, der mich verlegen und unsicher anblickte. Ich erinnerte ihn lächelnd: „Isaak, wenn GOTT für uns ist, wer will gegen uns sein?"

Da lächelte auch er, erhob sich ebenfalls und stimmte mit kräftiger, wohlklingender Stimme *unseren* Psalm an: „Du, Herr, bist mein Hirt, darum kenne ich keine Not ..."

Als wir endeten, blieb es eine lange Zeit still. Schließlich sprach Joshua: „Ja, es tut gut, dass ihr uns alle daran erinnert: Du, HERR, bist bei uns, du führst uns und schützt uns."

Mit der von Jesus bekannten Geste segnete ich die Mahlzeiten auf dem Tisch und begann, ebenso wie die anderen, mit gutem Appetit zu essen.

---

[9] Psalm 23.

Ich wunderte mich, dass ich keinerlei innere Aufregung verspürte, obwohl ich keine Ahnung hatte, was ich später erzählen würde. Erst als zehn vornehm gekleidete, fremde Männer die Scheune betraten und sich auf die freien Plätze setzten, wollte Unsicherheit in mir aufkommen.

Diesmal war es Isaak, der mich mit einem verstehenden Blick und mit leise geflüsterten Worten daran erinnerte: „Wenn GOTT für dich ist, wer will gegen dich sein?" Wie froh und dankbar war ich jetzt schon für diesen neuen Freund und Wegbegleiter.

Das Mahl war beendet, Joshua erhob sich und begrüßte seine Freunde mit den Worten: „Ich freue mich, dass ihr wieder meine Gäste seid, auch wenn wir uns heute in der Scheune zu den Knechten und Mägden gesellen. Ich setze euer Einverständnis dafür voraus, denn – ihr habt ebenso wie ich die Botschaft des Heilers und Predigers Jesus in meinem Hause vernommen. Heute nun haben wir die Möglichkeit, einem seiner Anhänger zu lauschen. Der junge Jakobus ist seit gestern Gast bei uns. Er war einige Zeit mit dem Propheten unterwegs und ist wieder auf dem Weg zu ihm. – Jakobus, darf ich dich nun bitten, uns von deiner Zeit mit Jesus zu erzählen?"

Zeuge für das Vertrauen des Jesus in seinen Vater

Mit geschlossenen Augen hatte ich seiner Einführung zugehört – eine Hand auf das Herz gelegt, das nun doch davon galoppieren wollte. Da erschien vor meinem inneren Auge das Gesicht des Jesus. Er lächelte mir aufmunternd zu und ‚zeigte' mir in einem Bild, was ich erzählen sollte. Und ich begann, ruhig und mit sicherer Stimme, zu sprechen: „Brüder und Schwestern …"

Noch einmal begehrte mein Verstand auf. Was fiel mir jungem Menschen ein, wohlhabende Grundbesitzer Brüder zu nennen? Ein großer Liebesstrom aus meinem Herzen schwemmte die Bedenken einfach hinweg … und ich fuhr fort:

„Vom ersten Moment an, als ich Jesus nachfolgte, fiel mir auf, dass er der Einzige unter den Männern war, der kein Bündel mit sich trug.

Nun dürft ihr nicht glauben, er ließe sein Gepäck von einem anderen tragen. Nein, es ist wirklich so, dass er, außer dem, was er am Leibe trägt, nichts bei sich hat. Ich will euch erzählen, wie ich den HERRN kennen lernte."

Und ich begann, von meiner ersten Begegnung in der Werkstatt meines Vaters zu berichten. Gebannt hörten die anderen mir zu. Nur einmal unterbrach mich einer der reichen Nachbarn: „Wenn ich Jesus nicht selbst kennen gelernt hätte, würde ich glauben, er sei ein Schmarotzer, der sich auf gut Glück und auf Kosten leichtgläubiger Menschen durchs Leben schlägt. Doch dem ist nicht so. Sein Vertrauen in GOTT, den er seinen himmlischen Vater nennt, ist tatsächlich so groß."

Ich bestätigte es ihm: „Als er in die Werkstatt kam, hatte er keinen Geldbeutel umhängen. Ich tat eben den letzten Stich, er war vorher nie bei uns gewesen, sodass ich hätte an seinen Füßen Maß nehmen können – und doch passten ihm die Sandalen wie angegossen. Jetzt weiß ich, dass ich vom Zuschneiden an im Auftrag seines himmlischen Vaters gearbeitet hatte."

Ich schloss kurz die Augen, da tauchte das nächste Bild vor mir auf: die Begegnung mit der Bauernfamilie, deren Hof abgebrannt war. Auch davon erzählte ich den anderen. So vergingen mehrere Stunden. Immer, wenn eine Geschichte beendet war, tauchte ein neues Bild in meinem Inneren auf, das ich den anderen beschrieb.

Wahrscheinlich hätte ich die ganze Nacht weitererzählt, hätte nicht Joshua mich in einer meiner Denkpausen unterbrochen. Er bedankte sich bei mir und bat mich, die Erzählungen am nächsten Abend fortzusetzen. Auch seine Freunde sprachen mir ihren Dank aus, verabschiedeten sich vom Gastgeber und nickten auch den Mägden und Knechten wohlwollend zu. Es herrschte eine freundschaftliche, ja fast geschwisterliche Beziehung unter all den standesmäßig so unterschiedlichen Menschen. Eine große Dankbarkeit erfüllte mich.

Obwohl ein langer Tag hinter mir lag, fühlte ich mich nicht müde. Die Gegenwart des HERRN war so spürbar in mir, eine große Kraft ging davon aus. Ein letztes Mal schloss ich die Augen, während um mich herum die Menschen die Scheune verließen. Wieder sah ich deutlich Jesus vor mir, wie er sprach: ‚Egal, ob 50 oder 5000 Schritte uns trennen, in unserer Liebe sind wir eins.'

Die Magd Miriam erzählt von Veronika

Ich schrak zusammen, denn jemand hatte leicht meine Schulter berührt. Eine junge Magd, die drüben im Hause des Joshua ihren Dienst verrichtete, stand verlegen hinter mir. Wie lange hatte ich so dagesessen? Außer uns beiden war niemand mehr in der Scheune.
 Ich erhob mich und trat ihr abwartend gegenüber. Mit rotem Gesicht sagte sie etwas so leise, dass ich sie bitten musste, ihre Worte zu wiederholen.
 „Weißt du, wie es Veronika geht?" flüsterte sie nochmals.
 Überrascht schüttelte ich den Kopf und fragte zurück: „Wieso fragst du nach ihr?"
 Bei ihrer Antwort überzog eine Gänsehaut meinen Rücken: „Sie war vor fast zwei Wochen noch einmal hier."
 Ich drängte sie, mir alles genau zu erzählen. Wir setzten uns auf meinen Schlafplatz, wo ich mit angehaltenem Atem und laut klopfendem Herzen ihren Worten lauschte.
 „Ich sprach am letzten Abend, als sie mit Jesus und seinen Männern hier war, mit ihr. Sie kam aus dem Garten und war sehr traurig. Ich hatte tagelang beobachtet, wie sie an der Seite des Heilers wirkte. Ich sah auch die Blicke, die sich die beiden zuwarfen, und mir fiel sehr wohl auf, dass dieser Jesus sie bei Tisch bediente. Du weißt, was ich meine. – An jenem letzten Abend sah ich sie weinen. Sie tat mir so leid. So fragte ich sie, was ihr fehle. Diese Frage bewegte sie so sehr, dass sie mir ihr Herz ausschüttete. Ich versprach ihr, mit niemandem darüber zu reden. Bitte habe Verständnis dafür, dass ich mein Versprechen auch dir gegenüber nicht breche. – Bevor ihr am nächsten Morgen weitergezogen seid, haben wir zwei Frauen uns wie Freundinnen verabschiedet. – Vor fast zwei Wochen nun musste ich spätabends noch einmal zum Brunnen. Es war schon dunkel und ich erschrak, als ich auf der Bank, auf der sich Jesus und Veronika oft

aufgehalten hatten, eine Gestalt sitzen sah. Ich wollte schon einen der Knechte holen, da hörte ich ein leises Weinen und ich begriff, dass es eine Frau war. Mitfühlend ging ich auf sie zu und trat neben sie. Wie sehr erschrak die Fremde; sie sprang auf und starrte mich ängstlich an. Da erkannte ich Veronika. Wir fielen uns in die Arme und, als ich sie fragte, was ihr fehle, schwieg sie eine lange Zeit. Wir nahmen nebeneinander Platz und endlich antwortete sie mit ruhiger Stimme: ‚Oh Miriam, ich dachte bis eben, dass mir eine Heimat fehlt, ein Ort, an den ich hingehöre, und Menschen, die mich lieben und verstehen. Deine Frage macht mir bewusst, was mir in Wirklichkeit fehlt. Denn auf eben dieser Bank, auf der wir beide nun sitzen, stellte *ich* Jesus dieselbe Frage und er gab mir zur Antwort: ‚Vertrauen, mir fehlt es an Vertrauen.' – Jetzt erkenne ich, dass es auch mir an Vertrauen fehlt. Du hast es mir mit deiner Frage eben klargemacht.' Ich bat sie, mir ihre Geschichte zu erzählen. Es ist jetzt nicht die Zeit, mit dir darüber zu sprechen, doch dachte ich, du wüsstest, was aus ihr geworden ist." Bedauernd schüttelte ich den Kopf.

Mein Mitgefühl mit Veronika war so groß. Das Herz tat mir weh, wenn ich an sie dachte.

Die Jungmagd wandte sich um und wollte gehen, ließ sich aber von mir noch einmal zurückhalten. Hastig fragte ich: „Wie lange blieb sie auf dem Hof?"

Ungeduldig antwortete sie: „Sie ging nach unserem Gespräch wieder fort. Auf meine Frage, wohin sie gehe, sprach sie: ‚Ich gehe nach Hause, Miriam. **Jetzt weiß ich, dass ich überall, an jedem Ort, den ich voll des Vertrauens und inneren Friedens aufsuche, zuhause bin.**' Sie umarmte mich noch einmal schwesterlich und ging aus dem Garten hinaus. Es verwunderte mich, dass sie keinerlei Gepäck dabei hatte. Deshalb schlich ich ihr leise hinterher in der Hoffnung, sie vielleicht doch noch zum Hierbleiben bewegen zu können, sollte sie beim Hinaustreten aus dem geschützten Hof in die dunkle Nacht zögern. Doch sie schritt unverzagt weiter – bis zur Straße. Wie überrascht war ich, als ich dort eine Kutsche stehen sah. Ich versteckte mich hinter einem Busch und beobachtete, wie ein römischer Soldat abstieg, ihr entgegenging und auf den Wagen half. Veronika sprach zu ihm: ‚Egregius, es war richtig, hier kurz Halt zu machen. Ich habe im Garten auf der Bank das wieder gefunden, was ich hier verloren hatte, als ich mich von Jesus trennte.' – Die Kutsche fuhr langsam weiter, in die Richtung, in die der Prediger damals gezogen war. Hatte mich Veronika angelogen, als sie sagte, sie ginge nach Hause? Als ich später im Bett lag, erschien mir die ganze Begegnung wie ein Traum. – Jakobus, wenn du Veronika jemals wieder triffst, grüße sie von mir. Ich habe sie lieb gewonnen wie eine Schwester."

Sie wandte sich um und ging hinüber ins Haus.

Lange lag ich auf dem Strohlager wach und versuchte, Veronika in meinem Inneren zu finden. Meine Gefühle waren aufgewühlt. So hatte sie wirklich ihre Familie und ihre Stadt verlassen, um zu Claudius zu gehen? Ihr war es ähnlich ergangen wie mir selbst. **Die Menschen verstanden uns nicht, wollten uns nicht der sein lassen, der wir durch Jesus' Botschaft geworden waren.** Was blieb uns denn anderes übrig, als von zuhause wegzugehen und dem HERRN nachzufolgen?

Ich war fest überzeugt, dass Jesus und Claudius immer noch miteinander in Kontakt waren. So würde Veronika auch Jesus wieder sehen. Beruhigt und mit einem aus vertrauensvollem Herzen gesprochenen Gebet schlief ich ein.

Die neue Lektion: Sowohl – Als auch

Es war eine kurze Nacht, voll innerer Begegnungen mit Jesus, Claudius und Veronika. Die drei schienen für mich untrennbar miteinander verbunden.

Auch am Morgen regnete es noch stark. Um das schwache Tageslicht voll auszunutzen, verlegte ich meinen Arbeitsplatz wieder an die offene Scheunentüre. Mittlerweile sammelte sich an einigen tiefer gelegenen Plätzen des Hofes das Wasser.

Es war den Knechten und Mägden unmöglich, draußen zu arbeiten. Deshalb fanden sie sich schon im Laufe des Vormittags bei mir ein. Ich vermisste Isaak. Einer der älteren Knechte ließ mich wissen, dass der Jungknecht sich nicht einmal vom Regen davon abhalten ließ, schwerste Arbeit zu verrichten. In seiner Stimme lag Anerkennung.

Bald saßen sie alle in meiner Nähe und blickten mich erwartungsvoll an. Ich befand mich in einem inneren Zwiespalt: Einerseits wollte ich morgen weiterziehen und deshalb den Schuh so schnell wie möglich fertig stellen. Andererseits gab es für mich nichts Schöneres, als von Jesus zu berichten. Vielleicht regnete es ja auch morgen noch, die Straßen würden aufgeweicht und der Fluss vielleicht unpassierbar sein. Der Engel in mir sprach – und ich konnte ihn dabei fast lächeln sehen: ‚Vielleicht ...vielleicht ...vielleicht ...' Mehr musste er nicht sagen. Ich verstand.

Mit geschlossenen Augen ‚blickte' ich nach innen. Wie am gestrigen Abend tauchte zuerst das Bild des HERRN vor mir auf, dann ‚sah' ich das Wunder des Teilens, das er auf dem Berg vor der großen Stadt gewirkt hatte. Ich wollte den angefangenen Schuh aus der Hand legen, stattdessen arbeiteten meine Hände sicher weiter, während der Mund sich öffnete und erzählen wollte. Irritiert hielt ich inne.

Mein Verstand erinnerte mich an einen Nachmittag im Hause des Maniech: Ich hatte seinen Kindern Geschichten erzählt und nebenbei fast alle vorliegenden Reparaturen ausgeführt. Erst jetzt erkannte ich die neue Lektion, die mir damals schon gezeigt wurde: Manchmal gibt es kein Entweder – Oder, sondern ein Sowohl – Als auch! Hätte sich mein Verstand nur für das Erzählen entschieden, wäre in mir ein Bedauern wegen der verlorenen Zeit aufgekommen. Hätte ich mich dagegen für die Handwerksarbeit entschlossen und die Bitte der Männer und Frauen um mich herum ignoriert, wäre ebenso eine Unzufriedenheit in mir entstanden. Ganz unbewusst wollte die optimale Lösung einfach aus mir heraus geschehen. Und ich tat beides ...

Auch dieser Vormittag verging wie im Fluge durch meine Erzählungen und die Schusterarbeit, die unter meinen Händen wie von selbst wuchs. Einmal bemerkte ich, dass die Knechte und Mägde, deren Augen wie gebannt an meinen Lippen hingen, unruhig wurden und sich dem Scheunentor zuwandten. Als ich ihren Blicken folgte, sah ich den Bauern dort stehen und mit gerunzelter Stirn seine arbeitsunwilligen Leute betrachten. Ich stockte in meiner Erzählung und blickte ihn fragend an. Da nickte er mir kurz zu, wandte sich, ohne ein Wort zu sprechen, um und ging in das Haus hinüber. Ein lautes, erleichtertes Aufatmen aus vielen Kehlen ermunterte mich zum Weitersprechen.

Ein wenig verwunderte es mich, dass Joshua sich nicht zu uns gesellt hatte, um selbst zuzuhören. Mein Engel forderte sofort wieder meine ganze Aufmerksamkeit, um die Botschaft des HERRN mit fesselnden Worten zu verkünden.

Gegen Mittag erschienen die beiden Hausmägde mit vollen Krügen und Schüsseln und deckten wie selbstverständlich den Tisch für uns. Die junge Magd trat zu mir und flüsterte mir zu: „Der Bauer hat uns erlaubt, dir heute Abend zuzuhören, wenn du im Hause drüben dasselbe noch einmal erzählst wie heute Vormittag. Ich freue mich darauf, Jakobus."

Auch Isaak kam, nass vom Regen und vom Schweiß, zu uns in die Scheune. Er nahm wieder mir gegenüber Platz. In seiner Miene spiegelte sich eine große Zufriedenheit. Wie am Abend zuvor stimmten wir beide, ohne dass wir uns groß absprechen mussten, unseren Psalm an. Einen Unterschied gab es zu gestern: Heute sangen die meisten der Mägde und Knechte mit. Und als ich die segnende Handbewegung ausführte, machten es die anderen mir nach.

Eine große Freude herrschte in meinem Inneren. Ich erkannte immer deutlicher, dass es im Plan des himmlischen Vaters lag, alles, was ich von Jesus gehört, gesehen und gelernt hatte, anderen Menschen mitzuteilen und vorzuleben.

Noch während wir aßen, hellte sich draußen der Himmel auf und, als das Mahl beendet war, strahlte eine leuchtende Sonne herab. Isaak warf mir einen fragenden Blick zu. Ich verstand und gab ihm die Antwort: „Mein Freund und Bruder, ich werde noch heute mit dem zweiten Schuh fertig, sodass wir morgen früh aufbrechen und weiterziehen können."

Seine Freude darüber war so groß, dass er aufsprang und dabei die Hausmagd Miriam, die eben, voll beladen mit leeren Schüsseln, hinter ihm vorbeiging, fast umwarf. Er nahm der erschrockenen jungen

Frau alles ab und trug es laut singend für sie hinüber ins Haus. Das laute Gelächter der anderen begleitete die beiden.

Es kann nicht jeder ein Herr sein, aber jeder Herr dem Schwächeren ein Bruder

Joshua kam herein, um seinen Leuten Arbeiten zuzuteilen. Zuletzt trat er zu mir, um sich mein Werk zu betrachten. Nachdenklich sprach er: „Die Botschaft des Jesus hat auch meine Einstellung verändert. Erinnerst du dich an den Tag, an dem ihr zu uns gekommen seid? Der Prediger schickte einen seiner Anhänger in mein Haus. Ich kannte bis zu jenem Tage weder Jesus noch seine Lehre. Doch als der Jünger vor mir stand und sagte: ‚Der HERR ist da und bittet dich, ihm und seinen Anhängern im Namen eures gemeinsamen Vaters Unterkunft zu geben', da traf es mich wie ein Blitz. *Im Namen eures gemeinsamen Vaters*, das war ein Schlüssel für mein Herz. Denn, du musst wissen, ich kenne meinen leiblichen Vater nicht. Nur wenige Menschen wissen, dass der Mann, dessen Hof ich nach seinem Tode übernommen habe, nicht mein Vater war. Ich selbst erfuhr es erst vor wenigen Jahren, als es mir seine Frau, die ich für meine Mutter hielt, auf ihrem Sterbebett erzählte. Den beiden blieb die Gnade eigener Kinder versagt, und da die Frau deswegen immer unglücklicher und kränklicher wurde, schickte sie ihr Mann für einige Monate an das große Wasser, damit sie sich erholen konnte. Als sie zurückkam, brachte sie einen neugeborenen Knaben mit, den die beiden als ihren eigenen ausgaben. Ich weiß bis heute nicht, von wem ich abstamme. Verstehst du nun, wie sehr mich die Worte dieses Jesus bewegten? Wenn wir beide denselben Vater hätten, dann wäre er mein Bruder! – Ich habe lange mit ihm darüber gesprochen. Er erklärte mir, dass jeder Mensch mir Bruder oder Schwester ist. Anfangs wusste ich nicht, wie ich mit dieser Wahrheit umgehen sollte. Konnte ich denn meine eigenen Geschwister als Knechte und Mägde im Dienst halten? Auch diese Frage beantwortete mir Jesus. ‚Joshua', sprach er, ‚es kommt darauf an, wie du sie in deinem Herzen siehst.

Es kann in der Welt nicht jeder ein Herr sein, doch wenn sich jeder Herr als Bruder des anderen sieht und nicht als dessen Herrscher und Gebieter und wenn er in Liebe die Fürsorge für die Schwächeren übernimmt, tut er das, was unser gemeinsamer Vater ihm aufgetragen hat.' Seit Jesus weitergezogen ist, versuche ich, diese Lehre zu leben und sie auch meinen wohlhabenden Freunden nahe zu bringen. Sie haben Jesus gehört, doch sind sie nicht so offen wie ich. Vielleicht macht mich die Sehnsucht nach meinem wahren Vater bereiter für die Worte des Predigers?"

Ich wusste darauf keine Antwort. Er fuhr fort: „Ich erwarte meine Freunde auch heute Abend. Darf ich dich zum Nachtmahl hinüber ins Haus bitten, damit du uns wieder von Jesus erzählen kannst? Ich sehe, du bist bald mit deiner Arbeit fertig. Das bedeutet ja wahrscheinlich, dass du morgen weiterziehst."

Ich nickte bestätigend.

„So wollen wir dir heute ein letztes Mal zuhören. Vielleicht gelingt es dir, meinen reichen Freunden ihre Angst zu nehmen. Sie sind nämlich der Meinung, dass die armen Menschen eine Bruderschaft, wie Jesus sie verkündet, nur ausnützen und die Reichen bald nicht mehr ernst nehmen würden. Ich selbst mache die gegenteilige Erfahrung. Seit ich meinen Untergebenen innerlich ein Gleicher unter Gleichen bin, würden sie für mich durchs Feuer gehen. Sie leisten ein Mehrfaches als früher, denn ich lasse sie auch Anteil am höheren Gewinn haben. Jeder von ihnen weiß, dass ich für ihn sorgen werde, wenn er älter wird und seine Leistung nachlässt. Wir sind jetzt wie eine große Familie. Ich sehe mich nicht mehr als den reichen Bauern, sondern als einen Vater für jene, die mir GOTT anvertraut hat."

Sein Blick wurde nachdenklich. Ich beobachtete ihn genau und bemerkte, wie langsam ein inneres Erkennen von ihm Besitz ergriff. Erstaunt sah er mich an: „Jakobus, in diesem Moment wird mir klar: Meine Suche nach meinen Wurzeln ist nicht mehr da. ICH BIN selbst zum Vater geworden, zum Vater für all die Menschen, die unser himmlischer Vater in das Haus geführt hat, das Er mir zur Verwaltung anvertraut hat. Jetzt erst erkenne ich, dass alles so kommen musste. Wer immer meine leiblichen Eltern waren, aus welchem

Grund auch immer sie mich einer fremden Frau gaben, es war der Wille GOTTES."

Mit diesen Worten verließ er mich. Der Plan des Vaters – wie wunderbar er doch war. Warum nur fehlte uns Menschen das Vertrauen in ihn?

Meine göttliche Familie

Isaak unterbrach meine Gedanken. Joshua hatte ihm aufgetragen, die Scheune wieder in ihren bestimmungsgemäßen Zustand zu versetzen. Er sang und pfiff dabei. Plötzlich blieb er ratlos stehen und stellte die Frage: „Und wenn Jesus mich gar nicht als seinen Jünger will?"

Meine Antwort kam ohne große Überlegung: „Jesus nennt jeden Menschen seinen Bruder und seine Schwester, sogar Römer. Es folgen ihm mittlerweile hunderte Menschen nach. Hab keine Sorge. Wir werden in eine große Familie aufgenommen."

Aus den gesprochenen Worten, die direkt aus meinem Herzen aufstiegen, erkannte ich, dass die Erklärung des Joshua auch in mir wirkte. Ich hatte das Gefühl, zu meiner wahren Familie unterwegs zu sein.

Da tauchte in mir ein Gedanke der Schuld auf. War ich dabei, meine Familie zuhause zu verleugnen? Sie zu vergessen?

Mein Engel gab die Antwort: ‚Erinnerst du dich daran, was Claudius dir erzählte?' Aus der Vergangenheit tauchte ein Bild auf: Claudius und ich saßen im Garten der Herberge auf einer Steinbank. Ich sprach zu ihm: ‚Claudius, als ich dich vorhin im Scheunentor stehen sah, erinnertest du mich so sehr an Jesus, dass ich bei mir dachte: Er könnte ein Bruder von Jesus sein.' Seine Antwort war: ‚Es gibt eine Bruderschaft, die durch die Geburt begründet ist und in der Zeit und der Welt Gültigkeit hat. **Doch es gibt auch eine Bruderschaft, die in der Ewigkeit ihren Ursprung hat, die weder Zeit noch Welt zu trennen vermögen und die in alle Ewigkeit besteht**. Und eine solch heilige Bruderschaft verbindet uns beide und macht uns zu Brüdern, auch wenn die Welt und die Zeit dies nicht sieht.'

Es war, als würde ein Vorhang weggezogen, der bis zu diesem Augenblick zwischen mir und der Wahrheit gelegen hatte. Ich sah es so deutlich. Nicht nur Jesus und Claudius, sondern alle Menschen, die in der Nachfolge des HERRN waren, gehörten zur selben Familie. Jeder von ihnen war Mitglied einer weltlichen Familie durch die Geburt, doch er war darüber hinaus Mitglied einer viel größeren, göttlichen Familie!

Der Liebesstrom, der mich bei dieser Erkenntnis durchfloss, war unbeschreiblich. Wie groß war meine göttliche Familie! Gesichter tauchten vor meinem inneren Auge auf, unzählige. Und das Schönste dabei war: Auch meine weltliche Familie gehörte dazu! Meine Mutter, meine Geschwister, ja sogar mein Onkel Ruben. Vielleicht wusste er es nur noch nicht. – Bis vor einem Lidschlag wusste ich es selbst nicht.

Wenn wir alle denselben Vater hatten, bekam das Zauberwort einen noch gewichtigeren Sinn: Konnte ich dann nicht mit meinem ganzen Herzen daran glauben und darauf vertrauen, dass alles, auch wenn ich es mit meinem kleinen Verstand nicht begriff, zum Wohle *aller* Seiner Kinder geschah?

In dieser Stunde schien es mir, als könne mich nie mehr irgendein Geschehnis meines Vertrauens in GOTT und in den Plan, den Er für Seine Kinder hatte, berauben.

Doch ich war nicht nur ein Kind des himmlischen Vaters, sondern auch der Welt ...

Wieder auf der Flucht

Am späten Nachmittag tauchten plötzlich mehrere Schriftgelehrte auf dem Hof auf. Ich sah sie in ihren langen, vornehmen Gewändern ärgerlich den großen Wasserlachen ausweichen und das Bauernhaus betreten. Da erinnerte ich mich an die Bedenken, die Joshua mir gegenüber geäußert hatte, als er von der Vernehmung durch die Priester sprach. Doch noch füllte mich ein großes Vertrauen in den wunderbaren Plan GOTTES aus.

Kurze Zeit später beendete ich meine Handwerksarbeit. Zufrieden drehte ich die Sandalen in meinen Händen. Heute Abend würde die Bauernfrau ihr neues Schuhwerk tragen können.

Plötzlich stürmte Miriam in die Scheune, verschloss hinter sich das Tor und rannte auf mich zu. Atemlos stieß sie hervor: „Schnell, Jakobus, pack deine Sachen zusammen und verschwinde vom Hof. Die Priester fragen nach dir. Es wurde ihnen zugetragen, dass Jesus nicht als Wanderknecht, sondern als Heiler und Prediger auf dem Hof gewirkt hat. Und auch, dass einer seiner Anhänger wieder hier ist und predigt. Joshua konnte mir nur heimlich zunicken und zur Scheune blicken, doch ich verstand ihn. Wenn sie dich nicht finden, glauben sie vielleicht das andere auch nicht mehr."

Noch während sie sprach, raffte ich eilends meine wenigen Sachen zusammen, drückte ihr die fertigen Schuhe in die Hand und schlüpfte durch eine kleine Öffnung in der dem Haus abgewandten Stallwand ins Freie. Ohne mich ein einziges Mal umzusehen, rannte ich auf und davon.

Mein Herz hämmerte, nicht nur vom Laufen, sondern auch vor Schreck. Wenn sie mich erwischt und ausgefragt hätten, dann wären sie vielleicht ...

War es ein Fingerzeig meines Engels, dass ich in diesem Moment über einen quer liegenden Ast stolperte und der Länge nach hinfiel? Ich wandte mich um. Der Hof war nicht mehr zu sehen, ich war weit von der Straße entfernt. Es gab keinen Grund mehr, kopflos weiterzuhasten.

‚Wo ist dein Vertrauen in den himmlischen Plan?' Die Frage kam ruhig und liebevoll direkt aus dem Herzen.

Ich fragte zurück: ‚War es falsch, davonzulaufen?'

Die Antwort beruhigte mich: ‚**Wenn es falsch gewesen wäre, wärest du noch dort. Verstehst du immer noch nicht, dass alles, genauso wie es geschieht, richtig ist?** Nur – *jetzt* ist es richtig zu warten, bis dich dein Freund und Wegbegleiter Isaak eingeholt hat.'

Isaak. – An ihn hatte ich in der großen Panik gar nicht mehr gedacht. Wie sollte er mich finden?

Die Antwort wusste mein Engel: ‚Er sucht *sich*, also wird er *dich* finden.'

Ich entdeckte einen kleinen Bachlauf in der Nähe, reinigte dort mein verschmutztes Obergewand und wartete. Mein Herzschlag hatte sich beruhigt, ebenso meine Gedanken. Ich ärgerte mich über mich selbst. Wie unerschütterlich war mir mein Vertrauen vorgekommen, und doch hatte ich es von einem Augenblick auf den nächsten verloren.

Veronika fiel mir ein. Sie war auf den Hof zurückgekehrt und hatte dort ihr Vertrauen wieder gefunden. Oder konnte man es gar nicht auf Dauer behalten? War es vielleicht so, dass man es sich immer und immer wieder beweisen musste? Mein Engel antwortete: ‚**Nicht beweisen, sondern verschenken: Dir selbst, anderen und natürlich GOTT.**'

Es raschelte ganz in der Nähe. Schon wollte mich wieder die Angst packen, doch ich entschloss mich, mein Vertrauen herzuschenken. Das Gebüsch teilte sich und Isaak stand vor mir – verschwitzt und verdreckt. Unsere Anspannung löste sich in einem ungezügelten Lachkrampf. Wie kleine Buben umarmten wir uns und warfen uns gegenseitig um. Als wir uns beruhigt hatten, wurde er ernst und sagte leise, während er mir seine geöffneten Hände entgegenstreckte: „Schau, Jakobus, ich gehe wirklich mit leeren Händen. Nicht einmal den Lohn für meine schwere Arbeit habe ich abgeholt. Doch meine Angst, du könntest ohne mich gehen und ich würde Jesus allein nicht finden, war zu groß."

Ich antwortete ihm: „Sorge dich nicht wegen deiner Eltern. Joshua versprach, sich um sie zu kümmern."

Schweigsam reinigten wir unsere Kleidung. Dann ging Isaak voraus. Er kannte einen Schleichweg, der uns abseits des Hauptweges an den Fluss, den es zu überqueren galt, bringen würde. Mittlerweile war es dämmrig geworden. Ein wenig wehmütig, denn unsere knurrenden Mägen erinnerten uns qualvoll und lautstark daran, dachte ich an das mir entgangene Abendmahl im Hause des Bauern. Die Magd Miriam hatte sich so darauf gefreut, die Geschichten zu hören.

Ob die Schriftgelehrten sich wohl mit den Erklärungen des Bauern zufrieden gaben? Mir wurde bewusst, dass ich auf meinen Wanderschaften schon mehrmals entscheidend auf das Leben anderer Menschen Einfluss gehabt hatte, um sie wenig später aus dem Blick zu verlieren. Meine Gedanken gingen auch zu Maniech und Esther, den römischen Freunden, dem Rabbi – wie es ihnen wohl jetzt erging?

Mein neuer Weggefährte holte mich in die Gegenwart zurück. Er führte mich zu einem einsamen Unterstand für Viehhirten, wo wir die Nacht verbringen konnten. Isaak war ein Mensch, der in der Natur aufgewachsen war. Wie dankbar konnte ich sein, ihn an meiner Seite zu haben. Nach kurzer Zeit, die er sammelnd und pflückend in der Nähe verbracht hatte, zauberte er ein nahrhaftes Abendessen hervor: Beeren, wild wachsende Früchte, ja sogar einige Bienenwaben voll süßen Honigs stellte er zwischen uns. Es war ein wahres Festmahl! Wir begannen es mit dem Singen unseres Psalms. Wie aus einem Mund sprachen wir danach: „Wenn GOTT für uns ist, wer will gegen uns sein?"

Vorsicht ist ein Geschenk GOTTES

Es war dunkel geworden – und empfindlich kühl. Der Viehhirt, der zuletzt den Unterstand benutzt hatte, hatte eine aus Stroh geflochtene Decke zurückgelassen. Damit und mit meinem zweiten Gewand aus dem Bündel bedeckten wir uns.

Lange herrschte Schweigen, das Isaak schließlich mit leise gesprochenen Worten brach: „Obwohl ich nicht weiß, wo wir morgen sein werden, spüre ich keine Angst in mir. Du bist um einige Jahre jünger als ich und doch schenkt mir deine Gegenwart Sicherheit. – Die letzten Tage fühlte ich mich so wohl wie noch nie in meinem Leben. Ich merke zwar, dass die Angst sich immer noch in einer Ecke meines Herzens versteckt hält und versucht, aufzubegehren und Besitz von mir zu ergreifen. Doch der Zaubersatz, den du mir geschenkt hast, verhindert es. Er gibt mir eine Kraft und Stärke, die mich Berge versetzen ließe. Irgendwann wird es mir gelungen sein, die Angst ganz abzutöten."

Der Engel in mir sprach durch meinen Mund: „Isaak, **du musst die Angst nicht töten. Erkenne, dass der Kern der Angst ein Geschenk des himmlischen Vaters an Seine Kinder ist.** Nur – GOTT nennt es ‚Vorsicht' und gibt es uns Menschen, damit wir vor unmittelbaren Gefahren gewarnt sind und ihnen ausweichen oder sie überwinden können. Wenn du dir diese Vorsicht wie den zur Warnung erhobenen Zeigefinger deines Engels vorstellst, so wird sie dir keine Angst einjagen. Denn – die andere Hand des Engels ist dir hilfreich entgegen gestreckt – bereit, dich durch die Gefahr hindurch zu geleiten. Menschen, die den erhobenen Finger sehen, haben keine Angst, sondern sind dankbar für den notwendigen Hinweis und die angebotene Hilfe. Die anderen jedoch, die den Engel vergessen haben, leben in ständiger Angst vor dem, was vielleicht geschehen könnte."

Isaak dachte eine Weile nach. Dann sagte er traurig: „Ich glaube nicht, dass ich die Hand des Engels sehe."

Die Antwort kam als Frage aus meinem Inneren: „Wie hast du mich gefunden?"

„Ich arbeitete auf dem Hof, als ich die hohen Herren kommen sah. Wenig später rannte Miriam in die Scheune und schloss das Tor hinter sich. Als sie wieder hinüber ins Haus eilte, verbarg sie etwas unter ihrem Gewand. Es verging nur kurze Zeit, da führte der Bauer die fremden Männer über den Hof in die Scheune. Als er an mir vorüberging, blickte er mich ganz sonderbar an. Nur kurz stockte sein Schritt und er nickte mir zu. Mir schien, als formten seine Lippen das Wort: ‚Geh.' In seinem Blick lag soviel: Dank, Fürsorge, eine große Liebe zu mir – und ein Abschiednehmen. Da verstand ich. Ich wartete, bis die Männer die Scheune betreten hatten, dann rannte ich ohne zu überlegen aus dem Hof. – Du fragst mich, wie ich dich gefunden habe? Ich kann es dir nicht beantworten, meine Füße trugen mich einfach weiter, bis ich vor dir stand."

Lächelnd hatte ich zugehört. Ganz deutlich sah ich vor meinem inneren Auge den Engel, der vor ihm her gerannt war und den rechten Weg gebahnt hatte. Ganz langsam schien dasselbe Bild auch in meinem Weggefährten zu erscheinen. Ein ungläubiges Erstaunen überzog sein Gesicht. Und er sprach es aus: „Jakobus, ich sehe es so deutlich. Auch wenn es mir nicht bewusst war, der Engel führte mich. Ich erinnere mich sogar an seinen erhobenen Zeigefinger, als mich mein Verstand in die andere Richtung führen wollte. **Doch sage mir: Warum vergessen die meisten Menschen, dass sie von GOTT geführt werden?**"

Auch darauf wusste der Engel in mir Antwort: „**Weil sie glauben, ihr Leben selbst in der Hand zu haben, so, wie auch du es geglaubt hast.**"

Ein inneres Bild tauchte in mir auf, das ich an Isaak weitergab: „In unserem Ort ist es gebräuchlich, bei Ausbruch eines Feuers ein Horn zu blasen, das die Männer herbeiruft, um zu löschen und so Leben, Hab und Gut zu retten. Einer unserer Nachbarn ist im Alter taub geworden und verlor so die Fähigkeit, das Signal zu hören. Einmal war ich mit ihm unterwegs; wir waren weit von zuhause entfernt, als ein starkes Gewitter heraufzog. Seine Unruhe wurde immer größer und, als die ersten Blitze zuckten, wandte er sich jedes Mal erschrocken zum Dorf um. Ich selbst genoss von unserem sicheren Unterstand aus das Himmelsschauspiel und konnte seine große Angst nicht verstehen. Bis ich endlich begriff: Sollte ein Blitz im Dorf ein Haus entzünden, würde *ich* es durch das laute Hornsignal hören. *Er* jedoch war durch seine Taubheit dieser Möglichkeit beraubt, sodass er bei jedem grellen Blitz sein Haus in Flammen glaubte. – Verstehst du, Isaak? Ein Mensch, der sich voll Vertrauen auf das innere Signal verlassen kann, ist frei, den Augenblick zu genießen. Im Notfall erhält er den entscheidenden Hinweis – und hat die Kraft, das Richtige zu tun."

Mein Freund nickte langsam. Seine Antwort bestätigte mir, dass er mich verstanden hatte: „Du hast Recht. So oft benahm ich mich wie dein tauber Nachbar. Überall sah ich eine Gefahr auf mich zukommen. Meine Angst wurde immer größer. Ich konnte die alte Magd nicht verstehen, wenn sie voller Ruhe zu mir sagte: ‚Es geschieht alles, wie es geschehen muss. Lass es doch auf dich zukommen. Du hast einen klaren Verstand, der dich dann richtig handeln lässt, wenn es notwendig ist.' Doch mir scheint, die Angst hatte mir diesen Verstand geraubt."

Ein großer Friede herrschte in uns beiden. Wenn mir Jesus jetzt die Frage gestellt hätte ‚Was fehlt dir?', ich hätte ohne jedes Zögern geantwortet: ‚Nichts, HERR.' Ich saß im Trockenen, es war angenehm warm unter der Strohdecke, mein Magen war zufrieden – und ich hatte einen Freund zur Seite, der bereit war, den Weg mit mir zu gehen.

Wie von selbst formten sich meine Hände zu einer offenen Schale; wie von selbst sprach mein Mund das Abendgebet:

> „Danke, Vater, dass Du mir auch heute alles gegeben hast,
> was ich brauchte, und dass Du mir alles genommen hast,
> was mich belastete. Ich ruhe in Deiner Liebe und Fürsorge und
> bin beschützt von dem Engel, den Du mir zur Seite stellst.
> Und ebenso weiß ich alle Brüder und Schwestern,
> die Deiner großen Familie angehören,
> in Deiner liebenden Hand."

Ich warf einen Blick zu Isaak, der mit ebenso geöffneten Händen und geschlossenen Augen neben mir lag. Er wandte sich mir zu und, ohne es laut sprechen zu müssen, hatten wir beide den gleichen Gedanken, der uns in den Schlaf begleitete: ‚Wenn GOTT für uns ist, wer will gegen uns sein?'

Nachts hörte ich einige Male unbekannte Geräusche. Hätte uns der Engel vor dem Einschlafen nicht den Unterschied zwischen der Angst und der von GOTT gegebenen Vorsicht erklärt, wäre ich beunruhigt gewesen. Das innere Bild unserer unsichtbaren Beschützer, die neben uns wachten, ließ keine Furcht aufkommen. Ich vertraute darauf: Sollte es nötig sein, uns zu verteidigen, würden wir rechtzeitig auf den Beinen sein. Ein großer Knüppel lag neben uns.

Wir brauchten ihn in jener Nacht nicht ...

Die Morgensonne weckte uns. Nach dem Sprechen des Morgengebetes suchte mein Weggefährte Früchte und wild wachsendes Gemüse. Er fand es so reichlich, dass wir nach dem Frühstück noch genügend davon als Reiseproviant mitnehmen konnten.

Weiter ging es, abseits der Straße, dem Fluss entgegen. Isaak erklärte, eine Furt zu kennen, an der wir gefahrlos das Wasser durchqueren könnten. Als wir jedoch die Stelle erreichten, mussten wir feststellen, dass durch die schweren Regenfälle der vergangenen Tage an ein Überqueren hier nicht zu denken war. Der Fluss war reißend und brachte aus den fernen Bergen die Botschaft, dass das Unwetter das ganze Land getroffen hatte.

So waren wir gezwungen, am Fluss entlang auf die Brücke zuzugehen, die ich vor Wochen mit Jesus überschritten hatte. Wir überlegten nur kurz, ob dadurch die Gefahr bestand, mit den Schriftgelehrten zusammenzutreffen. Doch sowohl Isaak als auch ich glaubten, dass sie die bequemere Hauptstraße gewählt hatten, die auch der Römer Egregius bei meiner Heimkehr benutzt hatte.

Nur langsam kamen wir voran; das schlechte Wetter der letzten Tage hatte uns immer wieder Hindernisse in den Weg gelegt. Unsere Kleidung war verschmutzt, sodass wir eher wie Bettler denn wie Wandergeselle und Wanderknecht aussahen. Wir kämpften uns schweigend voran, unsere ganze Aufmerksamkeit galt dem mühevollen Vorwärtskommen.

Einmal sagte Isaak, sich zu mir umwendend: „Es tut gut zu wissen, dass mein Engel vor mir geht. Ich fühle keine Angst in mir, sondern bin dankbar für die Vorsicht, die mir der himmlische Vater ins Herz gelegt hat."

Nur wenige Schritte weiter blieb er so plötzlich stehen, dass ich ihn von hinten anrempelte. Noch bevor ich fragen konnte, krachte unmittelbar vor uns ein schwerer Ast vom Baum. Erschrocken betrachteten wir ihn. Wäre mein Freund nicht stehen geblieben, hätte es uns böse erwischt.

Mit bleichem Gesicht sprach er: „Es schien mir, als sähe ich den erhobenen Zeigefinger meines Engels. – Jakobus, früher wäre dies ein Grund für mich gewesen, vor lauter Angst nicht weiterzugehen. Jetzt ist es ein Grund, danke zu sagen."

Mit der nötigen Vorsicht gingen wir beide weiter, voll der inneren Gewissheit, dass zwei Engel vor uns schritten.

Was ihr dem geringsten Menschen an Gutem tut

Es war schon später Nachmittag, als wir, ohne weitere Zwischenfälle, die mir bekannte Herberge erreichten. Unschlüssig blieben wir vor dem Haus stehen, denn wir schienen nicht die einzigen Gäste zu sein. In der kleinen angrenzenden Scheune waren drei Pferde untergestellt.

Ich horchte in mein Herz, doch der Finger der Vorsicht blieb gesenkt. Ein kurzer Blick zu Isaak bestätigte mir, dass er ebenso fühlte. So betraten wir nach einem kurzen Klopfen die Herberge.

Drei Kaufleute blickten uns neugierig und, wie mir schien, ein wenig kritisch entgegen. Isaak als der ältere von uns beiden stellte uns als Wanderarbeiter vor. Ihre Blicke blieben skeptisch, zu verdreckt standen wir vor ihnen. Ich bat aufgrund der schlechten Wetterverhältnisse um Verständnis für unser Aussehen und zeigte ihnen mein Bündel mit dem Schusterwerkzeug. Da wurden ihre Mienen freundlicher. Sie boten uns Platz am gedeckten Tisch an. Doch zuerst wollten wir uns und unsere Kleidung reinigen.

Als ich wenig später an der Böschung des Flusses stand und nach unten blickte, war mir Jesus sehr nahe. Ich erinnerte mich an alles, was vor Wochen hier geschehen war: die Heilung des blinden Jeremiah, die beginnende Freundschaft mit dessen Sohn David, die ungerechte Beschuldigung des Judas, die Rückkehr des Claudius, die Erklärungen des Jesus zur Liebe ...

Der Fluss war jetzt reißend, heute hätte uns der HERR die Gleichnisse nicht an seinem Bild zeigen können. Ich ging zum Brunnen, um mich ebenso wie Isaak zu reinigen.

Er tat mir leid, denn ich selbst konnte mein sauberes zweites Gewand anziehen, während er nur notdürftig den armseligen Knechtskittel wusch, auswrang und wieder anlegte.

In diesem Augenblick trat einer der Kaufleute zu uns. Er trug ein edles Tuch über dem Arm, wandte sich meinem Freund zu und sprach, ihm das Kleidungsstück übergebend: „Junger Mann, ich sehe, dass du kein sauberes Gewand hast. Darf ich dir aushelfen?"

Ohne ein Wort des Dankes vom sprachlosen Knecht abzuwarten, wandte er sich wieder um und kehrte in das Haus zurück. Wir beide sahen uns an. Das zweite Wunder dieses Tages war geschehen.

Isaak fand als erster seine Stimme wieder: „Kennst du die Geschichte vom Wunderbaum, von dem GOTT dem armen nackten Sklaven ein goldenes Gewand herunterfallen lässt?"

Ja, meine Mutter hatte sie uns erzählt. Was meinte er damit?

Lachend fuhr er fort: „Verstehst du denn nicht? Heute Nachmittag fiel ein Ast vom Baum; vielleicht ist dies das goldene Gewand, das daran hing und das mir der himmlische Vater schenken wollte?"

Er zog sich aus, reinigte sein Knechtsgewand nun gründlich und hing es, ebenso wie ich es mit meiner Kleidung getan hatte, zum Trocknen über einen Busch. Als er das feine Tuch anhatte, war er fast nicht wieder zu erkennen. Aus dem ‚Sklaven' war ein ‚Herr' geworden, neben dem *ich* fast wie ein Knecht wirkte. Ich freute mich neidlos für ihn und mit ihm!

Hintereinander betraten wir die Herberge, legten die mitgebrachten Früchte und das Gemüse auf den Tisch und nahmen Platz. Wir wurden genau beobachtet. Eine innere Unsicherheit nahm mich in Beschlag. Auf Joshuas Hofe war es mir zuletzt wie selbstverständlich erschienen, das Dank- und Segensgebet vor den Mahlzeiten zu sprechen. Hier, in Gegenwart der fremden Kaufleute, schien es mir fehl am Platze.

Der Fremde, der Isaak das schöne Tuch gegeben hatte, ermutigte uns zuzugreifen. Da fasste mich mein Gefährte am Arm und sprach mit sicherer Stimme: „Mein Freund Jakobus und ich sind es gewohnt, vor dem Mahle einen Psalm zu singen."

Der Kaufmann nickte uns freundlich zu und antwortete: „Nur zu, auch wir sind es gewohnt, vorher zu beten."

Ich bewunderte Isaak für seinen Mut. Er erhob sich und begann laut zu singen. Beim zweiten Wort schon stand ich ebenfalls und verstärkte ihn. Eine große innere Zufriedenheit erfüllte mich. Wie schön war es, einen Gleichgesinnten neben mir zu haben. Nun konnten wir mit gutem Appetit das reichhaltige Mahl genießen.

Die Kaufleute ließen uns in Ruhe speisen und warteten geduldig, bis wir beide das benutzte Geschirr draußen am Brunnen gereinigt hatten. Mittlerweile entzündeten sie im Raum eine Öllampe und verbrannten wohlriechende Kräuter. Als wir wieder ihnen gegenüber Platz genommen hatten, konnten sie ihre Neugier nicht länger zügeln. Der jüngste von ihnen fragte: „Wo kommt ihr her und wohin geht euer Weg?"

Ich erinnerte mich an die Kaufleute, die ich durch das gegenüberliegende Tal hierher geführt hatte. Auch sie hatten mir neugierige Fragen gestellt, die ich auf Geheiß meines Engels nicht beantwortet hatte. Ich fühlte unsicher in mein Herz – und bekam ein inneres Bild geschenkt: Jesus stand vor einer großen Menschenmenge und predigte. Einige der Zuhörer sah ich deutlich vor mir: Es waren die drei Kaufleute, die uns gegenüber saßen!

Mein Herz wurde weit vor Freude, denn ich wusste: Nicht Fremde saßen am Tisch, sondern Mitglieder der großen göttlichen Familie. Mein Mund öffnete sich und ich antwortete: „Wir sind auf dem Weg in die Berge, Brüder, denn so darf ich euch nennen, ungeachtet meiner Jugend und meiner Herkunft. Denn – sind wir nicht alle Brüder, da wir denselben himmlischen Vater haben?"

Erstaunt waren vier Augenpaare auf mich gerichtet. Isaak war von meiner Rede ebenso überrascht wie die Kaufleute. Der großzügige Kaufmann fasste sich als Erster: „So nennt auch ihr euch Brüder des Jesus? Ich glaubte es nicht, als er bei der letzten Predigt, die wir vor einer Woche von ihm hörten, zu uns sagte: ‚**Wir sind *eine* große Familie, denn wir haben denselben Vater. Und egal, wohin ihr auch gehen werdet: Immer sind Brüder und Schwestern in der Nähe, die euch wieder erkennen, die euch weiterhelfen oder eure Hilfe benötigen.**' Als ich euch beide vorhin näher kommen sah, war die Erinnerung an die Worte des Predigers so deutlich, dass ich nicht anders konnte, als eines meiner sauberen Gewänder euch anzubieten. Jetzt verstehe ich die Worte des Jesus, die er uns mitgab: ‚**Was ihr dem geringsten Menschen an Gutem tut, das tut ihr**

nicht nur ihm, sondern auch mir.' Denn in diesem Augenblick fühlte ich die Nähe des Heilers so deutlich, als stünde *er* mir gegenüber."

Nun wollte er wissen, woher wir Jesus kannten. Isaak erzählte von seiner Begegnung mit dem HERRN. Er sprach ganz offen über seine vergangene Angst, von einem Dämon besessen zu sein, und von seiner Heilung. Als die Augen der Kaufleute sich auf mich richteten, begann ich zu berichten. Es wurde ein langer Abend …

Immer neue Bilder tauchten vor meinem inneren Auge auf, die ich an meine Zuhörer weitergab. Als wir uns schließlich zur Nachtruhe begaben, kündigte sich im Osten schon der neue Morgen an.

Obschon ich nur wenige Stunden geschlafen hatte, fühlte ich mich beim Erwachen ausgeruht und voller Tatendrang und Zuversicht. Ich begab mich leise nach draußen, um vom Brunnen Wasser zu holen und einige Früchte zu pflücken. Es dauerte nicht lange, da stand mein Freund Isaak neben mir. Sein Knechtsgewand war noch nicht ganz getrocknet; trotzdem kleidete er sich um und faltete das vornehme Tuch sorgfältig – und, wie mir schien, ein wenig wehmütig – zusammen.

Nachdenklich betrachtete er das Bündel, strich mit seinen rauen Händen über den feinen Stoff, blickte dann an sich herab und sprach: „Jakobus, ich glaube nicht, dass ich in meiner schäbigen Kleidung den Mut gehabt hätte, gestern Abend aufzustehen und den Psalm anzustimmen. Es fiel mir im Hause des Joshua schon nicht leicht, am selben Tisch zu sitzen wie der Bauer. Zu tief ist in mir der Sklave verankert. Doch als ich das edle Gewand am Leibe trug, fühlte ich eine Achtung mir selbst gegenüber, wie ich sie noch nie verspürte. Ich bin dem Kaufmann dankbar, dass er mir die Möglichkeit dazu schenkte. Denn – obwohl ich jetzt wieder Knechtskleider trage, die Achtung mir selbst gegenüber ist geblieben."

In einem inneren Bild sah ich, wie Jesus *mir* Selbstvertrauen geschenkt hatte: Er hatte mir zugetraut, die fremden Kaufleute und danach Claudius durch das Tal des Barabbas zu führen. Ich nahm sein Vertrauen an – und, als ich den Auftrag ausgeführt hatte, behielt ich meine innere Sicherheit. Es schien mir, als hätte mir Jesus damals eines *seiner* Gewänder gegeben – und dadurch die Möglichkeit, ihm ein wenig ähnlich zu sein.

Wir wurden durch Geräusche abgelenkt und blickten zum Anbau, in dem die Pferde standen. Der freigebige Kaufmann machte sich an seinem Reittier zu schaffen. Er war dabei, es zu satteln und zu beladen. Heute war Sabbat und die Kaufleute hatten heute Nacht schon angekündigt, frühzeitig aufzubrechen, um im nächsten Ort die Synagoge aufsuchen zu können.

Mit einem kleinen Bündel in den Händen kam er danach langsam auf uns beide zu. Isaak trat ihm einige Schritte entgegen und hielt ihm das gefaltete Gewand hin.

Doch der Mann nahm es nicht an, sondern sprach: „Isaak, mein Bruder, behalte es. Du bist auf dem Weg zum Propheten und wirst ihm bald gegenüberstehen. Das beste Gewand ist für diese Begegnung gerade gut genug. Ich weiß zwar, dass Jesus selbst keinen Wert auf Äußerlichkeiten legt, denn er umarmt Bettler ebenso herzlich wie reiche Herren. Doch habe ich gemerkt, wie gut dir selbst das feine Gewand tut – und wie gut es dich kleidet. Du wurdest nicht hochmütig dadurch, sondern hast zu der Größe gefunden, die in dir ist. Das Gewand soll dich immer daran erinnern. Mach mir die Freude und behalte es."

Isaak war zutiefst gerührt. Er wollte sich vor dem Kaufmann verneigen, doch dieser umarmte ihn wie einen Bruder.

Wollte da ein wenig Neid in mir aufkommen? Das ungute Gefühl in meiner Magengegend war wie der erhobene Zeigefinger meines Engels. Ich war dankbar dafür und konnte mich im gleichen Augenblick für meinen Freund freuen. Da löste sich der Kaufmann aus der Umarmung und wandte sich mir zu. Lächelnd sprach er: „Jakobus, du hast mir gestern eine große Freude mit deinen Erzählungen gemacht. Ich habe mir lange überlegt, was ich dir dafür schenken könnte. Das Gebet, das du sprichst, gibt dir die Sicherheit, alles zu bekommen, was du brauchst. So werde ich dir etwas schenken, was du nicht brauchst, was dich aber trotzdem an unsere Begegnung erinnern wird."

Nach diesen Worten griff er in das Bündel und brachte einen kleinen Behälter hervor, der mit einem Pfropfen sorgfältig verschlossen war. Ein wenig wehmütig betrachtete er das Geschenk, bevor er es mir übergab.

„Eigentlich war es für meine Frau gedacht. Sie bat mich, ihr das wohlriechendste Öl mitzubringen, das ich bekommen könne. Mein Verstand widerspricht mir zwar, denn er fragt, was ein junger Mann mit diesem Öl anfangen sollte. Doch es ist mir, als vernähme ich eine Stimme in mir, die mich darum bittet. – Und die mir auch sagt, dass es von Anfang an nicht für meine Frau bestimmt war."

Überrascht nahm ich das Geschenk entgegen. Ohne zu überlegen, öffnete ich den Verschluss und roch daran. Nie zuvor hatte ich solch einen Wohlgeruch erfahren. Mit geschlossenen Augen sog ich den Duft tief in meine Lungen. Und im gleichen Augenblick wusste ich, dass das Öl für Veronika bestimmt war ...

Auch *meinen* Dank ließ der Kaufmann nicht zu, sondern umarmte mich ebenso wie zuvor Isaak. Dann wandte er sich um und ging zu seinem Pferd zurück. Ich verbarg das kostbare Öl wie einen Schatz in meinem Gewand und wandte mich wieder den Früchten des Gartens zu, um für das Frühstück zu sorgen. Dabei überlegte ich krampfhaft, was *ich* dem Kaufmann schenken könnte.

Lange ließ mich mein Engel überlegen, bevor er meinen Verstand unterbrach: ‚Warum glaubst du, ihm etwas schuldig zu sein? Er will dir eine Freude machen, ohne jede Bedingung. Er will Dank sagen für deine Erzählungen gestern Abend. Willst du seine Freude, dich zu beschenken und sich bei dir zu bedanken, dadurch schmälern, dass du in ihm ein Gefühl, er sei dir erneut etwas schuldig, erweckst?'

So hatte ich die Sache gar nicht gesehen. Je länger ich darüber nachdachte, umso besser verstand ich, was mein Engel mir sagen wollte. Er sprach weiter in mir: ‚Etwas kannst du ihm geben: die Erkenntnis, die du soeben erhalten hast. Denn er denkt ähnlich wie du und will niemandem etwas schuldig sein. Auch er nimmt dadurch oft anderen Menschen die Möglichkeit, ihm eine Freude zu bereiten. Er glaubt ebenso wie du viel zu oft, dass Liebe mit Bedingungen verbunden ist.'

Die Verpflichtung der Reichen

Nachdenklich ging ich auf den Anbau zu. Mit offenem Blick sah mir der Kaufmann entgegen.

Wie von selbst kamen mir die richtigen Worte. Er hörte mir aufmerksam zu und nickte einige Male bestätigend mit dem Kopf. Nach kurzem Schweigen bemerkte er: „Du hast Recht. Jetzt sehe ich es anders. **Ich habe bis eben geglaubt, bedingungslos schenken zu können. Nun verstehe ich, dass dies nur möglich ist, wenn ich ebenso bedingungslos annehmen kann.** Danke, junger Freund, für deine Erklärung."

Er bückte sich, um sein Gepäck aufzunehmen. Ich griff mit zu, um ihm dabei behilflich zu sein. Als er sich aufrichtete, sah ich, dass aus seinem Gewand ein Amulett herausgerutscht war, das nun sichtbar an seiner Brust hing. Ein Schauer ging durch meinen Körper, als ich erkannte, was es darstellte: Es war das Zeichen der Schlange, die sich zur Spirale entrollte!

Der Kaufmann folgte meinem Blick und ließ das Amulett schnell wieder unter dem Tuch verschwinden. Fragend schaute er mich an: „Was ist mit dir?"

Ohne ein Wort zu sagen, wandte ich mich um, rannte in die Herberge, öffnete mein Bündel, holte mein Amulett hervor und trug es hinaus zu ihm. Als er es in meiner geöffneten Hand liegen sah, blickte er sich erschrocken um und zog mich in den Schatten des Anbaus.

„Woher hast du es?" Nur flüsternd kamen die Worte aus seinem Mund.

Ich erzählte ihm in kurzen Sätzen von der Armenstadt und vom alten Obersten Befehlshaber, von dem ich den Anhänger als Bezahlung für meine Schusterarbeit gefordert hatte.

„So hat mich der junge Jude doch nicht angelogen", sagte er mehr zu sich selbst als zu mir. Als er meinen neugierigen Blick sah, erklärte er: „In der Gefolgschaft des Predigers fiel mir ein junger Jude auf. Er war schäbig und ärmlich gekleidet, doch strahlte er eine Kraft und Größe aus, wie sie manch Reicher nicht besitzt. Ich suchte mit meinen Freunden zwei Tage hintereinander den Garten auf, in dem Jesus predigte. Seine Worte bewegten mich tief, doch fast ebenso stark war die Anziehungskraft des Armen. Am Ende des zweiten Tages kam er auf mich zu und sprach mich an: ‚Ich sehe, dass dich die Worte des Jesus bewegen. Verstehst du, wenn der HERR sagt: Was ihr dem Geringsten unter den Menschen tut, das tut ihr mir?' – Ich hatte den Satz wohl mit den Ohren gehört, doch mein Herz hatte ihn nicht verstanden. So schüttelte ich den Kopf. Da nahm er mich beiseite und erzählte mir von seiner Heimatstadt. Das Elend, das er schilderte, war für mich unvorstellbar. Ich fragte ihn, wieso er das alles ohne jeden Hass auf die Reichen, zu denen er aufgrund meiner vornehmen Kleidung auch mich rechnen musste, erzählen konnte. Seine Antwort lautete: ‚Mein Hass auf die Reichen, auf die Pharisäer und Priester war so groß, dass ich bereit war zu töten. Ich hätte es getan, wäre ich nicht Jesus begegnet. Als er vom Heilsplan seines himmlischen Vaters sprach, schrie ich ihn an: ‚Was soll das für ein himmlischer Vater sein, der zuschaut, wie Menschen verhungern und in ihrem eigenen Dreck zugrunde gehen, während oben auf dem Berg die Reichen nicht wissen, wohin mit all ihrem Gold?' Da erklärte er mir, dass keiner der Reichen, wenn er stürbe, auch nur ein einziges Goldstück mitnehmen könne, derjenige jedoch, der sein Leben damit verbracht habe, Reichtum in seinem Herzen zu sammeln, im Reich des Vaters König sein würde. Es dauerte Tage, bis ich verstand, was der HERR damit sagen wollte. – Ich war der Anführer einer Gruppe junger Männer, die sich nur scheinbar der Willkür der Reichen beugte, im Untergrund aber einen Rachefeldzug vorbereitete. Unser Symbol ist die Schlange.' – Jakobus, bei diesen Worten griff er unter sein zerschlissenes Gewand und holte dieses Amulett hervor. Er erklärte mir, was es für ihn damals bedeutet habe – und welche Bedeutung ihm Jesus gegeben habe. Dann nahm er es ab und hängte es *mir* um den Hals. Er sagte dazu: ‚**Bruder, wenn du die Worte des Jesus richtig verstehst und danach handelst, wirst du einer von denen sein, die verhindern, dass die Spirale der Gewalt uns alle, Arme und Reiche, in die Verderbnis reißt.**' Und er fügte an: ‚Außer dir trägt das Zeichen auch ein römischer Hauptmann und der Oberste Befehlshaber der römischen Soldaten in unserer Stadt. **Wenn ein jeder von uns, ein jeder an seinem Platz, für das Miteinander der Menschen eintritt, wird es eine Spirale der Liebe sein.**' Danach umarmte er mich und ging zu den Jüngern des Jesus zurück. Ich blickte ihm nach und sah, dass ihm Jesus entgegenschritt, kurz mit ihm sprach und dann weiter in meine Richtung kam. Wenn du den HERRN kennst, weißt du, was ich meine, wenn ich sage: Nie zuvor habe ich eine solche Liebe auf mich zukommen spüren. Sie breitete sich in mir aus und ließ meinen Verstand, der eine Erklärung dafür wollte, einfach zurück. Als Jesus vor mir stand, blickte er mir in die Augen. Was in den folgenden Minuten geschah, kann ich nicht in Worte fassen. Es war ein langes Gespräch, zwischen unseren Herzen, das ich nicht wiedergeben kann. Doch es hat mich verändert. Ich sehe die Armut als Verpflichtung für mich, etwas dagegen zu tun. Ich erkenne in jedem Menschen, der in Not ist, meinen Bruder – ja, ich erkenne in ihm Jesus. – Jakobus, wenn auch du dieses Amulett trägst, welche Aufgabe ist für dich damit verbunden?"

Bei seiner Frage tauchte tief aus meinem Inneren, zum ersten Mal seit Tagen, wieder der Satz auf: ‚Selig sind die Barmherzigen, denn der Vater nennt sie Seine Söhne.' Ich verstand ihn immer noch nicht. So blickte ich nur ratlos auf mein Gegenüber. Der Kaufmann erkannte meine Hilflosigkeit und fügte an: „**Auch wenn du noch nicht verstehst, warum *du* es nun besitzt: Es ist eine Verpflichtung für jeden, der es trägt. Und ich weiß, dass jeder die Kraft bekommt, um die Aufgabe, die damit verbunden ist, zu bewältigen. GOTT segne dich und deinen Weg.**"

Noch einmal umarmten wir uns. In diesem Moment kamen seine Freunde, um ebenfalls die Pferde zu satteln und zu beladen. Noch im Gehen hielt ich das Amulett in den Händen. Es schien darin zu glühen. Ich wandte mich dem Garten zu und kehrte nachdenklich zu Isaak zurück. Im Weitergehen hängte ich mir das Zeichen um den Hals und verbarg es unter meinem Gewand.

Kurze Zeit später setzten die drei Kaufleute ihre Reise fort.

Als mein Freund und ich die Herberge mit den geernteten Früchten betraten, sahen wir, dass die Reisenden Geschenke für uns zurückgelassen hatten: Ein strapazierfähiges Tuch, das Isaak als Reisebündel verwenden konnte, war gefüllt mit haltbaren Nahrungsmitteln und mit einem fein gearbeiteten Messer in einer Lederhülle, die man sich mit einem angenähten Gürtel um den Bauch binden konnte.

Überrascht blickten wir uns an. Schließlich nahm Isaak das Messer und betrachtete es lange bewundernd. Ich spürte, wie in mir Neid aufkam. Wer sagte ihm, dass das Geschenk ihm gehörte? Den erhobenen Zeigefinger meines Engels übersah ich. Da reichte mir Isaak das Messer mit den Worten: „Jakobus, der Kaufmann hat mir das feine Gewand gegeben. Das schöne Messer ist deshalb für dich."

Eine tiefe Röte der Scham überzog mein Gesicht. Ich besaß mehrere Messer in meinem Handwerksbündel. Isaak dagegen war von seinem Zuhause ohne jedes Gepäck weggelaufen. Beschämt senkte ich den Blick. Hatte ich denn gar nichts von dem verstanden, was der großzügige Kaufmann mir gerade eben erklärt hatte? Wenn ich Träger des Zeichens der Schlange war, so hieß das auch für mich, von dem zu geben, was ich selbst in Fülle besaß.

Ohne jedes Bedauern reichte ich Isaak das kostbare Messer und sprach zu ihm: „Bruder, deine Hände sind leer. Deshalb ist das Geschenk für dich. Und da wir gemeinsam unterwegs sind, werde auch ich davon Nutzen haben."

Er stand da und überlegte. Vor ihm lag das feine Gewand, das der Kaufmann ihm ebenfalls geschenkt hatte. Langsam zog er sein immer noch feuchtes und nicht sehr angenehm riechendes Knechtsgewand aus, kleidete sich in das feine Tuch, band das Messer um seine Hüfte und strahlte. Erneut sah ich die Veränderung, die das Äußere *in* ihm bewirkte. Ja, es war gut. Wir waren auf dem Weg zum HERRN. War da nicht das Beste gerade gut genug? Und obwohl mein eigenes Gewand bei weitem nicht so wertvoll war wie das seine: Ich fühlte *in* mir das Gewand des Vertrauens, das mir Jesus geschenkt hatte. Es machte mich ebenso würdig für die Begegnung mit dem Prediger wie Isaak.

Die Gefangennahme des Barabbas

Wir saßen noch beim gemeinsamen Morgenmahl, als wir einen Trupp Reiter näher kommen hörten. Neugierig blickten wir aus der Türe und erkannten römische Soldaten, die schwer bewaffnet auf die Herberge zugaloppierten. Reiter und Pferde waren voller Schlamm. Wir wunderten uns, dass sie bei den immer noch schlechten Straßenverhältnissen so unvorsichtig schnell unterwegs waren. Sie schenkten uns keinerlei Beachtung, sondern donnerten über die Brücke, die unter der ungewohnten Belastung erbebte, in das gegenüberliegende Tal. Der Spuk war ebenso schnell vorbei, wie er aufgetaucht war. Wäre ich allein gewesen, hätte ich wahrscheinlich gedacht, es sei nur Einbildung gewesen.

Eine ungute Ahnung bemächtigte sich unser. Ich erinnerte mich an meine römischen Freunde. Wie wohl hatte ich mich in ihrer Gegenwart gefühlt. Diese Begegnung eben löste keine Freude aus, sondern ein Gefühl der Bedrohung.

Es dauerte lange, bis die Beklemmung, die unsere Herzen erfasst hatte, den Griff lockerte. Schweigend gingen wir in den Garten hinaus, setzten uns an die Uferböschung und starrten in das andere Tal hinüber. Schließlich stieß Isaak mit verzerrtem Gesicht hervor: „Wie ich sie hasse, diese Römer. Sie spielen sich als die Herren in unserem Land auf, unterdrücken uns und beuten uns aus. Sind wir nicht dieselben Sklaven, die unsere Vorfahren waren? Damals waren es die Ägypter, die uns die Freiheit vorenthielten, heute sind es die Römer."

Ich erschrak über den Hass, der aus seinen Worten sprach. Seit wir beide unterwegs waren, war es das erste Mal, dass der „alte Dämon Angst" wieder von ihm Besitz ergriffen hatte. Er zitterte am ganzen Körper, während sein Blick gehetzt von mir zur anderen Talseite ging.

Bisher hatte ich ihm nur wenig von meinen römischen Freunden erzählt. Nun schien es mir der richtige Zeitpunkt, ihm die andere Seite der verhassten Besetzer zu zeigen. Und ich begann zu sprechen: Von meiner Freundschaft, ja Bruderschaft mit Claudius, von meiner

Begegnung mit dem Obersten Befehlshaber, von der Hilfe der Römer für die Armenstadt, von Egregius, Tantus, Parcus, Felix.

Anfangs spürte ich seine Ablehnung, ja — ich glaubte sogar, die Freundschaft, die er zu mir empfand, würde durch meine Schilderungen zerbrechen. Doch die Worte, die aus meinem Inneren kamen, drängten seine Angst und seinen Hass immer mehr zurück. Zuletzt hing sein glänzender Blick fest an meinen Lippen. Es kam mir vor, als sauge er die Worte begierig auf. Als ich endete, war seine Erkenntnis: „Du schilderst mir nicht Feinde, sondern Freunde. Es ist das erste Mal, dass ich in den Römern Menschen sehe, die ein Herz besitzen. – Doch sage mir, was hat der Trupp, der vorhin vorbeiritt, vor?"

Noch bevor ich ihm eine Antwort geben konnte, die ich selbst nicht hatte, beantworteten Kampfgeräusche, die von der anderen Seite des Tales bis zu uns drangen, seine Frage. Obwohl wir wegen der großen Entfernung und des lauten Rauschens des reißenden Flusses nur leise die Schreie von Männern, das angstvolle Wiehern der Pferde und das Klirren der Waffen hörten, stellten sich uns die Haare auf. Mein erster Gedanke galt dem Freiheitskämpfer Barabbas und seinen Männern. Auch Isaak vermutete, dass die Römer gegen die Aufständischen kämpften.

Wir entschlossen uns, heute nicht weiterzuwandern, sondern abzuwarten, bis die ersten Reisenden unversehrt über die Brücke auf unsere Seite kämen. Es schien uns zu gefährlich, weiterzugehen.

Bedrückt kehrten wir in die Herberge zurück. Um die Zeit sinnvoll zu nutzen, entschloss ich mich, für meinen Weggefährten ein Paar Sandalen zu fertigen. Das, was er an seinen Füßen trug, konnte man nicht Schuhe nennen. Es waren zwei Stücke alten Leders, die er mit Riemen an seine Füße gebunden hatte. Jetzt, da er das feine Gewand trug, schien es mir nur recht und billig, auch für würdiges Schuhwerk zu sorgen.

Die Angst war von uns gewichen, doch unsere Selbstsicherheit noch nicht wieder zurückgekehrt. Erst als ich während des Maßnehmens und Zuschneidens begann, unseren Psalm zu singen, wuchs unsere Zuversicht wieder. In der Herberge waren die Kampfgeräusche nicht zu hören. Isaak interessierte sich für meine Arbeit, ließ sich die einzelnen Werkzeuge und Handgriffe erklären und versuchte sich sogar an einem Stück Leder, das beim Zuschneiden abgefallen war, selbst als Schusterlehrling.

So verging der Vormittag, zeitweise schwiegen wir und jeder war in seine Gedanken versunken, dann wieder sangen wir Psalme und die überlieferten Lieder der Bauernknechte. Doch so recht wollte keine Gelassenheit in uns aufkommen. Immer wieder dachten wir an die kämpfenden Männer.

Mittags unterbrach Isaak seine Übungsstunde, um im Garten Früchte und Gemüse zu ernten. Mein römischer Freund Claudius kam mir in den Sinn. Ob er vom Angriff auf Barabbas wusste? Die Römer kamen aus diesem Teil des Tales, sie unterstanden bestimmt dem Befehl eines anderen. Würden sie wieder an der Herberge vorbeireiten, wenn sie siegreich waren? Musste ich vielleicht Barabbas als Gefangenen sehen? Ich konnte es mir nicht vorstellen. In meiner Erinnerung schien er der stärkste und kräftigste Mann, der mir je begegnet war. Nein, lebend würden sie ihn nicht bekommen.

Meine Überlegungen wurden durch einen angstvollen Schrei aus Isaaks Mund unterbrochen. Er rief meinen Namen mit einem Klang, der mir das Blut in den Adern stocken ließ. Ich behielt geistesgegenwärtig die Schusterahle in meinen Händen, sprang auf und stürzte nach draußen. Mein Freund stand mitten im Garten mit gezücktem Messer einem Fremden gegenüber, der sich angriffsbereit mit einem Schwert vor ihm aufgebaut hatte. Der Mann war schlammverschmiert, doch sah ich auf den ersten Blick, dass er Isaak körperlich weit überlegen war.

Was nun geschah, ging so schnell, dass mein Verstand nicht die Möglichkeit hatte einzugreifen: Ich stürmte laut schreiend auf die beiden zu, sodass sich der Angreifer überrascht zu mir umwandte.

Diesen kurzen Moment nutzte Isaak, um den Abstand zwischen sich und dem anderen zu vergrößern. Einen Augenblick später standen wir beide nebeneinander dem Fremden gegenüber. Ich hielt die Ahle wie ein Messer, bereit, unser Leben damit zu verteidigen.

Gleichzeitig war mir klar, dass wir mit unseren lächerlichen Verteidigungswaffen aussichtslos unterlegen waren.

Dann schien plötzlich die Zeit stillzustehen. Ich sah dem Kämpfer direkt in die Augen, doch sein Blick war auf meine Brust geheftet. Da fühlte ich es: das Amulett mit dem Zeichen der Schlange. Es musste mir beim Heranstürmen aus der Kleidung gehüpft sein. Obwohl mein Herz bis zum Halse laut hämmerte, hörte ich die Stimme in mir: ‚Lass deine Waffe sinken, zeige ihm deine geöffneten Hände und sprich: *Ich trage das Zeichen der Schlange und bin auf der Seite der Armen und Unterdrückten.*'

Schon war es ausgesprochen. Alle Angriffslust schien den Fremden zu verlassen – und alle Kraft. Er ließ sein Schwert fallen und kam taumelnd auf uns zu. Ein Seitenblick auf Isaak zeigte mir, dass dieser sein Messer immer noch dem anderen entgegenhielt. Schnell legte ich meine Hand auf seinen angespannten Arm und drückte ihn mit sanfter Gewalt nach unten. In seinen Augen war völlige Verständnislosigkeit zu lesen. Doch er gehorchte.

Ich wandte mich wieder dem Fremden zu, der nun direkt vor mir stand und immer noch auf das Amulett starrte. Seine Gesichtszüge, ja sein ganzer Körper zeugten von der Schwäche, die er vorher verborgen hatte. Fast verstand ich seine gestammelten Worte nicht: „Dann hilf mir, Freund."

Isaak und ich griffen dem völlig Erschöpften unter die Arme und führten ihn zum Brunnen. In hastigen Zügen löschte er seinen Durst und wusch sich das verdreckte Gesicht. Als er sich mir wieder zuwandte, erkannte ich ihn: Er war einer von Barabbas' Leuten. Als damals Jesus dem Anführer der Kämpfer mit ruhiger Stimme erklärt hatte, dass er ihm nur die Hälfte der Reisekasse ausgehändigt habe, wollte dieser Mann hier auf den Prediger losgehen.

Erkannte er auch mich wieder? Ich stellte ihm die Frage, doch er schüttelte nur müde sein Haupt. Dann plötzlich kam ein gehetzter Ausdruck in sein Gesicht. Er wandte sich dem Tal zu, aus dem er gekommen war, und stammelte: „Sie werden mich suchen. Ich bin der Einzige, der entkommen konnte, doch sie folgen bestimmt meiner Spur. Ich muss weiter."

Er taumelte ein paar Schritte, aber ich erkannte, dass er keine Kraft mehr hatte, um zu fliehen. So rannte ich hinterher und hielt ihn zurück. „Bleib da, wir sagen, du bist ein Wanderarbeiter wie wir. Doch lege deine verschmutzte Kleidung ab und reinige dich."

Schnell rannte ich in die Herberge, um mein zweites Gewand zu holen. Kaum war der Kämpfer umgekleidet, hörten wir einige Reiter über die Brücke galoppieren. Noch bevor sie uns sehen konnten, hatte ich das Schwert und die alte Kleidung des Kämpfers in den Brunnen geworfen und unserem Schützling den Korb mit den Früchten in die Hände gedrückt. Hastig verbarg ich noch das Amulett unter meinem Gewand. Immer noch schien mein Verstand ausgeschaltet, alles geschah aus meinem Inneren heraus mit einer Sicherheit, die mir später unbegreiflich war.

Da ritten auch schon sechs schwer bewaffnete Römer in den Garten, sprangen von den Pferden und kamen mit gezückten Schwertern auf uns zu. Wir mussten uns nicht verstellen; die Angst in unseren Gesichtern und die wild klopfenden Herzen waren echt.

Einer der Römer schrie uns in unserer Sprache an: „Was macht ihr hier? Wer seid ihr?"

Mein Mund tat sich auf und, obwohl ich der Jüngste von uns war, antwortete ich: „Wir sind Wandergesellen und auf dem Weg in die große Stadt. Wir sahen euch heute Morgen über die Brücke reiten und wagten nicht, unseren Weg fortzusetzen. Was ist geschehen?"

Seine Antwort klang immer noch misstrauisch: „Ich habe zwar Männer aus der Türe blicken sehen, als wir vorbeiritten. Doch ist einer der Aufständischen geflüchtet. Wer sagt mir, dass ihr ihn nicht versteckt haltet?"

Nun war es Isaak, der das Wort ergriff: „Ihr könnt gerne die Herberge durchsuchen. Was ihr finden werdet, ist unser Handwerkszeug und die Arbeit, die wir begonnen haben."

Wortlos wandte sich der Römer um und betrat mit zwei seiner Untergebenen das Haus. Die anderen Soldaten ließen uns nicht aus den Augen.

Es schien eine Ewigkeit zu vergehen, bis sie das Gebäude verließen und wieder auf uns zukamen. Der Anführer hielt ein Schriftstück in den Händen und ich wusste sofort, was es war: Die Legitimation, die mir Claudius als neuer Oberster Befehlshaber ausgestellt hatte und die mich als seinen persönlichen Schuhmacher auswies.

Größer konnte die Überraschung im Gesicht eines Menschen nicht sein als bei dem Römer. Er fragte: „Ich fand dies in einem der Bündel. Wer von euch ist Jakobus?" Jetzt wollte mein Verstand wieder zum Einsatz kommen, doch die Antwort, die ich gab, während ich auf den Freiheitskämpfer zeigte, kam aus dem Herzen: „Dies hier ist der Schuhmacher Jakobus, der wieder auf dem Weg zum Obersten Befehlshaber ist, um seinen Dienst dort anzutreten. Wir beide begleiten ihn, um vielleicht auch dort Arbeit zu finden."

Argwöhnisch betrachtete der Römer den falschen Jakobus. „Und warum antwortest du nicht selbst, Jude?"

Mit einer inneren Ruhe, die ich ihm gar nicht zugetraut hätte, entgegnete der Angesprochene: „Ich bin ein guter Schuhmacher, aber ein schlechter Redner. Verzeiht, Römer. Mein junger Freund spricht gerne für mich, dafür ist er ein schlechterer Schuster."

Der Römer lachte spöttisch, reichte dem Sprecher die Schriftrolle, übersetzte dessen Worte in seine Sprache und mit lautem Gelächter saßen die Soldaten auf und galoppierten über die Brücke zurück.

Konnte das Aufatmen aus drei Kehlen lauter sein? Wie einen Schatz hielt der Kämpfer das rettende Schriftstück in den Händen. Er blickte auf die Zeichen, doch da er es verkehrt herum hielt, wusste ich, dass er des Lesens nicht mächtig war. Behutsam nahm ich es ihm ab und las es vor. Er überlegte eine Weile, dann sprach er kopfschüttelnd: „Ich werde nicht schlau aus euch. Der eine hier trägt ein Gewand wie ein reicher Kaufmann, besitzt ein wertvolles Messer und ist mit einem unterwegs, der das Zeichen des Kampfes gegen die Unterdrückung trägt, aber gleichzeitig in Diensten der Römer steht?"

Wie konnte ich es ihm erklären? Mein Engel half: „Es geht nicht um Römer und Juden, es geht um Ungerechtigkeit zwischen Menschen. **Erst wenn jeder, unabhängig seiner Volkszugehörigkeit, unabhängig seines Standes und unabhängig seines Geschlechtes, für die Gerechtigkeit eintritt, werden alle Menschen frei sein."**

Beide Männer schauten mich tief berührt an. Ich selbst war bewegt von den Worten, die aus mir gesprochen wurden.

Da hörten wir die lauten Hufgeräusche vieler Pferde. Der Trupp der Römer kam langsam über die Brücke auf unsere Seite. Einige der Pferde waren ohne Reiter, mehrere Römer schienen verletzt. Der Hauptgrund jedoch, weshalb sie so schleppend vorwärts kamen, war ein anderer: Sie hatten Gefangene dabei!

Ein starkes Gefühl der Ohnmacht kam in mir auf. Ebenso wie meine beiden Gefährten ging ich langsam dem Weg entgegen. Was ich mit ansehen musste, konnte ich mein Leben lang nicht vergessen: Mehrere Männer waren mit dicken Seilen an die Pferde gebunden. Einige waren übel zugerichtet und konnten kaum mehr laufen. Einer von ihnen war gestürzt und wurde hinter dem Pferd hergeschleift. Doch das Schlimmste für mich war, Barabbas zu sehen. Er war verletzt, das Blut rann von seinem Kopf, von seinen Armen, doch er versuchte trotzdem, aufrecht zu gehen.

Ich spürte, wie der neben mir stehende Gefährte der Aufständischen seine Muskeln anspannte und laut aufstöhnte. Da traf ihn der Blick des vorübergehenden Barabbas. Er nickte ihm fast unmerklich zu, bevor er mich sah – und wieder erkannte. Ein Erschrecken war in seinen Augen. Im gleichen Moment begann er zu taumeln und stürzte zu Boden. Das Pferd, an das er gebunden war, stockte und blieb stehen. Sein Reiter wandte sich ärgerlich um und wollte es antreiben. Doch es stand wie fest gewachsen.

Da trat ich, ohne zu überlegen, auf den Gestürzten zu, griff ihm unter die Arme und versuchte, ihm aufzuhelfen. Die Zeit blieb stehen, als mich sein Blick traf. In meinem Inneren sah ich noch einmal unsere erste Begegnung. Schließlich stieß er leise und gehetzt hervor: „Warne Jesus. Sie haben mich gefangen – und er wird der Nächste sein. Ich will nicht, dass das Wort, das der Prediger sprach, in Erfüllung geht."

Ein römischer Soldat sprang hinzu und schlug mit einem Stock brutal auf den Gefesselten ein. Ich warf mich zur Seite, um nicht getroffen zu werden. Isaak hielt mit beiden Armen unseren neuen Freund fest, der auf den Soldaten losgehen wollte. Doch mit einer

Kraft, die ich Barabbas in seinem Zustand nie zugetraut hätte, richtete dieser sich auf und ging mit erhobenem Kopf weiter. Das Pferd setzte sich wieder in Bewegung.

Wir standen lange da, voller Entsetzen, schweigend. Schließlich fragte Isaak: „Was sagte der Riese zu dir?"

Ich konnte nicht sprechen. Ganz deutlich erinnerte ich mich an die Worte des HERRN, die er vor Wochen zu Barabbas gesagt hatte: „Es kommt die Stunde, da wird dein Leben gegen meines aufgewogen. Und das deine wird schwerer wiegen als das meine."

Nachwort

Hier endet die Übermittlung des zweiten Buches.

Yasper erzählt die Erlebnisse des Schustergesellen Jakobus des Jüngeren in wöchentlichen Abständen weiter, sodass voraussichtlich wieder ein Jahr vergehen wird, bis uns der dritte, und letzte Band, zur Verfügung steht.

Wie bereits nach dem Ende des ersten Buches ist mein geistiger Lehrer Yasper der Meinung, wir bräuchten Zeit, um die Erkenntnisse aus seinem damaligen Leben zu verarbeiten und, sollten wir sie als für uns heilsam erkennen, in unserem eigenen Leben umzusetzen.

GOTTES Liebe, die aus jeder einzelnen Zeile der Jakobus-Geschichte spricht, Seine Kraft, die Er jedem Seiner Kinder schenkt, und Sein Vertrauen in uns sind mit dir.

Gesegnet sind wir.

Deine Seelenschwester Ingrid

Anmerkung: Das letzte Buch in der Reihe „Die Geschichte Jakobus' des Jüngeren" ist im Juli 2006 unter dem Titel „... der folge MIR nach" erschienen (ISBN 3-00-018891-6). Es ist direkt über mich (Adresse siehe Seite 294) oder über den Buchhandel zu beziehen.

Weitere Bücher von Yasper und Ingrid Lipowsky:
(auch direkt bei der Autorin zu beziehen)

Die Geschichte Jakobus des Jüngeren (1. Buch)

In diesem Buch schildert ein junger Schustergeselle seine Begegnung mit Jesus und wie er diesen Meister und seine Jünger erlebte. Jesus ist hier ein großer Heiler und Weisheitslehrer – und ein Mensch. Auch wenn die Quelle dieser Schilderungen vielen unbegreiflich bleiben mag, man spürt: Ja, so jemand könnte dieser Jesus gewesen sein.

Ingrid Lipowsky
Die Geschichte Jakobus des Jüngeren
Paperback, 232 Seiten
ISBN 3-89060-134-0
Ryvellus, bei NEUE ERDE Verlag GmbH
66111 Saarbrücken

Engel reisen immer ohne Gepäck

Da taucht im Geist der Autorin plötzlich ein Name auf, der sie tief berührt und nicht mehr loslässt. Als sie ihre Engel nach der Bedeutung fragt, verlangen diese, dass sie geduldig sein möge ... und dann geht mit einem Mal alles ganz schnell: Unversehens reist sie nach Irland und damit in ein früheres Leben ...
Engel reisen immer ohne Gepäck erzählt eine spannende, wahre Geschichte mit viel Humor.

Ingrid Lipowsky
Engel reisen immer ohne Gepäck
Eine mystische Irland-Reise
Paperback, 224 Seiten
ISNB 3-89060-068-9
Ryvellus, bei NEUE ERDE Verlag GmbH
66111 Saarbrücken

Liebe Seelenschwester, lieber Seelenbruder,

ich freue mich, dass die Geschichte des jungen Jakobus dein Herz berührt.

In den nunmehr zehn Jahren, in denen mir das Geschenk zuteil wird, Bleistift für Yasper sein zu dürfen, habe ich eine große Anzahl Mitteilungen zu den verschiedensten Themen von ihm erhalten. Bisher sind sie nur einem kleinen Kreis interessierter Menschen zugängig. Immer wieder werde ich darauf angesprochen, auch diese Weisheiten zu veröffentlichen.

Wenn mir der himmlische Vater die Möglichkeit dazu schenkt, wird es zur richtigen Zeit geschehen. Bis es soweit ist, kannst du mich auf meiner Web-Seite besuchen. Ich teile dort vorab schon einmal einige von Yaspers Botschaften, darunter seine wunderschönen und weisen Engelmärchen, mit dir.

Du kannst auch gerne mit mir Kontakt aufnehmen. Hier noch einmal meine Anschrift:

Ingrid Lipowsky
Aberthamer Straße 1 a
89331 Burgau
Deutschland

Tel. 0049/(0)8222/2464

www.engelundsteine.de

Und – du weißt ja: Im Raum der Gegenwart trennt uns nichts, im **HIER** *und* **JETZT** *sind wir* **EINS!**

Deine Seelenschwester Ingrid